Hans-Martin Gutmann

Mit den Toten leben – eine evangelische Perspektive

Chr. Kaiser
Gütersloher
Verlagshaus

Die Deutsche Bibliothek - CIP-Einheitsaufnahme

Gutmann, Hans-Martin:
Mit den Toten leben - eine evangelische Perspektive /
Hans-Martin Gutmann. -
Gütersloh : Kaiser, Gütersloher Verl.-Haus, 2002
ISBN 3-579-05192-X

Dieses Werk folgt der reformierten Rechtschreibung und Zeichensetzung. Ausnahmen bilden Texte, bei denen künstlerische, philologische oder lizenzrechtliche Gründe einer Änderung entgegenstehen.

Umwelthinweis:
Dieses Buch wurde auf chlorfrei gebleichtem und alterungsbeständigem Papier gedruckt. Die vor Verschmutzung schützende Einschrumpffolie ist aus umweltschonender und recyclingfähiger PE-Folie.

ISBN 3-579-05192-X

Umschlagentwurf: Finken & Bumiller, Stuttgart
Satz: Fotosetzerei Steggemann, Bad Salzuflen
Druck und Bindung: Těšínská Tiskárna AG, Český Těšín
Printed in Czech Republic

www.gtvh.de

Inhalt

Vorspiel

Mein Vorhaben in diesem Buch ist spannend, aber auch einigermaßen risikoreich. Stärker als bei anderen Themen. Der Grund ist, dass ich im Grunde nicht mehr dazu weiß als jede Leserin und jeder Leser. Jede und jeder hat mit diesem Thema Erfahrungen gemacht, hat sich bisweilen schmerzlich damit auseinandersetzen müssen, hat sich von geliebten Menschen trennen müssen. Jede und jeder wird selbst sterben müssen. In welcher Distanz und Abwehr oder in welchem Maß an Aushalten und Standhalten auch immer: dies hier ist so oder so unser Thema. Es geht uns auch an, wenn wir aktuell nicht trauern müssen. Dann zeigt es sich in geminderter Form als Furcht und Sorge – in unterschiedlichen Lebensperspektiven. Als Sohn habe ich meine Eltern vor Augen, die schon sehr alt geworden sind, als Vater meine bald zwölfjährige Tochter, der in einer für sie neuen riesigen Stadt alles Mögliche passieren könnte. Ich denke an meine Liebste und meine Freunde, von denen einige gerade in diesen Monaten schwer krank sind. Ich denke an Ältere und auch einige, immer mehr Gleichaltrige, die bereits gestorben sind. Und ich denke mit stärker distanziertem und professionellem Blick an die Beerdigungsgottesdienste, die ich als Pfarrer zu halten hatte, an die Trauerbesuche, die – manchmal angesichts tiefster Traurigkeit und Erschütterung, manchmal bei laufendem Fernsehgerät – als seelsorgerliche Begleitung mehr oder weniger gelungen waren, ich denke an Predigten, die die Trauernden erreicht haben oder manchmal auch an ihnen vorbeigingen. Ich stelle mir vor Augen, dass ich Menschen auszubilden habe, deren Qualifikationen und Professionalität ich in diesem Feld unterstützen will.

Das ist der Ausgangspunkt, eine Mischung aus Nähe und Distanz zu meinen Leserinnen und Lesern: ich bin in ähnlicher Weise betroffen und existenziell wahrscheinlich nicht weiter als sie. Und ich suche das Gespräch gerade mit Menschen, die als Pfarrer und Pfarrerinnen oder als Ehrenamtliche sterbende und trauernde Menschen begleiten, weil ich als Pastor und akademischer Lehrer daran interessiert bin, dass sie in diesem für die theologische Existenz zentralen Thema darin unterstützt werden, professionell gute

Arbeit zu machen. Aus dieser Zweigesichtigkeit werde ich nicht aussteigen können; es ist mir allerdings wichtig, dass ich es anspreche.

Ich nenne zunächst drei Ziele – Ziele im Sinne inhaltlicher Perspektiven, wichtig für die Reflexion des Gegenstandes, für die Selbstreflexion, aber auch für Richtungen, in denen Handlungsperspektiven zu entwickeln sind. Ich fasse sie in drei thesenhaften Überlegungen zusammen; so kurz sie jetzt gesagt werden, so kompliziert wird es sein, sie auseinanderzufalten.

Die Toten sind tot. Wie wir sie gekannt haben, wie wir unser Leben mit ihnen gelebt haben, wie sie ihre Beziehung mit uns gestaltet haben, lässt sich nicht fortsetzen. Ihre gesellschaftlichen Rollen in Beruf, Hausarbeit oder Arbeitslosigkeit, ihre Zugewandtheit als Vater und Mutter, als Kind oder Geschwister, als Freundin oder Nachbar: all das ist so nicht mehr da. Wir müssen uns trennen. Wir müssen diesen Tod als Grenze des Lebens anerkennen. Als Grenze für das Leben eines uns lieben Menschen, auch als Erinnerung daran, dass wir selber sterben müssen. Die Toten sind tot. Was bleibt, ist die Trauer, die Notwendigkeit des Abschieds, die Erinnerung, die Notwendigkeit, selbst weiterzuleben, unter den Bedingungen des Verlustes sich selbst einzusammeln, nach und nach wieder Beziehungen zu anderen Menschen aufzunehmen und gestalten zu können. Das ist das eine. Anerkennen, dass die Toten tot sind: ohne diese Trauer-Leistung kann Leben nicht gelebt werden. Dies deutlich zu machen, ist *ein* Ziel dessen, was ich Ihnen sagen möchte. Wie können wir als Pfarrerinnen und Pfarrer, als Seelsorger, als Ritualexpertinnen und Trauerbegleiter diesen Prozeß unterstützen, womöglich erst in Fluß bringen?

Zwei weitere Gedankenkreise sind auf den ersten Blick nicht leicht eingängig. Einmal: Ich möchte zeigen, dass es eine Wechselseitigkeit zwischen den Lebenden und den Toten auf einem anderen, neuen Niveau geben kann. Ich denke, dass die in theologisch interessierten Gesprächskreisen zum Thema »Tod« weit verbreitete Annahme noch einmal überdacht werden muß, dass »Tod« durch die völlige »Verhältnislosigkeit« gekennzeichnet ist. Besonders wirksam sind in diesem Zusammenhang Überlegungen von Eberhard Jüngel geworden: »Das biblische Verständnis des Todes ... enthält *einerseits* eine *Feststellung* über das Wesen des Todes: der Tod ist das Ereignis der die Lebensverhältnisse total abbrechenden

Verhältnislosigkeit. Als dieses Ereignis der Verhältnislosigkeit ist er das Ende einer Lebensgeschichte, das Ende der Geschichte einer Seele und ihres Leibes, das Ende also der ganzen Person und eben darin Ausdruck der Endlichkeit des menschlichen Lebens. Der Mensch ist, wenn er gestorben ist, nur noch das, was er war.«[1]
Ich teile diese Sicht der Dinge nur bis zu einer bestimmten Grenze, jenseits derer die Realität des Todes und die Notwendigkeit von Trauer verdrängt würden. Ich bin aber der Meinung, dass es in den für Christenmenschen verbindlichen jüdisch-christlichen Erzähltraditionen – über Leben und Sterben, über Tod und Auferweckung, über neues Leben und Reich Gottes – manche Hinweise gibt, die es nötig machen, hier noch einmal neu nachzudenken. Tod ist, so meine ich, nicht nur Verhältnislosigkeit, die allein durch das Aufgehobensein des Toten in Gott begrenzt und zurechtgestellt ist. Sondern es besteht eine Reziprozität, eine wechselseitige Beziehung zwischen den Lebenden und den Toten, allerdings in einer gegenüber den Alltagsbeziehungen vollständig anderen, neuen, unberechenbaren Weise.
Und ein dritter Gedanke, er ist auf den ersten Blick vielleicht noch fremder. Nicht nur die Lebenden müssen ihr Leben ohne die alltägliche Präsenz der Toten neu leben lernen; auch die Toten haben Orientierungsbedarf für ihren neuen Status. Sie müssen realisieren, dass sie tot sind – wie immer das näher gedacht werden muß. Und – auch dies muß angenommen werden, selbst wenn es mindestens ebenso unsere alltäglichen Vorstellungsmöglichkeiten übersteigt: Die Toten müssen nicht nur den einen Weg gehen, der im Grab endet, auf dem Gottesacker, wie es in altertümlich klingenden Formulierungen heißt. Das Ritual der evangelischen Bestattung gibt manche Hinweise darauf, dass noch ein anderer Weg zu gehen ist. Die Toten müssen ihren Weg zum Reich Gottes, ihren neuen Status in der Gemeinschaft der Heiligen wahrnehmen lernen. Sie müssen sich aufmachen, den anderen Weg zu gehen. Nicht nur die Trauernden müssen lernen, dass der Verstorbene nicht mehr da ist; auch die Verstorbenen müssen lernen, dass sie tot sind. Sie müssen die Lebenden ihr Leben in Ruhe leben lassen.

1. E. Jüngel, Tod. Bibliothek Themen der Theologie, Band 8, Stuttgart – Berlin. Hier zit. nach: G. Debus und A. Juhre (Hg.), Tod in der Gesellschaft. Almanach 5 für Literatur und Theologie, Wuppertal 1971, 33.

Und sie müssen sich auf den Weg zu einem anderen Ort machen, für den wir traditionell symbolische Bilder, aber keine konturierte Vorstellung haben. Einige von Ihnen werden in der Agende für die Evangelische Bestattung zitiert, beispielsweise: »In meines Vaters Haus sind viele Wohnungen« (Johannes 14,2). »Zum Paradies mögen Engel dich geleiten.«[2] »Wende unseren Sinn von den irdischen Wohnungen zu der ewigen Heimat, die du uns verheißen hast.«[3]

Ich habe meine Vorstellung über dieses Buch erreicht, wenn ich diese drei Perspektiven plausibel entfalten kann. Ich lade die Leserinnen und Leser zu einer gedanklichen Reise ein. Auseinandergefaltet handelt es sich um eine manchmal ziemlich umwegige Unternehmung. Es werden verschiedene Theorieperspektiven ins Spiel kommen: Theologie und Ethnologie, Psychoanalyse und Sozialwissenschaften. Immer wieder werden Meditationen eingeflochten, die den theoretischen Gedankengang unterbrechen, ihn bisweilen konturieren, eine Distanz zu ihm ermöglichen, oder auch Einspruch erheben. Und ab und an werden auch Literatur- und Filminterpretationen eingespielt.

Ich habe vor, den gedanklichen Weg in sechs Kapiteln zu entfalten. Im ersten – »Sterben und Tod heute, unter den Bedingungen der Spätmoderne« – geht es beispielsweise um diese Fragen:

Wie verändern sich Familienstrukturen und Beziehungsmuster durch längere Lebenszeiten? Wo liegen Veränderungen in den Bedingungen des Sterbens heute, beispielsweise:

- in der Grenze zwischen Leben und Tod;
- in der Wahrnehmung des Sterben-Müssens als Schuld-Erfahrung;
- in Veränderungen in Ritualen und im Verhalten bei der Bestattung;
- in der aktuellen Debatte um den selbstgemachten Tod.

Weitere Fragen im ersten Kapitel sind beispielsweise: Stimmt die These von der Verdrängung des Todes? Was macht die Faszination des Todes in der populären Kultur aus, in massenwirksamen Filmen, in populärwissenschaftlichen Büchern, in Romanen?

2. Agende für Evangelisch-lutherische Kirchen und Gemeinden, Band 3. Die Amtshandlungen. Teil 5. Die Bestattung, hg. von der Kirchenleitung der VELKD, Neubearbeitete Ausgabe, Hannover 1996, 54.

3. Ebd., 42.

Im *zweiten* Kapitel geht es mir um den Umfang, vor allem aber um die Grenzen der pastoralen Aufgaben angesichts von Sterben und Tod. Am Schluß dieses Kapitels steht eine theologiegeschichtliche Erinnerung – als Gegenbild dazu, das Leben bis zum Schluß festzuklammern: Martin Luthers »Sermon von der Bereitung zum Sterben« im Kontext einer spätmittelalterlichen »ars moriendi«.
In einem *dritten* Kapitel werden zentrale Bezugspunkte des Nachdenkens über den Tod im Kontext der christlichen Religion entfaltet. Hier geht es mir um eine exemplarische Wahrnehmung von Passion und Auferstehung Jesu Christi.
Im *vierten Kapitel* möchte ich meine zentrale These vorstellen: Es ist in der Perspektive der jüdisch-christlichen Erzähltradition *und* einer christlichen Theologie nicht zwingend, die Möglichkeit einer Reziprozität zwischen Lebenden und Toten abzuwehren, wenn man methodisch auf die Notwendigkeit einer Differenzierung zwischen theologischer und kulturanthropologischer Perspektive achtet. Möglicherweise wird nämlich bei der Annahme einer fundamentalen *Verhältnislosigkeit* des Todes eine *theologische* Aussage (die Toten sind in Gott) mit einer kulturanthropologisch aufzuklärenden Problematik verwechselt.
Hierbei handelt es sich, knapp skizziert, um den im *Prozeß der Zivilisation* (Norbert Elias) verdrängten emphatischen, körper-bezogenen Ausdruck von Trauer, aber auch den *verbannten Austausch mit den Verstorbenen:* In vielen Gesellschaften gab und gibt es einen begehbaren Austausch mit den Toten. Ich werde einige historische Beispiele ansehen, aber auch Erfahrungen von Menschen hier und heute: Trauernde begegnen ihren Toten; sie führen Gespräche mit den Verstorbenen am Grab; sie begehen bestimmte Zeiten und Räume, in denen sie sich der Präsenz der Toten vergewissern usw.; all dies muß wahrgenommen und darf keinesfalls pathologisiert werden.
Im *fünften Kapitel* sind kirchliche Handlungsmöglichkeiten angesichts von Sterben und Tod im Blick. Ich werde Konzepte und Probleme zum Prozeß der *Trauer* diskutieren; hier ist für die Seelsorge an Trauernden, aber auch für die Gestaltung des Rituals im Bestattungsgottesdienst viel von ethnologischen und psychoanalytischen Gesprächsbeiträgen zum Gegenstand, aber auch von einer aufblühenden Kultur außerkirchlicher Ritualanbieter zu lernen; und umgekehrt ist nach der Aufgabe, nach der Gestalt, nach

der Chance kirchlicher Seelsorge- und Ritualangebote zu fragen, die in der Gleichzeitigkeit von Deutlichkeit im Eigenen und Respekt vor dem Anderen ins Spiel zu bringen sind.

Schließlich wird der *Weg des Bestattungsgottesdienstes* zum Thema. Hier geht es auf der einen Seite um Wahrnehmungen und Interpretationen:

Wie sieht die Situation von Trauergottesdiensten auf großstädtischen Friedhöfen aus? Welche Chancen bieten die hier mächtigen Zeitrhythmen und Raumgestalten für den Fluß der Trauer und die Begehung des Rituals? Die Forderung ist unabweisbar: Rituale müssen begehbar bleiben. Auch die ritualisierte Begehung von Trauer braucht Zeit.

Oder: Welche Bedürfnisse, welche Lebenssituationen sprechen sich in der Zunahme von anonymen Bestattungen aus, wie ist seelsorgerlich verantwortlich damit zu verfahren?

Wahrzunehmen sind die Rollen der beim Bestattungsritual Beteiligten: Pfarrer/in; Bestatter/in; Musiker/in, Trauernde, Hinterbliebene; der/die Tote. Ein Beispiel: »Christus ist mein Leben und Sterben ist mein Gewinn«: Welcher Realitätsgehalt liegt in dieser Formel für die Beziehung zwischen Pfarrerin und Bestattungsunternehmer?[4]

Wahrzunehmen ist schließlich die Musik als Raum-Gestalt für die Trauer, als Möglichkeit, Trauer in Fluß zu bringen und abfließen zu lassen.[5]

Ziel ist nicht zuerst die Entwicklung von Reformvorstellungen, sondern zunächst eine Interpretation der Stationen des Bestattungsgottesdienstes nach der Traueragende, um die Wahrnehmung vor allem, dass hier zwei Wege gezeigt und begangen werden: Eine Reise ausgehend von der Wohnung und anderen alltäglichen Orten der Verstorbenen (erste Station) durch den Gottesdienst als Ort der Orientierung und der Zusage von Auferstehungskraft (zweite Station) zu den zwei Zielen: zum »Gottesacker« und den

4. So der Titel der unveröffentlichten Hausarbeit von Thomas Henneberger im Rahmen des Zweiten Theologischen Examens in der Ev.-luth. Landeskirche Hannover, 1987.
5. In diesem thematischen Feld verdanke ich wichtige Einsichten Th. Waubke, Hausarbeit im Rahmen des Zweiten Theologischen Examens in der Ev.-luth. Landeskirche in Braunschweig, 1998.

Wohnungen im Haus des Vaters. Wie läßt sich die Beziehung zwischen körperlich-gestischen und die symbolischen Reisemarkierungen angemessen realisieren?

Im Zusammenhang der Liturgie des Bestattungsgottesdienstes kommt die *Aufgabe der Bestattungspredigt* in den Blick. Dabei werden unter anderem diese Dimensionen wahrgenommen:

- Die Realität des Todes aussprechen und anerkennen;
- Die Lebensgeschichte des Verstorbenen vergegenwärtigen mit dem Ziel, dabei zu helfen, Intimität und Distanz zu diesem Leben auszubalancieren;
- Dank für gelebtes Leben;
- Klagen und Anklagen, der Tod als mächtiger Feind des Lebens, als Zerstörer von Beziehungen;
- Trösten und Segnen;
- Die Hoffnung der Auferstehung zusagen.

Soweit mein Vorhaben im Schnelldurchgang. Mir liegt am Herzen, die Begrenztheit meiner eigenen Möglichkeiten zu gestehen und mir selber diese Begrenztheit zuzugestehen. Demut ist in all diesen Fragen die angebrachte Haltung. Nicht nur deshalb, weil jede Leserin und jeder Leser Erfahrungen, Gefühle und Reflexionen mitbringt, die ich nicht kenne, von denen ich aber annehme, dass ich sehr viel von ihnen lernen kann. Sondern vor allem wegen der Unsagbarkeit vieler Bereiche, zu denen dennoch etwas gesagt werden muß und gesagt werden wird. Der Titel des Buches – *Mit den Toten leben – eine evangelische Perspektive* – soll deshalb noch einmal unterstrichen werden. Eine evangelische Perspektive wird entfaltet – im Zusammenhang der vielfältigen religiösen, philosophischen oder auch therapeutischen Gesprächsbeiträge zum Thema ist dies eine spezifische Stellungnahme, die sich von anderen dadurch unterscheidet, daß hier in Bindung an die biblische Überlieferung und an theologische Entscheidungen der Reformation formuliert wird. Aber auch: *eine* evangelische Perspektive – in diesem Feld von Erzählungen, symbolischen resp. rituellen Gestalten und Reflexionen wird eine Sicht entwickelt, die nicht für sich in Anspruch nehmen kann, die einzig mögliche evangelische Perspektive zu sein oder alles, was in diesem Feld je überlegt wurde, zusammenzufassen. Diese Begrenztheit ist Notwendigkeit und Chance. Sie trifft alle, die sich äußern, in gleichem Maße. Und zugleich eröffnet sie Freiheit, deutlich zu reden – in der Hoffnung auf ebenso deutliche Antwort.

Ich danke meinem Freund Friedrich Grotjahn für das fortgesetzte Gespräch und den Teilnehmerinnen und Teilnehmern meines Paderborner Oberseminars im Wintersemester 2000/2001 sowie meiner Hamburger Vorlesung im Sommersemester 2001, und hier vor allem Frau Annedore Siewert von den »Verwaisten Eltern«, für zahlreiche Anregungen. Nicole Oehler und Alexander Höner haben das Register erstellt; auch ihnen sei herzlich gedankt.

Das Manuskript dieses Buches ist in den Tagen nach dem furchtbaren terroristischen Angriff auf das World Trade Center in New York und auf das Pentagon in Washington abgeschlossen worden. Ich bin voller Mitgefühl für die Trauernden und voller Entsetzen über die Menschenverachtung, die in diesen Taten an den Tag kommt, aber auch in großer Furcht, daß die jetzt provozierten kriegerischen Aktionen noch furchtbarer sein werden. Ich glaube fest daran, daß eine Wahrnehmung der Begegnungsmöglichkeit zwischen Lebenden und Toten, wie sie Gegenstand dieses Buches ist, die Sensibilität für die Perspektiven des Anderen fördern und solche Affekte in eine heilsamere Richtung lenken kann, in denen sich Furcht und Kränkung immer wieder neu in Gewalt entladen.

Hamburg, am 16. September 2001 *Hans-Martin Gutmann*

Meditation I

Die Achtung vor der Grenze und die Wirklichkeit des Wunders

Meditation über Lukas 5,1–11

Da ist ein großes Wunder geschehen. Fischer am See Genezareth in der armen Landschaft Galiläa, selbst arme Leute, haben eine Nacht lang gefischt und nichts gefangen. Das ist schlimm. Es gibt nichts zu essen für Simon Petrus und seine Kollegen, und die Frauen und Kinder, das ganze Dorf wahrscheinlich, sie müssen hungern. Hungerleider sind das also. Und ausgerechnet zu diesen Leuten will Jesus sprechen. Ihnen will er die gute Botschaft bringen: Das Reich Gottes ist nahe herbeigekommen. Blinde sehen, Lahme gehen und den Armen wird das Evangelium verkündet. Alle Tränen werden abgewischt. – Für die Zuhörer und Zuhörerinnen, zu denen Jesus jetzt vom Boot des Simon Petrus aus spricht, muss das ein fast unglaubliches Versprechen sein. Sie werden sich selbst, ihre armseligen Hütten, die leeren Fischernetze der vergangenen Nacht angesehen haben. Wie sollen wir das glauben können? – Und dann fahren die Fischer noch einmal hinaus, auf ein Wort von Jesus hin. Und sie fangen so viel, dass die Netze fast reißen und die Boote fast sinken. Aber sie sinken dann doch nicht, denn die Geschichte wird noch weitererzählt: Simon Petrus und seine Fischerkollegen geraten in Schrecken. Petrus sagt zu Jesus: »Geh weg von mir, ich bin ein sündiger Mensch.« Und Jesus sagt: »Fürchte dich nicht, von nun an wirst du Menschen fangen!«

Ich finde, das ist ein eigenartiger Schluss für diese wunderbare Geschichte. Es bricht also keine Begeisterung aus, als die übervoll beladenen Boote an den Strand zurückkehren. Es wird kein Fest gefeiert, an dem alle endlich einmal satt zu essen und zu trinken haben. Man könnte eher sagen, dass Petrus und seine Freunde völlig verunsichert sind. Sie sind über sich selbst verunsichert. Wenn sie sagen: Wir sind sündige Menschen, dann heißt das so viel wie: Wir leben nicht so,

wie wir als Menschen leben sollen. Unsere Beziehung zu Gott und zu unseren Mitmenschen ist völlig kaputt. – Aber wie kommen diese Leute zu dieser Einsicht über sich selbst, wo sie doch gerade etwas erlebt haben, das sie in Freude und Begeisterung versetzen kann? – Also keine Begeisterung. Eher eine Stimmung, die man vielleicht so beschreiben kann: Gerade noch einmal gut gegangen. Und dass das gut gegangen ist, haben wir überhaupt nicht verdient.
Ich kenne diese Jesusgeschichte schon aus der Zeit, als ich noch klein war und sie im Kindergottesdienst gehört habe. Damals hatten wir eine Kinderbibel. Sie war bebildert. Und ich erinnere mich noch genau an das Bild, das unsere Geschichte illustrieren sollte: Zwei Holzboote liegen nebeneinander, voll bis an den Rand und bereits schief im Wasser, weil sie die Ladung nicht mehr halten können. Und zwischen ihnen ist ein Netz aufgespannt, das vor Fischen nur so zappelt. Auf den Booten sind lauter Leute, die die Netze hereinziehen und, obwohl alles schon so wackelig ist, auch noch hin- und herlaufen. Ich erinnere mich noch genau. Ich habe damals immer gedacht: Das Wunder, das in dieser Geschichte erzählt wird, ist nicht, dass so viele Fische gefangen wurden. So etwas kann schon einmal vorkommen: dass ein paar Stunden nichts gefangen wird und dass die Fischer dann auf einen Fischschwarm stoßen. Nein. Das Wunder ist, dass die Boote nicht sinken, obwohl sie so voll sind. Dass die Fischer es geschafft haben, kurz vor zwölf noch innezuhalten, eine Grenze zu finden, nicht immer weiterzufischen. Das Wunder ist, dass alle, die Menschen, die Boote und die ganze Ladung, heil wieder am Strand ankommen. Dass nicht solange weitergefischt und gerafft wird, bis alle, die Menschen und ihr kostbarer Fang, in den Fluten des Sees versinken.
Wenn ich es recht überlege, finde ich es gar nicht so dumm, die Geschichte so zu erzählen. Ich denke daran, dass Jesus genauso wie Simon Petrus und seine Fischerkollegen Juden gewesen sind. Wie alle, so werden auch sie in ihrer Kindheit die Geschichten aus der Anfangszeit des Volkes Israel gehört haben. Ich stelle mir also vor: Als kleine Jungs sind Simon Petrus, Jakobus und Johannes beim Rabbi des Dorfes am See Genezareth in die Schule gegangen. Genauso wie heute die Konfirmanden in den Konfirmandenunterricht gehen. Oder sie hatten eine Großmutter, die abends Geschichten erzählt hat. Auf jeden Fall haben sie auch diese Geschichte aus der Zeit gehört, als das Volk Israel gerade aus der Gefangenschaft in Ägypten aufgebrochen war. In Ägypten mussten die Leute schwere Fronarbeit verrichten, sie

waren ihres Lebens nicht sicher und hatten keine Möglichkeit, ihr Leben und ihren Glauben so zu leben, wie sie es wollten. Und da sind sie unter der Führung des Moses aufgebrochen, sind durch das Schilfmeer gezogen, wo die ägyptischen Soldaten, die hinter ihnen her waren, grausam ertrunken sind, und sind in der Wüste angekommen. In der Wüste. Das war nicht das Land ihrer Träume, in dem Milch und Honig fließen sollte. Das Volk litt Hunger und Durst. Es wurde zwar von Gott versorgt, der vor dem Volk als Feuerschein herzog: jeden Morgen lag Manna, ein süß schmeckendes Samenkorn, in genügender Menge um das Lager herum. Aber das Volk Israel hatte auch das ewige Manna satt. Die Leute wollen etwas Handfestes, sie wollen Fleisch zwischen die Zähne. Und der Rabbi oder die Großmutter oder wer auch immer hat die Geschichte dann so weitererzählt: Die Leute murren. Sie sind wütend auf Gott. Sie rebellieren. Sie erinnern sich an die Zeit in Ägypten und sehen sie nur noch in rosigem Licht: Es gab immer genug zu essen. Sie klagen Gott an, dass er sie in der Wüste umkommen lasse. – Und Gott geht auf das Jammern des Volkes ein. Er läßt Wachteln vom Himmel regnen, tausende, es sind Berge von Fleisch. Die Leute fressen und fressen, sie können einfach nicht genug kriegen und nicht wieder aufhören, sie müssen immer weiter alles in sich hineinstopfen, was sie nur kriegen können. Und ein großer Teil der Leute überlebt dieses große Fressen nicht. Die Leute ersticken an den aberwitzigen Mengen Wachtelfleisch, mit dem sie sich die Bäuche vollgeschlagen haben.

Ich stelle mir vor, dass Petrus und seinen Freunden diese Geschichte wieder eingefallen ist, als sie auf das Wort von Jesus hin noch einmal zum Fischen hinausgefahren sind. Das wird im neutestamentlichen Text nicht erzählt. Ich stelle mir also vor, wie Petrus, Jakobus und Johannes zuerst ganz außer sich sind, als die merken, dass sie auf einen Fischschwarm gestoßen sind. Sie werfen die Netze aus, immer wieder und immer wieder. Vielleicht haben sie ihre hungrigen Kinder vor Augen. Oder die alten Leute im Dorf, die dahinsiechen. Endlich ein Ende dieser Zeit, in der man sich immer nur durch leere Hoffnungen und Versprechungen über den Tag retten kann. Endlich genug fürs Leben. Und sie raffen und fischen und raffen und fischen, bis die Boote schon bedenklich voll sind. Vielleicht ist dies ja eine einmalige Gelegenheit. So etwas wird einem nicht alle Tage geboten. Dieser Jesus, dessen Predigt wir vorhin gehört haben, er wird morgen schon wieder woanders sein. Und was immer unser großer Fang mit ihm zu tun hat: Wir können uns nicht darauf verlassen, dass wir morgen wieder so ein Glück haben. – Und in diesem Augenblick, so stelle ich mir vor, fällt Petrus und seinen Freunden die alte Geschichte aus der Zeit ein, in der das Volk Israel sich in der Wüste vor lauter Hunger und Sehnsucht nach einem zufriedenen Leben zu Tode gerafft und gefressen hat. Petrus und seine Freunde haben einen großen Schrecken bekommen. Sie sehen auf ihre übervoll geladenen Boote und erkennen: So nahe sind wir schon daran, dass es uns genauso ergeht wie den Leute in der Wüste. Nur noch ganz wenige Fische trennen uns von dem Augenblick, dass alles zu viel ist und unsere Schiffe untergehen. Es ist unser Tod, wenn wir jetzt immer weiter raffen und haben wollen. Und sie schaffen es, im allerletzten Moment, ganz kurz bevor es zu spät ist, ein Ende zu finden.

Ich denke mir, dass Petrus und seine Freunde auf dem Weg zurück ans Ufer ins Überlegen gekommen sind. Warum konnten wir kein Ende finden mit dem Fischen? Wahrscheinlich, weil wir Angst hatten. Wir haben geglaubt, solch eine Chance haben wir nur einmal und nie wieder. Aber wir haben doch vorher Jesus zugehört. Wir haben gehört, wie er uns versprochen hat: Wir können uns auf die Treue Gottes verlassen. Er will für uns sorgen wie für die Blumen auf dem Felde. Und er hat es so erzählt, dass wir den sicheren Glauben gewinnen konnten: ja, das ist wahr, wir können uns darauf verlassen. Und jetzt, nur ein paar Stunden später, haben wir uns durch unsere Sehnsüchte, unsere Überlebenssorgen, unsere Raffgier fast zu Tode gebracht.

Ich habe mir etwas vorgestellt, dass im biblischen Text nicht erzählt wird: dass die Erinnerung an eine alte Geschichte den Fischern geholfen hat, sich selbst und ihre Art zu leben in einer entscheidenden Situation wahrzunehmen. Die alte Geschichte hilft zu erkennen, was am eigenen Leben verfehlt ist: die Sehnsucht, ein sicheres Leben zusammenzuraffen. Und sie hilft, für eine ganz neue Erfahrung offen zu werden, die das Leben selbst neu macht: dass wir uns auf die Güte Gottes verlassen können, dass er für unser Leben sorgt. Und jetzt kann ich verstehen, wie unser Predigttext weitergeht: Es bricht keine Jubelfeier aus, sondern Petrus teilt Jesus mit, was er eben gerade erfahren hat: »Ich bin ein sündiger Mensch«. Ich habe eben erfahren, dass ich mich nicht auf die Güte Gottes verlassen konnte und dass genau das mein Tod ist. Und Jesus nimmt wahr, dass durch diese Erfahrung das Leben des Petrus und seiner Freunde neu geworden ist: »Fürchte dich nicht! Von jetzt an wirst Du Menschen fangen!« Von jetzt an werdet ihr nicht mehr aus der Sehnsucht leben, immer mehr haben zu müssen und so ein sicheres Leben zu gewinnen. Weil ihr erfahren habt, dass euer Leben bisher von dieser Sehnsucht beherrscht war, könnt ihr euch davon lösen. Ihr könnt auf neue Weise leben: aus dem Vertrauen auf die Güte Gottes. Ihr könnt der guten Botschaft glauben. In diesem Glauben werden sich immer neue Menschen zusammenfinden. – Genau dies ist die Erfahrung, aus der die Kirche geboren wurde.

1. Sterben und Tod heute – unter den Bedingungen der Spätmoderne

1.1 Veränderungen in Familienstrukturen und Beziehungsmustern durch längere Lebenszeiten

In den vergangenen hundert Jahren – und noch einmal verstärkt in den letzten Jahrzehnten – haben sich die Perspektiven der Menschen in den industrialisierten und hoch technologisierten Gesellschaften Mitteleuropas und Nordamerikas auf ein langes Leben in damals unvorstellbarem Ausmaß verändert. Zwischen 1881 und 1890 betrug der Anteil von Menschen in Deutschland, die das 60. Lebensjahr erreichten, bei den Frauen 39,3% und bei den Männern 33,5%. Die mittlere Lebenserwartung bei der Geburt betrug in dieser Zeit für die Frauen 40,25 Jahre und bei den Männern 37,17 Jahre. Nur ein Jahrhundert später hat sich das Bild vollständig gewandelt: zwischen 1995 und 1997 beträgt in Deutschland der Anteil derjenigen, die das 60. Lebensjahr erreichen, bei den Frauen 92,5% und bei den Männern 85,4%. Und die mittlere Lebenserwartung bei der Geburt ist bei Frauen 79,98 Jahre, bei Männern 73,62 Jahre. 1960 beträgt in Deutschland der Anteil der 65-Jährigen an der Gesellschaft 10,8% (gegenüber 9,2% in den USA), im Jahr 2000 liegt dieser Anteil bereits bei 16,2% (gegenüber 12,5% in den USA).[1]

Diese Wandlung verändert die gesellschaftliche Lebenswelt einschneidend. Die Debatten über die Finanzierung der Renten und der sozialen Sicherungssysteme angesichts eines immer größeren Anteils von Menschen, die das Erwerbsleben verlassen haben, sind in den Massenmedien ständig präsent. Die individuelle Erwartung, erheblich länger zu leben als die Generation der Eltern und Großeltern, bringt für die betroffenen Menschen – also uns alle – auf der einen Seite die Chance erweiterter Lebenserwartung, auf der anderen Seite aber keinesfalls nur die Vorstellung von größerem Lebensglück.

Viele Krankheiten, auch viele Entbehrungen bis hin zur Unterversorgung mit Nahrung, Wohnung und medizinischer Hilfe sind für den Lebensbereich der relativ gesicherten zwei Drittel unserer Gesellschaft, die nicht von Armut und Arbeitslosigkeit betroffen oder

1. Alle Daten aus: M. Kohli, Alter und Altern in der Gesellschaft, in: B. Schäfers/W. Zapf (Hg.), Handwörterbuch zur Gesellschaft Deutschlands, Opladen ^{2}2000, 1 ff.

ständig bedroht sind, aus den Erwartungsbeständen eines relativ sicher hinzunehmenden Lebensschicksals herausgefallen. Es soll nicht geringgeschätzt werden, dass hier für einen Großteil der Bevölkerung ein erheblicher Zugewinn an Lebensqualität und auch Lebenssicherheit erwachsen ist. Umgekehrt sind früheren Generationen auch viele teilweise unlösbare Entscheidungen in Hinblick auf den Umgang mit der Grenze zwischen Leben und Tod erspart geblieben – man denke nur an die aktuelle Debatte um die Legitimität der Sterbehilfe.

In diesem ersten Schritt soll ein anderes Problem im Mittelpunkt der Aufmerksamkeit stehen.

Heute können Männer und Frauen mit Wahrscheinlichkeit damit rechnen, dass sie ihre Enkel, vielleicht sogar ihre Urenkel noch über ganze Lebensphasen ihres Alters kennen werden. Dies war noch zu Beginn unseres Jahrhunderts vollständig anders. Die Veränderung erfordert Einschnitte in individuelle Lebensplanungen und ihre soziale Gestaltung und Absicherung. In der individuellen Lebensplanung dürfen und müssen heute Menschen, die mit 65 Jahren oder teilweise auch erheblich früher aus dem Erwerbsleben ausscheiden, Perspektiven entwickeln, auf welche Weise sie nicht nur für einige Jahre, sondern manchmal sogar noch einige Jahrzehnte ein befriedigendes Lebens führen können – vielleicht mit eingeschränkter Kraft und Gesundheit, aber dennoch mit einem Aktionsradius und einem Überschuss an Interessen, der nicht einfach an den Grenzen der eigenen vier Wände zuende und mit dem Rhythmus der Mahlzeiten befriedet ist. Manche kaufen sich ein Wohnmobil und erfüllen sich für einige Jahre den Traum von einem mobileren Leben. Manche studieren noch einmal. Manche gehen in der Kirchengemeinde oder in Vereinstätigkeit im Wohnviertel auf, manche auch im Engagement für eine politische Partei. Andere beginnen, einen Roman zu schreiben, oder suchen die Klarinette heraus, die seit vielen Jahren hinter dem Schrank vor sich hingeträumt hat. In jedem Fall ist es für individuelle Lebensplanungen schlechterdings notwendig, das Lebensgefühl zu bearbeiten und, wenn möglich, durch eine gute Gestaltung des noch offenen Vorrates an Zukunft das Gefühl zu verbannen, für Jahre und Jahrzehnte überflüssig zu sein. Vor allem daran entscheidet sich heute die Möglichkeit, in Würde alt zu werden. Wie in dem wunderbaren Kinofilm »Jetzt oder nie«, in dem drei alte Damen eine Bank überfallen, um sich den Traum von einem hochseetüchtigen Schiff zu erfüllen, auf dem sie der entwürdigenden Situation im Altersheim für immer entfliehen können.[2] So oder so: in Hinblick auf individuelle Lebensgeschichten muss eine Alternative dazu gesucht werden, dass das letzte Lebensdrittel in Hinsicht auf produktive, kreative und kommunikative Potentiale unterbewertet und nicht zuletzt im ökonomischen Sinne »wertlos« wird.

Im Zusammenhang der Verlängerung wahrscheinlicher Lebensalter-Perspektiven verändert sich auch die Struktur familialen Zusammenlebens in Deutschland grundlegend; dies gilt auch für andere hochindustrialisierte und -technisierte Gesellschaften. Hans Bertram hat in seinem Buch »Familien leben« untersucht, wie sich die veränderten Lebenserwartungen auf das Zusammenleben in den Familien und hier insbesondere auf das Zusammenleben zwischen den Generationen auswirkt.[3] Die intime bürgerliche Kleinfamilie ist nicht mehr die einzige, weithin sogar nicht mehr die vorherrschende Familienformation: mit zunehmend gleicher Plausibilität und auch immer größerer Rechtssicherheit leben Menschen in Fortsetzungsehen, nichtehelichen heterosexuellen Beziehungen, gleichgeschlechtlichen Partnerschaften und Single-Haushalten. Bertram spricht von einer neuen Familienformation: einem *multilokalen generationsübergreifenden Verband*, der über die Zeit und die verschiedenen Beziehungsaufnahmen und -abbrüche, die innerhalb einer Generation für Veränderung sorgen, weiterhin da ist und »Verwandtschaft« im traditionellen Sinne ergänzt, teilweise ersetzt. In Hinblick auf das Zusammenleben in Ehe und Familie ist aber vor allem eine Veränderung einschneidend: Die lebenslange Gestaltung der *Beziehung zur Elterngeneration* bekommt gegenüber der Partnerbeziehung als Lebensthema größere Wichtigkeit – allein deshalb, weil sie über eine immer erweiterte

2. Jetzt oder nie – Zeit ist Geld. Deutschland 2000. Regie: Lars Büchel, mit Gudrun Okras, Christel Peters, Elisabeth Scherer.
3. H. Bertram, Familien leben. Neue Wege zur flexiblen Gestaltung von Lebenszeit, Arbeitszeit und Familienzeit, Gütersloh 1997.- In die folgenden Überlegungen gehen Argumentationen ein, die ich während einer Tagung zu Hans Bertrams Untersuchung in der Evangelischen Akademie Berlin am 25.Mai 1998 vorgetragen habe; vgl.: H.-M. Gutmann, Ehe und Familie in theologischer Perspektive, in: D.C. von Tippelskirch/J. Spielmann (Hg.), Solidarität zwischen den Generationen. Familie im Wandel der Gesellschaft, Stuttgart 2000, 89 ff.

Lebenslänge bestehen bleibt, in Nähe und Distanz, Zuwendung und Konflikt ausbalanciert werden muss. Demgegenüber kann sich die Beziehung zum Liebespartner der gleichen Generation auf spezifische Lebensphasen erstrecken, in anderen dagegen an Bedeutung verlieren oder auch durch neue Beziehungen ersetzt werden.
Aus dieser sehr grundlegenden gesellschaftlichen Veränderung ergeben sich Probleme für viele gesellschaftliche Lebensbereiche. Gegenwärtig wird öffentlich vor allem über Lebensarbeitszeiten, Rentenfinanzierung und Pflegeversicherung debattiert. In den face-to-face-Lebenszusammenhängen alltäglicher Kommunikation entwickeln sich Beziehungsmöglichkeiten zwischen Großeltern- und Enkel-Generation, wie sie noch vor wenigen Jahrzehnten unbekannt waren: viele Haushalte, in denen beide Eltern berufstätig sind, würden ohne Kinderbetreuung durch die Großeltern gar nicht mehr funktionieren. Kinder und Jugendliche können lernen, wie spannend es ist, Oma oder Opa auszufragen: wie war das vor 50 Jahren, wenn man ein Auto reparieren musste oder Milch kaufen ging? Oder – wenn die Großeltern bereits die achtzig erreicht haben: Wie war das, als die Oma beim BDM war, und was hat der Opa gemacht, als die jüdischen Nachbarn deportiert wurden?
Festzuhalten ist jedenfalls: durch verlängerte Lebenszeiten haben sich die alltäglichen Beziehungsmuster zwischen Menschen in Deutschland einschneidend verändert. Die Beziehung *zwischen* den Generationen, insbesondere die lebenslange Beziehung der Kinder zu ihren Eltern, hat gegenüber den Partnerschaftsbeziehungen auf der Ebene der *gleichen* Generationen größeres Gewicht gewonnen. Und: »Familie« schließt heute ein Ensemble von ganz unterschiedlichen Formen des Zusammenlebens oder auch des Alleinlebens ein, verschiedene Lebens- und Beziehungsgestalten, die gemeinsam zu einem multilokalen generationsübergreifenden Verband gehören. Man kann sagen: eine neue Familienformation ist entstanden, die in stark veränderter Form, aber dennoch mit einigen Anklängen an die »große Haushaltsfamilie« der ländlichen und städtischen Oberschichten im Mittelalter und der frühen Neuzeit zusammenlebt[4]: nicht wie damals mit mehreren Generationen

4. Vgl. beispielsweise: M. Schröter, »Wo zwei zusammenkommen in rechter Ehe ...« Sozio- und psychogenetische Studien über Eheschließungsvorgänge vom 12. bis 15. Jahrhundert, Frankfurt/M. 1985.

und nichtverwandten Arbeitsgehilfen und unter der Herrschaft des Hausvaters unter einem Dach, aber als über verschiedene Orte verstreutes, nur zu bestimmten Anlässen (wie z.B. Weihnachten) gemeinsam versammeltes, aber dennoch wechselseitig verpflichtetes und kommunizierendes Beziehungsgeflecht. »Den Alten« kommt nicht mehr – wie dem Hausvater der traditionellen »großen Haushaltsfamilie« – die Herrschaftsgewalt zu, wohl aber die Rolle des gemeinsamen Bezugspunktes *und* des punktuellen Kristallisationspunktes für ansonsten in Lebensform und Ort weitgehend unterschiedliche Beziehungsgestalten.

1.2 Die letzte Minute

Wie sterben Menschen heute? Unter der Überschrift »Die letzte Minute« hat die Schweizer Journalistin Geraldine Eicher-Stucki verschiedene Sterbeorte besucht; besonders eindrücklich ist ihre Schilderung eines Besuches auf einer Intensivstation.[5]

»Unsere Stimmen verebben zu einem Flüstern. Irgendwie scheint es hier nicht angebracht, laut zu sprechen. Obschon viele der Patienten nicht ansprechbar sind, es vielleicht nie mehr sind. Manchmal seien die Patienten von Unfällen so entstellt, dass sich das Pflegepersonal keine Vorstellung von ihrem Aussehen, vom Gesichtsausdruck machen könne, sagt Schwester Jacqueline Köninger. ›Man stellt sich automatisch vor, wie der Patient gewesen ist. Wir erhalten von Angehörigen oft Fotografien der Patienten. Wir hängen die Bilder am Bett auf, dann können wir sehen, wie der Patient ausgesehen hat. Oft spielen wir den Patienten mit einem Walkman oder mit dem Radio Musik vor. Es gibt auch Angehörige, die etwas auf Band sprechen, zum Patienten reden. Das hören wir natürlich auch, und es trifft uns oftmals sehr. Denn wir erfahren dadurch viel über das jeweilige Schicksal – und beziehen das wahrscheinlich auf uns selber.‹ Mit intensiven Worten und intensiver Sprechweise beschreibt Jacqueline Köninger ihre Station. Hier werden auf allen

5. G. Eicher-Stucki, Die letzte Minute. Eine Visite an fünf Sterbeorten, in: Stapferhaus Lenzburg, Last minute. Ein Buch zu Sterben und Tod, Baden (Schweiz), 2. Aufl. 2000, 22 ff., hier: 24.

Seiten intensive Grenzerfahrungen gemacht, auch auf Seiten der Pflegenden. ›Manchmal müssen ganz unangenehme Dinge verrichtet werden. Wenn jemand beispielsweise einen offenen Bauch hat oder einen offenen Brustkasten, der vom Chirurgen zugenäht werden muss. Manchmal muss auch eine Sonde gezogen werden, ein Herzschrittmacher muss durch einen Arzt ausgeschaltet werden.‹ Bei aller Wärme, die hier den Patientinnen und Patienten und ihren Angehörigen entgegengebracht wird, bleibt ein Eindruck der Kühle hängen. Die Erinnerung an endlose, kühle, halbdunkle Korridore, gesenkte Stimmen, an unzählige Liftknöpfe, an nicht alltägliche Routine. ›Wir waschen den Patienten, bringen das Bett in Ordnung, binden den Kiefer hoch. Wenn irgend möglich, richten wir den Platz schön zurecht, mit Blumen, einer Kerze. So, dass wir das Gefühl haben, dass die Angehörigen am besten Abschied nehmen können. Wenn dies vorüber ist, bringen wir den Patienten mit seinem Bett hinunter in den Kühlraum.‹«

Menschen sterben heute, zumindest in den industriellen und technischen Metropolen wie Deutschland, in Intensivstationen und Krankenhäusern, in Altersheimen und Hospizen. Sie sterben immer seltener im Kreis ihrer Familie zu Hause.

Hier liegt ein einschneidender Wandel gegenüber dem Sterben früher. Die Veränderung von familialen Strukturen im Zusammenhang der Verlängerung von Lebenszeit schließt zwar nicht unbedingt ein, dass die *emotionale Intensität* gegenüber früheren Familienformationen geringer ist. Weil die Beziehung zu den Eltern lebensperspektivisch länger andauert und – im Guten wie im Schlechten – gegenüber der Beziehung zum Partner in der gleichen Generation größeres Gewicht hat als früher, ist eher damit zu rechnen, dass gerade die Beziehungen zu Vater und Mutter emotional stärker getönt sind, zu den Menschen der Generation also, die voraussichtlich früher sterben wird. Distanzierter als früher ist aber in jedem Falle die Begegnung mit der Sterbesituation vertrauter Menschen, distanzierter vor allem auch die Beziehung zum Körper des Sterbenden und vor allem zum Körper des oder der Toten. Der Leichnam fällt in den hochindustrialisierten Gesellschaften des Westens in aller Regel aus der direkten Kommunikation heraus.

Was hat sich in der Weise, wie Menschen heute sterben, gegenüber früheren Gesellschaften verändert? Eindrückliche Überlegungen hierzu hat Norbert Elias in seinem Büchlein »Über die Einsamkeit der Sterbenden in unseren Tagen« vorgetragen.[6] Elias ist durch seine große Untersuchung zur Veränderung von menschlichen Charakterstrukturen im Übergang vom Mittelalter zur Neuzeit bekannt geworden. Hier hatte Elias gezeigt, wie sich im »Prozeß der Zivilisation«[7] – zunächst in gesellschaftlichen Oberschichten, dann zunehmend in der gesamten Gesellschaft – das Zentrum der Affektkontrolle, also der Beherrschung von aggressiven und libidinösen Antrieben verschiebt, und zwar von äußerlich wirksamen (z.B. Angst vor Überwältigung und Strafe) auf *innerpsychische Instanzen.* Entscheidend für die Verhaltensorientierung wird die *Einstellung* von Menschen, nicht das an der Oberfläche ablesbare Verhalten. Für die Kontrolle körperlicher Antriebe wird zunehmend nicht die Angst vor Strafe wirksam, sondern eine für den einzelnen zumeist unbewusst bleibende Zensur durch innerpsychische Instanzen. Man kann sagen: In der neuzeitlich-modernen Gesellschaft liegt der Grund dafür, dass Menschen sich *nicht* ungehemmt gegenseitig Gewalt antun – oder mit erotischen Absichten ungehemmt übereinander herfallen – *nicht* darin, dass sie Angst vor äußeren Sanktionen, also vor Strafe haben, sondern dass sie durch innerpsychische Instanzen davor gehemmt sind. Innerpsychischen Mechanismen, insbesondere *Scham- und Peinlichkeitsgefühlen* gegenüber Sexualität und Aggression, ja gegenüber Äußerungen der Körperlichkeit überhaupt wirken spontan als Einschränkungen, mit denen die Psyche eines jeden Individuums auf körperliche Antriebe und Gefühlswallungen reagiert und diese im Zaume hält.

Die historisch langfristig eintretende Veränderung menschlicher Charakterstrukturen ist zugleich, wie Elias herausgearbeitet hat, die Kehrseite von *gesellschaftlichen Wandlungsprozessen:* es kommt seit der frühen Neuzeit zu einer immer stärkeren Vernetzung und Verlängerung von menschlichen Handlungsketten durch die Entwicklung des Verkehrs; und vor allem wird die gesellschaftliche Gewalt zunehmend im Staat zentralisiert. Um die Zusammengehörigkeit beider Seiten verständlich zu machen, benutzt Eli-

6. N. Elias, Über die Einsamkeit der Sterbenden in unseren Tagen, Frankfurt/M. 1982.
7. N. Elias, Der Prozeß der Zivilisation. Zwei Bände, Frankfurt/M. 6. Aufl. 1978.

as den Begriff »Figuration«: wie etwa einzelne Bewegungen von Tanzenden mit den Bewegungen anderer Tanzender eine »Figuration« bilden, so im »Prozeß der Zivilisation« die Veränderungen von Charakterstrukturen einzelner Menschen mit denen von gesellschaftlichen Großprozessen. Schon um die Reformationszeit ist beispielsweise in Deutschland ein gesellschaftlicher Entwicklungsstand erreicht, in dem nicht mehr *viele verschiedene* Ritter und Feudalherren die militärische und rechtliche Gewalt tendenziell autonom ausüben – und sich immer wieder blutige Fehden liefern –, sondern die gesellschaftliche Gewalt sich in den Händen von Landesfürsten und ihren bürokratischen und militärischen Potentialen konzentriert. Die Verlagerung der Affektkontrolle bei den Individuen »nach innen« und die Zentralisierung gesellschaftlicher Macht sind die beiden Seiten der Medaille in der »Figuration« des Zivilisationsprozesses – dies ist im Kern die These von Norbert Elias in »Der Prozeß der Zivilisation«.

Die *zunehmende Einsamkeit* der Sterbenden in unserer Zeit interpretiert Elias als eine Dimension in diesem umfassenden Wandlungsprozess von Gesellschaft und Individuen. Anders als andere Interpreten ist Elias allerdings *nicht* der Meinung, dass es in früheren Zeiten einmal so etwas wie einen fraglos-selbstverständlichen, *ruhigen* Tod gegeben habe: einen gesellschaftlichen Zustand, in dem Menschen lebenssatt, in Gelassenheit und innerer Abgeklärtheit starben. Eine solche Verklärung sieht Elias beispielsweise in einem Buch, das für die Wahrnehmung einer historischen Veränderung des Umgangs mit dem Tod und den Toten sehr einflussreich geworden ist und trotz seines außerordentlichen Material- und Kenntnisreichtums als verklärende Sicht des Sterbens in früheren historischen Epochen kritisch zu lesen ist: Philippe Ariés'[8] »Geschichte des Todes«. Quellenbasis für Ariés' Untersuchung sind immer wieder literarische Texte; beispielsweise beschreibt er anhand von mittelalterlichen Epen den Tod eines Ritters. »Er versammelt seine Kinder um sein Bett, um ihnen letzte Anweisungen zu geben und letzte Grüße auszuteilen, wie es alle Alten getan haben, die er hat sterben sehen ... Er stirbt ..., wie noch jene Bauern im tiefsten Russland starben, von denen Solschenizyn spricht: ›... Sie hatten sich nicht aufgebäumt, gewehrt, geprahlt, dass sie niemals sterben

8. Ph. Aries, Geschichte des Todes, München 1978, 9. Aufl. 1999, hier 26f.

würden – sie alle hatten dem Tode *ruhig* entgegengesehen ...‹. Deshalb fährt, nach dem klagenden Rückblick auf das Leben, der Sterbende des Mittelalters mit der Erfüllung der gebräuchlichen Rituale fort: er bittet seine Gefährten um Verzeihung, nimmt Abschied von ihnen und empfiehlt sie Gott ... Nach seinem Abschied von der Welt empfiehlt der Sterbende Gott seine Seele ... Die Handlungen, die vom Sterbenden vollzogen werden, nachdem sein nahes Ende sich ihm angekündigt hat – er ruht mit dem Gesicht zum Himmel, gen Osten gewendet, die Hände vor der Brust verschränkt –, haben einen zeremoniellen, rituellen Charakter ... das Glaubensbekenntnis, die Beichte der Sünden, die Bitte um Verzeihung für die Hinterbliebenen, die frommen Verfügungen zu ihren Gunsten, die Empfehlung der eigenen Seele an Gott, die Wahl des Grabes ... Nach dem letzten Gebet bleibt nurmehr das Harren auf den Tod, und der hat denn auch jetzt keinen Grund mehr, lange zu zögern ... Wenn es aber vorkommt, dass der Tod auf sich warten lässt, so sieht ihm der Sterbende schweigend entgegen, er kommuniziert nicht mehr mit der Welt. Er spricht seine letzten Gebete, seine letzten Fürbitten und gibt fürderhin kein Wort mehr von sich.«

Norbert Elias zeigt: das Bild vom ruhigen Tod, das Ariés aus literarischen Zeugnissen rekonstruiert, verzeichnet und verklärt die Situation des Sterbens gerade in der mittelalterlichen Gesellschaft, aber auch in vormodernen Gesellschaften überhaupt. »Verglichen mit dem Leben in hoch industrialisierten Nationalstaaten war das Leben in mittelalterlichen Feudalstaaten ehemals – und ist, wo immer solche Staaten noch existieren, auch in der Gegenwart – leidenschaftlich, gewalttätig, daher unsicher, kurz und wild.« Und dies trifft auch die vorherrschende Weise, wie Menschen sterben und sich mit ihrem Tod in Beziehung setzen müssen: »Sterben kann qualvoll sein und voller Schmerzen. In früheren Gesellschaften hatten Menschen weniger Möglichkeiten, die Qual des Sterbens zu lindern.« Also kein ruhiger Tod, ganz im Gegenteil. »Verglichen mit der Gegenwart war das Sterben damals für jung und alt unverdeckter, allgegenwärtiger und vertrauter. Damit ist nicht gesagt, dass es friedlicher war.«[9]

Im Mittelalter und in der frühen Neuzeit war das Sterben für den Großteil der Menschen in der Regel gewalttätiger und ungeschütz-

9. N. Elias, Über die Einsamkeit des Sterbenden ..., a. a. O., 24 f.

ter als heute: »Gewalt war alltäglicher, der Streit leidenschaftlicher, Krieg oft die Regel, Frieden eher die Ausnahme. Seuchen fegten über die Erde, Tausende starben in Qual und Schmutz ohne Hilfe und Trost.«[10] Wer schon einmal Texte über das Wüten der Pest in mittelalterlichen Städten gelesen hat, wird sich ein Bild von den Zuständen machen können, die Elias hier vor Augen hat.

Kein ruhiger Tod also. Den entscheidenden Unterschied im Umgang mit Sterben und Tod in der Moderne sieht Elias an anderer Stelle: Früher war das Sterben in vieler Hinsicht ein *öffentlicher Vorgang*. Gestorben wurde am Ort und im Beisein der Lebenden: der Familienmitglieder, der Nachbarschaft, oft auch der Öffentlichkeit des Dorfes oder Stadtviertels. Das Sterben und die Weise, in der Menschen das Leben verlassen mussten, und wahrscheinlich noch einschneidender: der Umgang mit dem Tod und mit sterbenden Menschen war noch nicht von den *Scham- und Peinlichkeitsgefühlen* sanktioniert, die sich im Prozess der Zivilisation nach und nach gegenüber allen Körpervorgängen wie ein verhüllender Vorhang zwischen die Menschen und ihre eigene, aber auch die Körperlichkeit der anderen Menschen legen. »Das Sprechen von Tod, Grab und von all den Einzelheiten dessen, was im Grabe und mit dem toten Menschen vor sich geht, unterlag noch nicht so einer strikten sozialen Zensur. Der Anblick verfaulender Menschenleichen war alltäglicher. Jedermann, auch die Kinder, wusste, wie das aussah; und da es jedermann wusste, sprach man auch relativ unbefangen davon ... Heute verhält sich das anders. Niemals zuvor in der Geschichte der Menschheit wurden Sterbende so hygienisch aus der Sicht der Lebenden hinter die Kulissen des gesellschaftlichen Lebens fortgeschafft; niemals zuvor wurden menschliche Leichen so geruchlos und mit solcher technischer Perfektion aus dem Sterbezimmer ins Grab expediert.«[11] Die Einsamkeit der Sterbenden heute findet ihren Grund und ihren Ausdruck im Vorherrschen einer Mentalität, in der über Sterben und Tod nicht mehr öffentlich gesprochen wird und in der ein Kontakt mit dem toten Körper aus dem Alltagsbewusstsein und aus alltäglichen Handlungsmustern weithin ausgeschieden ist. Sterben ist ein Vorgang, der in der Regel in hygienischer und medizinisch kontrollierter

10. Ebd., 27.
11. Ebd., 38.

und versorgter Weise stattfindet, aber eben in der Regel auch allein und einsam. –

Der Marburger Praktische Theologe Henning Luther hat sich vor einigen Jahren, den eigenen Aids-Tod unmittelbar vor Augen, mit der These von der gesellschaftlichen Verdrängung des Todes kritisch auseinandergesetzt.[12] Dem Augenschein nach, so konstatiert er, wird der Tod gar nicht verdrängt. Es gibt vielmehr ein dauerndes Gerede über den Tod. Mit Büchern über das Sterben, über Interviews mit Sterbenden, über Nahtoderfahrungen und ähnliches lässt sich heute jede Menge Geld verdienen. Der Tod ist überall und jederzeit medial präsent: öffentlich gestorben wird auf allen Kanälen. Insbesondere Reality-Sendungen in den Kabelprogrammen bringen Bilder von Sterbenden frisch nach dem Autounfall, von Angeschossenen und Verhungernden in anderen Weltgegenden, die eine möglichst intensive Nähe zum Phänomen des Sterbens und des Todes suggerieren. Henning Luther, den eigenen Tod vor Augen, schreibt dazu: »Erweisen wir mit diesem Gerede anderem als dem Tod unsere Reverenz? Hebt dieses Gerede vom Tod seine Verdrängung denn wirklich auf? Bestätigt sie nicht die Verdrängung auf ihre Weise – Verdrängung durch Gerede? Sind die vielen Worte über den Tod anderes als jene Lieder, mit denen das Kind beim Gang durch den dunklen Keller seine Angst übertönen will ... Süßliche Reden vom sanften Tod, vom menschenwürdigen Sterben oder gar vom Lichtschein am Ende des Tunnels verkleben die Augen, die der Brutalität des tödlichen Verendens nicht standhalten. Das Sterben spottet jeder Würde. Nichts am Tod ist sanft oder natürlich.«[13]

Ähnlich wie Norbert Elias, so geht es Henning Luther zuinnerst darum, präsent zu halten, was bei der allgegenwärtigen Öffentlichkeit von Sterben und Tod und bei der *anscheinend* vorherrschenden Nicht-Verdrängung des Todes heute dennoch mit aller Macht verdrängt wird: die *Einsamkeit* des Sterbenden, aber auch der Skandal des Sterbens, die Brutalität des Lebensabbruches. Weder öffentliche Diskurse über Sterben und Tod noch Entwicklungen in der medizinischen Versorgung stehen der Verdrängung in Wahrheit im Wege.

12. H. Luther, Tod und Praxis. Die Toten als Herausforderung kirchlichen Handelns. Eine Rede, in: ZThK 88 (1991), 407–426.

13. Ebd., 409.

Wo findet sich Hilfe? Henning Luther meint: jedenfalls auch nicht umstandslos in den großen Worten der christlichen Tradition, die Vertreter und Vertreterinnen der Kirche im Beerdigungsritual aussprechen. »Der schroffen Nacktheit von Tod und Sterben begegnet sie mit Worten der Lehre und Ermahnung. Mit Bildern der vanitas oder mit Theorien endlicher Freiheit lehren sie die Lebenden zu bedenken, dass sie sterben müssen, auf dass sie klug werden. Und mit Worten österlicher Predigt ermuntert sie dazu, ›nicht an den Tod zu glauben.‹ ... Nicht wenige Zeitgenossen jedenfalls fragen sich, ob sie denn gedeckt sind, die ›großen Worte‹, die sie (die Kirche) spricht. – ›Auferstehung‹, ›ewiges Leben‹. Das Wort droht umso mehr zur ›frommen Verkündigungsfloskel‹ zu werden, die – der Bitterkeit des Todes nicht standhaltend – umso geschwätziger vorgetragen wird ... Als gestaltetes Schweigen kann das Ritual der Beerdigung angesehen werden ...«[14]

Wie kann die christliche Rede von der Auferstehung so gesagt werden, dass sie der Brutalität des Sterbens und der Einsamkeit der Sterbenden nicht nur standhält, sondern befreiende Wirklichkeit dagegensetzt? Wie kann die Verheißung so zugesagt werden, dass sie nicht zum leeren Gerede verkümmert? Mindestens so hoch muss die Meßlatte angelegt werden. Sterbende, die den eigenen Tod vor Augen haben, werden von vertröstenden großen Worten nicht erreicht, auch Trauernde nicht. Die Verheißung der Auferstehung gewinnt dann Kraft, wenn sie zugleich *Protest gegen das Sterben* ist. Wir brauchen heute eine Gestalt dafür, dass der österliche Ursprung der Kirche eine »Protestbewegung gegen den Tod«[15] war. Die Verkündigung der österlichen Botschaft gewinnt dann Kraft, wenn sie zugleich Klage und Anklage bleibt gegen den Skandal des Lebensabbruches und des abrupten Endes gelebter Beziehungen.

Im Lebensvollzug von Christenmenschen zeigt sich die Ernsthaftigkeit, mit der die christliche Auferstehungsbotschaft weitergesagt wird, an der Entschiedenheit, mit der sie *den Tod des anderen nicht wollen.* Henning Luther formuliert diesen Gedanken in Anlehnung an Emanuel Levinas: »Beim Tode ist ... immer zuerst an den Tod der anderen zu denken. Ihr Tod ist der Tod, der wirklich

14. Ebd., 413.
15. Ebd., 420.

betroffen macht. Mein Tod, den ich denke, ist immer nur ein fiktiver Tod, ein gedanklich vorweggenommener Tod. Der Tod der anderen ist schrecklich konkret ... Der mögliche vorweggenommene Tod des anderen ruft mich in die Verantwortung gegenüber dem anderen. Hierin bin ich unvertretbar ...«[16]
Die Verantwortung, in die mich das Antlitz des anderen Menschen hineinruft, konkretisiert erst die *ethische* Perspektive der jüdisch-christlichen Tradition: das Gebot, nicht zu töten, konkretisiert sich in der Verantwortung, den Tod *des anderen Menschen* leidenschaftlich nicht zu wollen. So gewinnt die Auferstehungsverheißung Gesicht: »Die eschatologische Hoffnung – als Protest gegen den Tod der anderen – richtet sich also nicht auf meine Unsterblichkeit, nicht auf das Weiterleben der Lebenden, sondern auf die Auferstehung der Toten.«[17]

1.3 Die neue Unsicherheit über die Todesgrenze

Eine einschneidende Veränderung gegenüber der Situation noch vor wenigen Jahren liegt darin, dass sich – verbunden mit einer explosionsartigen Erweiterung des medizinischen Wissens und der gesundheitlichen Versorgung der Bevölkerung in den industrialisierten und technisierten Metropolen bis hin zur Transplantationsmedizin – die Grenze verschoben hat, von der an ein Mensch im biologischen Sinne als tot gilt.
Wann ist der Mensch tot? Es gibt einige Anzeichen, die gemeinhin als sicher gelten und die bei der Feststellung eines Todes im allgemeinen wahrgenommen und auch abgefragt werden. Stirbt ein Mensch, so muss ein medizinisch, aber auch rechtlich fixiertes Procedere eingehalten werden.[18] Der Tod wird vom Hausarzt anhand spezifischer Anzeichen diagnostiziert: fehlende Spontanbewegungen, fehlende Atmung, fehlender Puls, fehlende Herzaktionen, eingetrübte Hornhaut der Augen, fehlende Reaktionen des

16. Ebd., 422.
17. Ebd., 423.
18. Die folgenden Informationen entnehme ich aus: J. Häusler und P. Fuchs, Wann ist der Mensch tot?, in: Stapferhaus Lenzburg (Hg.), Last Minute, a. a. O., 70 ff.; hier: 72.

Nervensystems, abfallende Körpertemperatur. Erst längere Zeit nach Eintritt des Todes lassen allerdings sichere Todeszeichen eine definitive Diagnose zu: *Totenflecken* (Livores), die 20 bis 30 Minuten nach dem Todeszeitpunkt am Körper auftreten; die *Totenstarre* zwei bis drei Stunden nach Todeseintritt; *Fäulnis,* im Sommer innerhalb der ersten 24 Stunden.

Sind die Todeszeichen sicher, füllt der Arzt die *Ärztliche Bescheinigung des Todes* aus – ein einfaches Formular, das nebst der sicheren Feststellung des Todes noch weitere Abklärungen verlangt: *Die Sicherstellung der Identität der oder des Toten* (bei Unklarheiten wird die Bescheinigung auf Unbekannt ausgestellt und die Polizei benachrichtigt); *die grobe Schätzung der Todeszeit; die Todesart.* Aus rechtlicher Sicht ist hier vor allem die Unterscheidung zwischen natürlichem Tod und außergewöhnlichem Todesfall wichtig; hier gilt es wiederum zu unterscheiden zwischen nicht natürlichem Tod (gewaltsamer Tod: Eigen- oder Fremd-Gewalt) und unklarem Tod. Ärzte sind verpflichtet, den außergewöhnlichen Todesfall der Polizei, dem Bezirksarzt oder dem Untersuchungsrichter zu melden.

Wann ist ein Mensch tot? Heute sind vor allem zwei Wahrnehmungsmuster wirksam: irreversibler Herzstillstand, der die Blutzufuhr zum Hirn beendigt (Herztod); oder: vollständiger und irreversibler Funktionsausfall des Hirns einschließlich des Hirnstamms (Hirntod).

Über die Geltung dieser beiden Wahrnehmungseinstellungen und ihre Konsequenzen ist in jüngerer Zeit eine engagierte Debatte geführt worden. Die gegenwärtig wirkmächtigste Grenzziehung zwischen Leben und Tod beim sogenannten *Hirntod,* dem Ausfall des Gesamthirns bei einem Individuum, trägt gleichzeitig zur Unsicherheit über diese Grenze bei. Denn weil durch die Entwicklung neuer Reanimationstechniken Menschen ins Leben zurückgeholt werden können, die nicht mehr atmen und deren Herz nicht mehr schlägt, werden Merkmale des Todes außer Geltung gesetzt, die bis dahin als sichere Wahrnehmungskriterien galten. Heute können Menschen, die im Koma liegen, langfristig am Leben erhalten werden – allerdings um den Preis, dass dieses Leben ohne apparative Unterstützung nie mehr möglich und eine Rückkehr in ein mit Bewusstsein ausgestattetes Leben nicht zu erwarten ist.

Die Unsicherheit über die Grenzziehung wird an der Stelle besonders problematisch, wo andere Interessen als das Leben dieses sterbenden Menschen in den Vordergrund rücken. Gerade im Bereich der Transplantationsmedizin hinkt die öffentliche Debatte über moralische Implikationen und rechtliche Grenzen der Entwicklung der neuen Technologie hinterher.
»Der Erfolg einer Transplantation hängt stark von der lebensfrischen Qualität der verpflanzten Organe ab. Würde ein Mensch *vollständig* sterben, so wären seine Organe nicht mehr für eine Implantation in einen anderen Menschen geeignet. Daraus ergibt sich, dass die entsprechenden Organe dem Körper eines Menschen entnommen werden müssen, dessen Organismus zwar noch künstlich belebt wird, der jedoch als Individuum für tot erklärt worden ist«[19]
Die Reduktion menschlichen Lebens auf die Leistungen des Gehirns, die bei der Grenzziehung individuellen Lebens beim Hirntod eingeschlossen ist, beinhaltet weitere Schwierigkeiten: Kann der Verlust aller Hirnfunktionen empirisch überhaupt nachgewiesen werden? Schließlich sind die vollständigen Hirnfunktionen weder bekannt noch messbar. Umgekehrt fällt es gerade den alltäglich vertrauten Menschen schwer, den Sterbeprozess eines hirntoten Menschen zu realisieren. Weil ihr Herz-Kreislauf-System künstlich aufrechterhalten wird, wirken sie lebendig. Sie atmen, ihr Herz schlägt, die Haut ist durchblutet, vitale Funktionen wie Verdauung und reproduktive Funktionen bleiben bei beiden Geschlechtern intakt. Reflexhafte Muskelkontraktionen können dazu führen, dass sich bei hirntoten Menschen auch Arme und Beine bewegen können. Weil sich hirntote Menschen äußerlich nicht von anderen Komapatienten unterscheiden, die temporär auf einer Intensivstation liegen müssen, beinhaltet die Hirntod-Definition den Bruch mit überkommenen, vor allem aber mit für alltägliche Wahrnehmung plausiblen Todesvorstellungen. Hinterbliebene müssen den ihnen erklärten Eintritt des Todes entgegen ihrer eigenen Wahrnehmung glauben. –
Die Intensivmedizin stößt seit den neunziger Jahren an Kapazitäts- und damit auch an *ökonomische Grenzen*. Damit wird eine

19. Vgl. Jacqueline Häusler, Hirntod oder Herztod?, in: dies. und P. Fuchs, Wann ist der Mensch tot?, in: Stapferhaus Lenzburg (Hg.), Last Minute, a. a. O., 70 f.

Frage brisant, die in den Diskussionen über die biologische Todesgrenze (Hirntod oder Herztod) bis dahin überhaupt noch nicht im Blick war: Es wird zunehmend zu einer *aus ökonomischen Kalkülen* zu entscheidenden Frage, *welche* Menschen angesichts der Knappheit von Ressourcen und Kapazitäten für lebensverlängernde Maßnahmen in Frage kommen. Damit ist ein Zustand erreicht, der unter ethischen Aspekten kaum zu verantworten ist. »Die heute unter dem Stichwort *Rationierung* geführte Diskussion kehrt die bisher geltenden Maßstäbe um. Nicht mehr die Frage, unter welchen Umständen einem Patienten ein *würdiger Tod* und damit eine Abkoppelung von den Apparaten gestattet werden soll, steht nunmehr im Vordergrund, sondern umgekehrt die Frage, wer bei knappen medizinischen und ökonomischen Ressourcen von der hoch technisierten Medizin noch profitieren darf.«[20] In Entscheidungen, die Ärzte, Ärztinnen und Pflegepersonal über die intensivmedizinische Behandlung eines Patienten zu fällen haben, werden angesichts der knapper werdenden Ressourcen Fragen z. B. nach dem biologische Alter des Betroffenen, seiner Lebensgeschichte, der bisherigen und voraussichtlichen Lebensqualität, seiner Grundkrankheit, seinem Akutzustand und seiner Prognose eingehen.

Es ist aus Sicht einer *christlichen-protestantischen,* an der Rechtfertigungsverheißung orientierten Ethik höchst problematisch, wenn aus ökonomischen Überlegungen und in rechtlichen Regelungen die Wertschätzung von Menschen auf das reduziert werden, was nach gesellschaftlich gerade gültigen Maßstäben als gesund und krank, was zudem als »Lebensqualität« gelten soll, oder wenn der Wert von Menschen nach dem bemessen wird, welches Maß an Lebenszeit und Gesundheit ihnen noch medizinisch prognostiziert werden kann. Ihr bloßes Recht, in den Genuss intensivmedizinischer Betreuung zu kommen, und damit ihr Recht, weiter leben zu dürfen, wird praktisch von solchen Abschätzungen abhängig gemacht. Hier scheint heute das eigentlich brisante Problem zu liegen – brisanter vielleicht noch als die Frage, ob unter allen Umständen Leben verlängert werden soll, wenn sich z. B. die betroffenen Kranken nicht in rechtlich eindeutiger Form darüber

20. Ch. Keller, Der Tod – ein Fall für die Akademie, in: Stapferhaus Lenzburg (Hg.), Last Minute, a. a. O., 74 f., hier: 78.

geäußert haben. Wo der Wert, die Lebensmöglichkeit, ja das Lebensrecht von Menschen allein nach ökonomischen Kriterien bemessen wird, ist von Seiten der christlichen Kirchen eindeutiger Einspruch gefordert.
Die Debatte über die Grenze zwischen Leben und Tod hat sich in jüngster Zeit im Zusammenhang der Frage nach der *Legitimität der Sterbehilfe* noch einmal erheblich verschärft. In den Niederlanden ist vor kurzem ein Gesetz erlassen worden, das auf Verlangen eines unheilbar kranken Patienten - bei Vorliegen einer juristisch eindeutigen Patientenverfügung - die Tötung auf Verlangen durch einen Arzt ermöglicht. Ähnlich wie in der Bundesrepublik im Falle des Schwangerschaftsabruchs wird dieses Recht im Sinne einer Ausnahmeregelung formuliert: Die Tötung auf Verlangen bleibt strafbar, *es sei denn, dass ...*[21] Das holländische Gesetz hat auch die Debatte in Deutschland angeheizt. Der Zeit-Autor Robert Leicht schreibt: »Dass der Mensch sein Leben nicht sich selber verdankt, diese Tatsache ist so selbstverständlich, dass sie jede Meldung vom Tode Gottes überlebt hat. Aber wie passt dazu die Selbstverständlichkeit, mit welcher der moderne Mensch im Regelfall annimmt, er könne über sein Leben letztgültig verfügen?«
Dabei ist die Frage nach der Legitimität der Sterbehilfe keineswegs leichthin eindeutig zu entscheiden. Auf die eine Seite des hier zu entscheidenden Dilemmas - Dilemma im Sinne von ethisch nicht eindeutig lösbarer, aber dennoch *notwendig zu lösender Frage* - weist die schwer an Krebs erkrankte ehemalige Sozialministerin des Landes Brandenburg, Regine Hildebrand hin: Es gehört schlechterdings zur Würde des Menschen, sich gegen lebensverlängernde Maßnahmen entscheiden zu können, wenn dadurch Heilung nicht zu erwarten ist und der Tod lediglich verzögert wird. Wenn Weiterleben nur noch ein verlängertes Sterben ist, ohne jede Hoffnung auf Änderung. In diesem Sinne hatte schon der ehemalige Bundespräsident Gustav Heinemann, den Menschen der Nachkriegsära als streitbarer Christ und Pazifist bekannt, als Willenskundgebung verbindlich festgelegt, dass sein Leben durch lebensverlängernde Maßnahmen nicht zum Weitervegetieren gezwungen werden dürfe. Oder, wie Robert Leicht diese Seite des

21. Vgl. den in dieser Debatte herausragenden Leitartikel von R. Leicht, »Der Tod in weiß«, Die Zeit Nr.17, 19. April 2001, 1.

Dilemmas prägnant formuliert: »Eine ärztliche Kunst, die um ihrer selbst willen Leiden verlängert, wo Leben unweigerlich zu Ende geht, vergeht sich an der Menschenwürde nicht weniger als eine Medizin, die das Lebensende um seiner selbst willen herbeiführt.«[22]

Die Argumente für die Gegenposition haben gerade im Deutschland und vor dem Hintergrund der mörderischen jüngeren Geschichte unseres Landes schwerwiegende Gründe auf ihrer Seite. »Die Gefahr ist groß, dass sterbende Menschen in vermeintlich ausweglosen Situationen an eine bedrohliche Routine ausgeliefert werden, die zu früh keine Handlungsspielräume mehr sieht und nicht mehr mit aller Kraft nach anderen Möglichkeiten einer Linderung der Schmerzen oder Erleichterung in der unerträglichen Not sucht.«[23]

Die Erinnerung an die Euthanasie-Programme der Nazis – »Euthanasie« ist ein verlogenes Wort für eine scheußliche Realität, nämlich für den staatlich verordneten Massenmord an behinderten, kranken und leistungsunfähigen Menschen – zwingt dazu, die Annahme für realistisch zu halten, dass (entsprechende politische Kontextbedingungen vorausgesetzt) eine Grenzüberschreitung in Richtung legalisierter Tötung ganz anderen politischen und ökonomischen Interessen Durchsetzungschancen eröffnet, als die Befürworter einer Legalisierung von Sterbehilfe vor Augen haben. Ist eine solche Grenze erst einmal übertreten, dann muss man realistisch damit rechnen, dass beispielsweise das Leben von behinderten Menschen zur Disposition gestellt werden könnte, das schon durch die Möglichkeiten der neuen Reproduktionstechnologien so behandelt wird, als sei es aus dem Bereich lebenswürdigen Lebens auszumerzen (dieses scheußliche Nazi-Wort ist an dieser Stelle durchaus wieder angebracht, um die Lebensfeindlichkeit solcher Positionen zu entlarven). Man kann Wetten darauf abschließen, wie lange es dauern wird, dass Argumentationen zunächst verschämt und dann immer unverschämter vorgebracht und medial wirksam inszeniert werden wie: das Lebenlassen von behinderten

22. Ebd.
23. U. Gerstenkorn, Begleiten statt töten. Die Hospizbewegung lehnt die Legalisierung der aktiven Sterbehilfe ab, in: Zeitzeichen. Evangelische Kommentare zu Religion und Gesellschaft, 9/2001, 25.

Menschen sei zu teuer. Man sei schließlich kein Unmensch, aber man müsse die volkswirtschaftlichen Kosten ... . Man kann sich dieses Vokabular der Lebensfeindlichkeit in den Debattenbeiträgen von Menschen vor Augen führen, die zwischen 1933 und 1945 ebenfalls den Anspruch erhoben, lediglich ökonomisch rational und abwägend zu denken. Es ist deshalb schlechterdings angebracht, dieser Seite der ethisch nicht eindeutig zu lösenden Frage nach der Legitimität der Sterbehilfe mehr Gewicht beizumessen, als dies gegenwärtig oft getan wird.

Der selbst schwer spastisch behinderte Autor Fredi Saal hat sich in diesem Sinne immer wieder zu Wort gemeldet. Er sagt beispielsweise in einem Rundfunkbeitrag[24] mit der Überschrift »Die Normalität der Behinderten – Ein Plädoyer für die Würde des Menschen«: »Auf den Gedanken, dass ich selber meine spastische Lähmung nicht als Übel empfinden könnte und deshalb nicht rehabilitiert werden muss, darauf kommt so schnell niemand ... Wer gibt uns eigentlich das Recht, einen Menschen wie am Reißbrett zu entwerfen? Der Behinderte ist in der Tat alles andere als ein Reißbrettmensch; an ihm lässt sich am besten ausmachen, *was menschliche Individualität bedeutet; die unverwechselbare Einmaligkeit jedes einzelnen.* Sagen wir es differenzierter: behindert ist, wer unter seinem So-Sein leidet, behindert wird, wem die notwendige Unterstützung und Anerkennung versagt ist. Wollen wir nicht das Menschsein im ganzen zur Disposition stellen, müssen wir neben vielen anderen Erscheinungen humaner Existenz auch die Behinderung als eine Form menschlichen Daseins betrachten. Der Mensch mit einer Lähmung, Blindheit, Taubheit, Lern- oder Geistesschwäche hat neben vielen anderen Eigenschaften auch die einer Behinderung, sie gehört untrennbar zu seinem Wesen. ...

Die unverwechselbar vorgegebene Einheit der Person in all ihren vielfältigen Schattierungen, zu denen auch die Behinderung gehört, findet ihre treffendste Charakterisierung in der Aussage des Alten Testaments: ›Ich habe dich bei deinem Namen gerufen.‹ Mein Name – das steht für alles, was ich bin. Zu dem, was ich bin, gehört auch meine so und so beschaffene Leiblichkeit. In letzter Konsequenz bedeutet das: So, wie ich mich vorfinde, bin ich von Anfang an im Schöpfungsplan vorgesehen und darum in Ord-

24. WDR 3, »Ruhestörung«, Sendedatum unbekannt.

nung. ... Wenn es in der Bibel heißt: ›Gott sah, dass seine Schöpfung gut war‹, so schließt das die Vollwertigkeit des Behinderten ein ... Die Behinderung gehört untrennbar zu mir.
Soll ich sie loswerden, muss ich mich meines ganzen, unaustauschbaren Daseins entledigen. Im Einklang mit mir selbst lebe ich nur, wenn ich die Behinderung. als einen Wesensbestandteil von mir ansehe, etwas, das zu meinem Namen gehört.«
Der Einspruch gegen Versuche, angesichts der neuen Unübersichtlichkeit der Grenze zwischen Leben und Tod mit dieser Grenze zu »spielen«, Anfang und Ende des Lebens mit immer erweiterten wissenschaftlich-technischen Möglichkeiten in eigene menschliche Regie zu nehmen, wird heute wohl am klarsten von denen formuliert, die nach dem übermächtigen Kriterium ökonomischer Nützlichkeit als überflüssig gelten. Fredi Saal weist selbst auf wichtige Linien in der biblischen Erzähltradition hin, durch die Christenmenschen, die sich von diesen Erzählungen in gutem Sinne »auf den Arm nehmen« lassen, in der Wahrnehmung dieser Grenzüberschreitung sensibilisiert werden können. Fredi Saal weist vor allem auf die Schöpfungserzählung hin; aber auch weitere zentrale Bestandteile dieser Erzähltradition – beispielsweise das Erste Gebot, beispielsweise Gottes Liebeserklärung zuerst an die Armen, beispielsweise die Verheißung der Rechtfertigung des Sünders ohne eigene Leistung – helfen und nötigen dazu, dass Christenmenschen die Perspektive der Opfer einnehmen und öffentlich gegen ökonomische und politische Interessen Einspruch erheben, die Lebensgrenzen ihren Kalküls unterwerfen wollen.

1.4 Die Wahrnehmung von Sterben und Tod heute und die Ambivalenz des Individualisierungsprozesses

Die »Einsamkeit der Sterbendenden in unseren Tagen«, von der Norbert Elias spricht, aber auch die Unsicherheiten über die Grenzen zwischen Leben und Tod und die Debatten über die Legitimität von Sterbehilfe, in denen sich die Bedingungen von Sterben und Tod heute mit besonderer Brisanz spiegeln, finden ihren Kontext in einer gesellschaftlichen Entwicklung, die mit dem Stichwort

»Individualisierung« bezeichnet ist. Gemeint ist ein ganzes Bündel von Problemen, durch die die Lebensrealität der Menschen heute bestimmt wird.

Der Individualisierungsprozess, der – wie Elias in seinen Untersuchungen zum »Zivilisationsprozeß« selbst herausgearbeitet hat – bereits seit der frühen Neuzeit immer weitere Lebensbereiche erfasst, hat sich in der zeitgenössischen spätmodernen Gesellschaft radikalisiert und bestimmt ihr Gesicht in immer weiteren Lebensbereichen. Für die Interpretation der heute zeitgenössisch-modernen Individualisierungsstufe steht das Stichwort »Risikogesellschaft« bereit, das von Ulrich Beck vorgeschlagen wurde und ein ganzes Bündel von Faktoren heutiger Lebensrealität in einen theoretisch begriffenen Zusammenhang bringen will.[25] Sie sind in der einen oder anderen Weise Ausdruck einer bis dahin unvorstellbaren Zunahme an Wohlstand, aber auch an *räumlicher und sozialer Mobilität* in der Nachkriegsgesellschaft der Bundesrepublik.

Der Anteil der für Erwerbsarbeit notwendigen Zeit am Zeitbudget der Menschen verkürzt sich. Je mehr materiellen und zeitlichen Freiheitsspielraum Menschen gewinnen, desto mehr Chancen haben sie, ihren persönlichen Vorlieben in der Lebensführung, in den Wohnverhältnissen, in Freizeit und Konsum Ausdruck zu verleihen: Es kommt zu einer »Pluralisierung« von Lebensstilen. Zugleich sind sie aber auch dazu *gezwungen,* die eigene Lebensgeschichte zu entwerfen: es herrscht Zwang zur Wahl. Nicht nur die örtliche, auch die soziale Mobilität nimmt in enormem Maße zu. Die technologische Modernisierung führt zu weitreichenden Wandlungen in der Berufsstruktur, zu einer Ausweitung des Dienstleistungssektors und zu tiefgreifenden Veränderungen in der sozialen und räumlichen Struktur der Lebensverhältnisse. Die Verstädterung schreitet fort, ländliche Lebensräume werden entleert. Die Grenzen, die früher durch soziale Klassen, durch das Geschlecht, durch nationale Zugehörigkeit gezogen wurden, verwischen zusehends. Geschlossene Milieus, wie man sie früher auf dem Dorf mit Schützenverein, Kirche und Kirmes kannte, wo du nur richtig dazugehörst, wenn du da geboren bist; oder Arbeitersiedlungen wie manche Zechenviertel im Ruhrgebiet mit Eckkneipe, großen Gärten und Stall für die Kuh

25. U. Beck, Risikogesellschaft. Auf dem Weg in eine andere Moderne, Frankfurt/M. 1986.

oder das Schwein hinter dem Haus: all das gibt es immer weniger. Und die Menschen, die hier einmal gelebt haben, können sich heute in der Regel nicht mehr darauf verlassen, dass sie den Beruf, den sie einmal gelernt haben, bis zur Verrentung ausüben werden, dass sie ihren Arbeitsplatz – wenn sie ihn denn behalten – am gleichen Ort finden, an dem sie auch wohnen.

Die Individuen werden aus ihren traditionellen Lebenszusammenhängen herausgerissen. Soziale Kreise, die bisher klassen- oder schichtspezifisch getrennt waren, vermischen sich. Eingefahrene Lebenswege und biographische Lebensplanungen werden durcheinandergewirbelt. Die Aufstiegs- und Leistungsorientierung, die im Bildungssystem gefördert werden, begünstigt schließlich bei den Individuen eine Einstellung, die sie den eigenen Lebensweg nicht als Ausdruck ihrer Zugehörigkeit zu einer Klasse oder eines Milieus verstehen lässt, sondern als Ergebnis ihrer eigenen individuellen Leistung. Von diesen Veränderungen ist auch die geschlechtsspezifische Rollenaufteilung zwischen Männern und Frauen betroffen. Männer und Frauen können ihre Rolle und ihre Verpflichtung in der Familienarbeit und in der öffentlichen Berufstätigkeit individuell aushandeln, und gerade für Frauen bietet die Individualisierung größere Freiheit als je zuvor, berufliche Erwerbstätigkeit mit der Beziehungsarbeit für Kinder und Mann – Ehemann oder Freund – zu verbinden.

Obwohl die Arbeit weitgehend geschlechtshierarchisch verteilt bleibt – in den oberen Etagen von Betrieben, politischen Machtzentren, Universitäten sind Frauen unterrepräsentiert – nimmt auch für viele berufstätige Frauen die soziale und räumliche Mobilität in bisher nicht gekanntem Maße zu.

Ulrich Beck wertet den Individualisierungsprozess insgesamt höchst ambivalent. Auf der einen Seite werden für große Menschengruppen Freiheitsspielräume in der individuellen Lebensführung eröffnet, wie sie in der bisherigen Geschichte nicht bekannt waren. Auf der anderen Seite steuert die Gesellschaft auf ökonomische und soziale Krisen katastrophischen Ausmaßes zu, ohne dass die überkommenen und eingespielten Steuerungsmechanismen noch funktionierten. Die lebensweltlichen Selbstverständlichkeiten von Familie, Nachbarschaft und Gemeinde werden schwächer. Soziale Milieus, Lebenswelten, soziale Klassen verlieren ihre kohärente, für alle Mitglieder verbindliche Bedeutung.

Seit Erscheinen von Becks Untersuchung Mitte der achtziger Jahre sind es insbesondere die *neuen Medien,* die die Wahrnehmungs-, aber auch die Lebensperspektiven von Menschen in der individualisierten Gesellschaft prägen und die Individualisierungsmöglichkeiten und -zwänge noch einmal verstärken.[26]

Heute diskutieren Sozialwissenschaftler und Sozialwissenschaftlerinnen sehr ausführlich und kontrovers darüber, wie diese Entwicklung zu verstehen und zu bewerten ist. Eine äußerst skeptische Perspektive auf die Chancen der *Individuen,* den Individualisierungsprozess für sich selbst im Sinne eines Lebensgewinns zu gestalten, hat Richard Sennett in seinem Buch »Der flexible Mensch« vertreten.[27] Sennett fragt: was geschieht eigentlich mit Menschen, die ihr Leben nach den Zumutungen des neuen, globalen Kapitalismus ausrichten müssen, der eine neue Form eines auf Kurzfristigkeit und Elastizität ausgerichteten Wirtschaftens hervorgebracht hat? Die Zumutung an den »flexible Menschen« heißt: du musst dir ständig neue Aufgaben stellen. Du musst immer bereit sein, deine Arbeitsstelle, deine berufliche Orientierung, deinen Wohnort zu wechseln. Aber Menschen sind, wenn sie als Menschen aufwachsen und leben können wollen, auf Langfristigkeit, auf Verlässlichkeit, auf Entwicklung angewiesen. Wenn Menschen keine langfristigen, verlässlichen Beziehungen mehr aufbauen können, dann entsteht das, was Sennett »Drift« nennt, ein zielloses Dahintreiben. Ein außenorientiertes Leben, immer darauf angewiesen, Erfolg zu haben und Scheitern zu vermeiden. Es würden auch die psychischen Kapazitäten fehlen, das verarbeiten zu können.

Die Einsamkeit der Sterbenden in unseren Tagen muss – über die Scham- und Peinlichkeitsgefühle hinaus, in denen sich, so Norbert Elias, die *Distanz* gegenüber menschlicher Körperlichkeit überhaupt und insbesondere gegenüber kranken, sterbenden und toten Körpern zeigt – als eine Dimension dieses umfassenden gesellschaftlichen Individualisierungsprozesses wahrgenommen werden. Und zugleich entstehen an verschiedenen gesellschaftlichen Orten Initiativen und gesellschaftliche Aufbrüche, in denen dem Zerfall

26. Vgl. dazu neuerdings: J. Herrmann, Sinnmaschine Kino. Sinndeutung und Religion im populären Film, PThK 4, Gütersloh 2001.
27. R. Sennett, Der flexible Mensch. Die Kultur des Kapitalismus, Berlin, 6. Aufl. 1998.

von verbindlichen Beziehungsmustern, die früher einmal durch die Nachbarschaft, die Verwandtschaft, das Dorf oder Stadtviertel gewährt wurden, durch neue Formen von sozialer Verpflichtung, Wertschätzung und Verantwortlichkeit begegnet wird. Nicht zuletzt zeigt sich hier eine *positiver Aspekt in der Ambivalenz des Individualisierungsprozesses selbst:* denn solche Initiativen leben weitgehend durch das konkrete Engagement von Individuen, die oft in freiwilliger ehrenamtlicher Arbeit da Verantwortung sehen und Verpflichtung übernehmen, wo überkommene Institutionen und insbesondere Familie und Nachbarschaft versagen - auch in der Wahrnehmung von Sterben und Tod.[28] Drei Beispiele sollen benannt werden.

- Die Göttinger Pfarrerin Hanna Kreisel-Liebermann[29] beschreibt ihre Erfahrungen, die sie in der Mitarbeit und Begleitung eines sogenannten *»palliative care teams«* gewonnen hat, wie sie in den neunziger Jahren an mehreren Stellen in Südniedersachsen entstanden sind. Solche Teams sind aus Angehörigen von Berufsgruppen zusammengesetzt, die in der Begleitung Schwerstkranker tätig sind. Die Mitglieder solcher Teams erreichen die Patienten zu Hause, aber auch im Krankenhaus. Sie haben Kontakt zu Ärzten, Krankenpflegern und Schwestern. Sie kümmern sich auch um das soziale Umfeld der Kranken.

Hanna Kreisel-Liebermann fasst in ihrem Buch die Erfahrungen zusammen, die sie während zweier Jahre in der Begleitung von 300 Patienten und ihrer Familien im südlichen Niedersachsen hat ma-

28. Vgl. zur theoretischen Wahrnehmung solcher Entwicklungen auch: A. Honneth (Hg.), Kommunitarismus. Eine Debatte über die moralischen Grundlagen moderner Gesellschaften, Frankfurt/M. /New York, 2. Aufl. 1994; sowie: M. Walzer, Kritik und Gemeinsinn. Drei Wege der Gesellschaftskritik, Frankfurt/M. 1993: R.N. Bellah, der in den sechziger Jahren die Debatte über »Civil Religion« angestoßen hatte, sieht in der »Tyrannei des Marktes« die eigentliche Gefährdung individueller wie sozial verpflichteter Vergesellschaftung heute: »Eine Wirtschaftsideologie, die Menschen zu unablässigen Markt-Maximatoren verwandelt, unterminiert ihr Engagement in Familie, Kirche, Nachbarschaft und Schule und für die großen staatlichen und globalen Gesellschaften.«, in: Ch. Zahlmann (Hg.), Kommunitarismus in der Diskussion. Eine streitbare Einführung, Berlin 1994, 60.
29. H. Kreisel-Liebermann, Dem Leben so nah, Göttingen 2001.

chen können. Sie hat dabei auch immer wieder wahrgenommen, dass die Lebenssituation von Schwerstkranken durch das *Engagement von einzelnen* erträglicher gemacht worden ist, die sich engagieren, ohne selbst einem Team von professionellen Helfern und Helferinnen anzugehören. Ein Beispiel ist Frau M, die im Alter von 60 Jahren die Diagnose erfährt, dass sie Krebs im Endstadium hat. Sie möchte aber nicht ins Krankenhaus, sondern solange wie möglich versuchen, alleine klar zu kommen. Sie schafft es, noch lange in ihrer Wohnung zu bleiben und ihr Zuhause trotz zunehmender Bewegungseinschränkungen in einem sauberen und freundlichen Zustand zu erhalten - dank Klaus.[30] Klaus ist ein arbeitsloser junger Mann, der in der Wohnung gegenüber wohnt. Er lebt noch nicht lange dort, und Frau M. ist ihm nur einige Male im Hausflur begegnet. Aber irgendwie hat er von der Krankheit seiner Nachbarin erfahren und begonnen, sich um sie zu kümmern. Er kauft ein, besorgt den Haushalt, macht sauber, ohne großes Aufheben davon zu machen. Als Frau M. dann schließlich doch im Krankenhaus versorgt werden muss, begleitet er sie bis zum Ende. -

Dieses Beispiel ist charakteristisch für viele andere, gerade in seiner Zweigesichtigkeit von Professionalisierung und spontaner Zuwendung einzelner.

– Ein zweites Beispiel. Die Arbeit der *Hospize* hat in den letzten Jahren immer größeres Gewicht gewonnen. Hospize treten an der Stelle ein, wo Familien, Freundschaften und Nachbarschaften nicht mehr in der Lage sind, gesundheitliche Versorgung und zugleich ein lebenswürdiges Umfeld für Sterbende bereitzustellen. Haupt- und ehrenamtliche Mitarbeiter und Mitarbeiterinnen engagieren sich hier gemeinsam, und oft bieten Hospize auch einen Raum in Ergänzung zum Engagement und zur Pflege durch Freunde und Verwandte. Seit dem 1. November 1995, dem Tag der Genehmigung durch die Stiftungsaufsicht in Düsseldorf, wird die Arbeit der Hospize bundesweit durch eine »Deutsche Hospiz-Stiftung«[31] in der medialen Öffentlichkeit präsent gehalten und gegenüber anstehenden politischen Entscheidungsprozessen – z.B.

30. Vgl. Bericht in EZ Nr.19, 13.Mai 2001, 17.
31. Unter der Schirmherrschaft der Schauspielerin Uschi Glas und dem Vorstand des ehemaligen Nordrhein-Westfälischen Ministers Friedhelm Farthmann.

auch in der Frage einer Legitimität der Sterbebegleitung nach ihrer Legalisierung in Holland – durchaus wirkmächtig vertreten.[32]

Die Arbeit der Hospize folgt Prinzipien, durch die ihre Arbeit auf die Bedürfnisse und die Perspektive der Sterbenden (und nicht z. B. auf die ökonomische Prosperität der jeweiligen Einrichtung) konzentriert werden sollen. Der Hospizpatient soll soweit möglich selbst seine Behandlung und Betreuung bestimmen können. In einem Ansatz ganzheitlicher Zuwendung sollen körperliche, psychische, aber auch soziale und seelsorgliche Bedürfnisse des Sterbenden und auch der Angehörigen und Trauernden handlungsleitend sein. Im Zentrum der Therapie steht weitestgehende Schmerzfreiheit, d.h. moderne Palliativmedizin mit Symptomkontrolle. Und: die Begleitung soll unabhängig bleiben von der sozialen oder materiellen Situation, dem religiösen Bekenntnis und der Herkunft des Sterbenden.

Über die Arbeit vor Ort hinaus ist von der Deutschen Hospiz-Stiftung 1996 bundesweit ein Hospiz-Telefon eingerichtet worden, das Beratung für die Begleitungsmöglichkeit von Sterbenskranken anbietet.[33] Im Herbst 1999 stellt die Deutsche Hospiz-Stiftung eine bundesweite Erhebung vor, die die faktische Verbreitung und damit auch den Bedarf der Hospiz-Arbeit eindrücklich dokumentiert: im Herbst 1999 gibt es im Bundesgebiet bereits über 800 Hospizdienste und Palliativstationen, die Dienste betreuen insgesamt zu diesem Zeitpunkt 30.000 Menschen. Publizistisch tritt die Hospiz-Stiftung vehement gegen die Legalisierung der Sterbehilfe ein und fordert eine intensivere Nutzung der medizinischen Möglichkeiten, durch Schmerzfreiheit eine Humanisierung des Sterbeprozesses zu unterstützen. Und nicht zuletzt werden einige Fälle öffentlich gemacht, in denen – wie beispielsweise im Frühjahr 2000 im Falle der AOK Recklinghausen – eine Krankenkasse die Finanzierung des Hospizaufenthaltes einer 68-jährigen krebskranken Frau nicht

32. Über die Arbeit der Hospizbewegung in Deutschland informiert instruktiv die Internetseite www.hospiz.net (Stand: 01.12.2001). Vgl. zur Orientierung auch: H. Beutel/T. Tausch (Hg.), Sterben – eine Zeit des Lebens. Ein Handbuch der Hospizbewegung, Stuttgart 1989.
33. Wie groß das Bedürfnis hiernach ist, zeigt sich daran, dass der Telefondienst bereits in den ersten 150 Tagen von 4000 Anruferinnen und Anrufern frequentiert wurde.

mehr tragen wollte, weil der Sterbeprozess »zu lange« dauert. In diesem und in anderen Fällen können Krankenkassen auf juristischem Wege zum Weiterzahlen gezwungen werden.

– Ein letztes Beispiel: Der Hamburger Verein Verwaiste Eltern e.V. bietet eine ganze Reihe von Begleitungsmöglichkeiten für Eltern an, deren Kinder gestorben sind: ein Krisen-Interventionsteam, in dem Mitarbeiter und Mitarbeiterinnen, die z. T. selbst als Eltern betroffen vom Tod eines ihrer Kinder sind, rund um die Uhr für eine Begleitung der ersten Stunden und Tage bereitstehen; regelmäßige Gruppentermine (in Zusammenarbeit mit der Evangelischen Akademie Hamburg) für betroffene Eltern, aber auch Geschwister; einen Rundbrief als Forum für Texte, in denen Eltern durch eigene Trauerarbeit andere anstoßen und begleiten können.[34]

Die Beispiele – die Begleitung Schwerstkranker durch die *»palliative care teams«*, die Versorgung Sterbender in Hospizen, die ehrenamtliche Mitarbeit bei den »Verwaisten Eltern« – zeigen, dass angesichts der Zerstörungen von verbindlichen Lebenswelten im Kontext des gesellschaftlichen Individualisierungsprozesses auf der anderen Seite neue Formen sozialen Engagements entstehen, in denen sich Menschen durch individuelle Entscheidung mit hoher Verbindlichkeit und Verantwortungsübernahme engagieren. Wie in anderen Lebensfeldern auch, so zeigt sich auch in der Wahrnehmung und Begleitung von Sterben und Tod, dass der Individualisierungsprozess ein zweifaches Gesicht hat: Er zerstört überkommene Verbindlichkeiten, aber er eröffnet und fordert auch die Entstehung neuer Formen sozialer Verantwortlichkeit und Verpflichtung. Es muss öffentlich dafür gearbeitet und gestritten werden, dass solche Formen lebendigen Engagements nicht durch Kostendruck kapitalistischer Kalkulation verunmöglicht werden. Hier liegt ein wichtiges Feld, in dem sich die Kirchen öffentlich machtvoll in mediale Diskurse und politische Entscheidungsprozesse einschalten müssen – und sie tun dies bereits an verschiedenen Stellen immer wieder. Hier liegt nicht zuletzt ein wichtiger Beitrag der Kirchen zur Sicherung einer lebensfreundlichen Kultur der *Zivilgesellschaft*.

34. Ich verdanke diese Informationen Frau Annedore Siewert, die als betroffene Mutter im Krisen-Interventionsteam mitarbeitet.

1.5 Wahrnehmung von Sterben als Schuldigwerden

Eine neue Qualität in der Wahrnehmung von Sterben und Tod heute hängt ebenfalls mit der explosionsartigen Verbesserung der medizinischen Versorgung eng zusammen. Angesichts der technologischen Leistungen der modernen Medizin können Sterben und Tod heute als *Versagen* erlebt werden: Wir haben etwas versäumt, wir haben nicht genug unternommen, um den Prozess zum biologischen Tod zu bannen. Wer wie ich Eltern hat, die das Greisenalter erreicht haben, wird miterleben, wie Tag für Tag, Mahlzeit für Mahlzeit Tabletten eingenommen werden müssen, um die wichtigsten Lebensfunktionen zu erhalten; wie immer neue Einbrüche gesundheitlicher Stabilität – das Herz, die Hüften, vielleicht ein Krebsleiden – nur durch strikte Beachtung ärztlicher Behandlungen und Anweisungen überlebt werden können und ständig ein hohes Maß an Selbstkontrolle und Unterwerfungsbereitschaft gegenüber rigiden Zeitkontrollmustern erfordern.
Ohne der Gefahr einer Idealisierung des Sterbens in früheren historischen Epochen aufzusitzen: hier liegt eine neue Qualität. Dass die *Rede vom »ruhigen Sterben« in früheren Zeiten* in der Regel eher eine verklärende Phantasie heutiger Autoren und Autorinnen spiegelt als die historische Realität, darauf hatte ich bereits hingewiesen. Sterben war auch in früheren Jahrhunderten in der Regel brutal, grausam, ein schmerzhafter Abbruch des Lebens – auch wenn Verwandte und Freunde, die Nachbarschaft und die Öffentlichkeit des Viertels diesen Tod wahrgenommen und begleitet haben und Menschen deshalb nicht so einsam starben wie heute. Aber weil Krankheiten und Altern nicht in der Perspektive medizinischer Beherrschbarkeit wahrgenommen wurden, war es selbstverständlicher und auch gesellschaftlich akzeptierter als heute, sich darein zu schicken. Heute entsteht bei den Sterbenskranken – und nach ihrem Tod auch bei den Verwandten – außer dem nötigen Abschied vom Leben und der Trauer um den Toten noch eine weitere, oft bedrängende Belastung: haben wir selber genug unternommen, um dieses Ende abzuwehren? Hätten wir nicht lieber doch noch diese oder jene Therapiemöglichkeiten wenigstens ausprobieren müssen, von denen wir im Fernsehen gese-

hen oder in der Zeitung gelesen haben? Haben wir vielleicht die falschen Ärzte ausgewählt? Hat der Arzt vielleicht etwas falsch gemacht, ist ihm vielleicht ein regelrechter Kunstfehler unterlaufen? Und wird jetzt darüber geschwiegen, weil die »Herren in weiß« sich nicht in die Karten gucken lassen und sich sowieso gegenseitig decken?

Wer als Pfarrerin oder Pfarrer seelsorgerliche Gespräche aus Anlass eines Trauerfalls zu führen hat, wird oft mit solchen Phantasien konfrontiert sein. Für die betroffenen Menschen ist das in jedem Falle eine Zunahme an Belastung in einer ohnehin stark belasteten Situation. Weiterleben wird immer mehr zur pflichtgemäßen Erfüllung überprüfbarer Leistungen, Sterben zur Konsequenz von Schusseligkeit, Aufsässigkeit oder Versagen. Die Phantasie, dass ich selbst oder andere versagt haben, dass mein Vater, mein Sohn, meine Frau noch leben könnten, wenn sie selber alle ärztlichen Ratschläge eingehalten hätten, verbindet sich mit Gefühlen von Versagen und Schuld, gegenüber den Ärzten vielleicht gepaart mit Verdächtigungen, manchmal sogar mit Hassgefühlen und Rachephantasien. Der Segen, der für viele Menschen in der Erweiterung medizinischer Hilfsmöglichkeiten liegt, verkehrt sich in diesen Situationen zum Fluch. Es ist eine wichtige Aufgabe im seelsorgerlichen Gespräch, aber auch in der Ansprache im Bestattungsgottesdienst, solche Gefühle anzusprechen, eine Form für die Klage und Anklage in dieser Situation zu finden, aber auch für die Bitte um Vergebung. Ziel muss vor allen Dingen sein, dass Gefühle von Schuld, Versagen und Anklage durch ihre Wahrnehmung und ihren Ausdruck abfließen können, dass sie die Gefühle der Trauernden nicht besetzen, und dass die Menschen auf diesem Wege nach und nach dahin finden können, die Realität des Todes anzuerkennen und Trauer zuzulassen.

1.6 Neue Trauerrituale und die kirchliche Bestattung

Eine wichtige Veränderung gegenüber der Situation noch vor wenigen Jahrzehnten liegt auch in der Gestaltung von Bestattungsritualen, insbesondere auf großstädtischen Friedhöfen.

Kirchliche Ritualangebote werden zunehmend unselbstverständlich; dies gilt entgegen landläufiger Meinung auch für kirchliche Bestattungen. Besonders deutlich ist diese Entwicklung in Ostdeutschland: hier dürfte ihr Anteil insgesamt nicht über 40%, und selbst bei evangelischen Verstorbenen nach der Wende bei etwa 80% liegen – Tendenz sinkend. Dagegen nimmt der Anteil von Bestattungen ohne jede Trauerfeier zu: In Halle wurden beispielsweise 1990 etwa 20% der Verstorbenen ›in aller Stille‹ beigesetzt, 1996 waren es bereits über 30%.[35] Auch in westdeutschen Großstädten ist diese Tendenz erkennbar. In Hamburg liegen die sogenannten »einfachen Abträge«, also Begräbnisse mit Verzicht auf Trauerfeiern, nach Schätzungen bei 50%[36]. Der Anteil an anonymen Beisetzungen liegt in Hamburg und Berlin gegenwärtig bei etwa 30%.[37] »Auf dem großen Hamburger Friedhof Ohlsdorf, dem größten in Europa, kommt es häufig vor, dass mehrere Tage hintereinander keine Erdbestattung mehr stattfindet ... Immer häufiger werden Verstorbene nur ›entsorgt‹ ohne Abschied und Trauerfeier lassen Angehörige ihre Verstorbenen irgendwo beisetzen.«[38] Vor diesem Hintergrund sind Angebote mancher privater Bestattungsinstitute[39] bemerkenswert, Hinterbliebenen *Raum* und vor allem auch *Zeit* für einen ausführlichen Abschied von ihren Verstorbenen zu geben. Hier erhalten Angehörige und auch Freunde die Chance, für mehrere Tage mit dem Verstorbenen zusammen zu sein, mit ihm zu sprechen, alltägliche Interaktionen und bisweilen auch familiale Feste noch einmal zu teilen. Gegenüber der Verstor-

35. Alle Informationen bei: J. Hermelink, Die weltliche Bestattung und ihre kirchliche Konkurrenz. Überlegungen zur Kasualpraxis in Ostdeutschland, Habilitations-Probevortrag am 9. 2. 1999, in: Jahrbuch für Liturgik und Hymnologie 39/2000, 65–86
36. K. Wiefel-Jenner, An den Rändern des Todes. Beobachtungen und Überlegungen zur liturgischen Gestaltung von Trauerfeiern. Pastoraltheologie 86/1997, 414–428, hier 414f.
37. FAZ vom 1. 11. 1997 sowie »Statistik der Verwaltung der Hamburger Friedhöfe«.
38. K. Wiefel-Jenner, a. a. O., 414.
39. Vgl. z.B. S. Bode und F. Roth, Der Trauer eine Heimat geben. Für einen lebendigen Umgang mit dem Tod, Bergisch Gladbach 1998; vgl. ähnlich bei Grünewald & Baum in Mainz, mündl. Mitteilung von Harald Schroeter am 14. 5. 2000.

benen kann Dank für geteilte gute Zeiten ebenso ausgesprochen werden wie Gefühle von Wut, Zorn und Trauer. Die Zeit des Abschieds kann einschließen, dass die Angehörigen auch den irgendwann einsetzenden Verwesungsgeruch noch wahrnehmen und auf diese Weise eine auch sinnliche Gewissheit gewinnen: mein Vater, meine Mutter, mein Kind, meine Freundin ist tot. Lebenslange emotionale Verstrickungen mit den Eltern können auf diese Weise wahrgenommen, vielleicht sogar gelockert werden: Erfahrungen aus einer solchen Arbeit von Bestattungsinstituten sprechen dafür, dass unbewusst wirksame *Zuschreibungen* gerade von verstorbenen *Eltern,* die auch ihre erwachsen gewordene Kinder bis an ihr Lebensende »besetzen« können und in der Familientherapie unter dem Stichwort »Delegationen« diskutiert werden, entmächtigt werden können – z. B.: »aus Dir wird doch sowieso nichts« oder umgekehrt: »du bis so begabt, du wirst mal Professor«.[40] Der ausgiebig begangene Abschied kann auch helfen, dass das »Loch«, in das Trauernde oft gerade dann fallen, wenn die Bestattungsfeier und alle damit verbundenen Begegnungen, Beschäftigungen und Aufregungen vorbei sind, nicht so tief werden muss.[41]

Die seelsorgerliche Begleitung von Sterbenden und Trauernden, aber auch die Feier kirchlicher Bestattungen müssen heute im Gegenüber zu konkurrierenden Angeboten ihre eigentümliche Gestalt finden. Mir erscheint die Einsicht wichtig, dass diejenigen, die hier zu *handeln* haben, die Vergegenwärtigung von Philipper 1,21 – »Christus ist mein Leben und Sterben ist mein Gewinn« – nicht als *ökonomische* Konkurrenz gegenüber nicht-kirchlichen Anbietern verstehen. Diese Gefahr ist groß – die Konkurrenz in der Bestatterszene spitzt sich angesichts sinkender Sterberaten, steigender kommunaler Gebühren und eines herabgesetzten Sterbegeldes immer mehr zu.[42] Die Kosten für eine Bestattung sind heute erheblich höher, als die Betroffenen erwarten: rechnet die Mehrzahl der Be-

40. Vgl. z. B. H. Stierlin, Das Tun des einen ist das Tun des anderen. Eine Dynamik menschlicher Beziehungen, Frankfurt/M. 1976, passim.
41. So der Bericht des Bestattungsinstitut Grünewald & Baum, a. a. O.
42. Welt am Sonntag Nr. 3 (18. 1. 1998), 42, vgl. dort den Bericht über die Machenschaften der stark expandierenden VITA-Gruppe. Vgl. auch FOCUS 10/1998 (2. 3. 1998), SZ vom 22. 3. 1997; über den Firmenzusammenschluss von GBG-Grieneisen mit der Ahorn-Gruppe in Berlin vgl. die FAZ vom 16. 1. 1998. Großen Wirbel hat die Gründung eines

fragten mit Gesamtkosten von 5.000 DM, so erreichen Bestattungskosten einschließlich der Gebühren für den Friedhof ohne Grabmal und Grabpflege schnell 10.000 DM und mehr.[43] Ich denke: aus der Perspektive der evangelischen Kirche und ihres Angebotes, Trauerprozesse zu begleiten und Bestattungsgottesdienste zu gestalten, gilt gegenüber nichtkirchlichen Bestattungsangeboten das Postulat einer *nicht-anbiedernden Wertschätzung.* Vom jeweils Anderen kann gelernt werden, und zugleich ist die Gestalt des Eigenen im Gegenüber zum sorgfältig wahrgenommenen Anderen auszuprägen.

Wie wird Trauer verstanden und begehbar? Wie wird der Tod verstanden, wie geht man mit den Toten um – und was machen die Toten mit uns? Und wie kann die Verheißung der Auferstehung von den Toten mit den Vorstellungen und Hoffnungen »versprochen« werden, die die Menschen in der Perspektive auf ein Weiterleben nach dem Tode in den Köpfen und in den Herzen haben? Diese Fragen sollen jetzt nicht bündig beantwortet werden – und wer könnte das schon –, sondern sie sind – um es so zu formulieren – den folgenden Überlegungen »aufgegeben«.

Wichtig erscheint vor allem nicht nur eine theologisch »richtige« Interpretation, sondern auch die Wahrnehmung alltagspraktischer Bedingungen und Begrenzungen: gerade auf großstädtischen Friedhöfen sind die Arbeitsbedingungen für alle Beteiligten prekär und begrenzen die Möglichkeiten, die die Bestattungsagende für die Begehung des Bestattungsrituals vorgibt. Auf dem Hamburger Ohlsdorfer Friedhof und in Berlin beispielsweise gibt der 20-Minuten-Takt eine Standardisierung vor, die, wie in einer Abhandlung über »Trauermusik heute«[44] zu lesen war, nur noch die »kahlen Ruinen eines Ritus (zulässt), der längst

kirchlichen Bestattungsunternehmens ausgelöst, vgl. FOCUS 38/1998 (14. 9.1998, 120 f.). Vgl. auch Th. Waubke, Dimensionen der Musik bei der evangelischen Bestattung. Wissenschaftliche Hausarbeit im Rahmen der Zweiten Theologischen Prüfung, unveröffentl. hektograph. Text, Badenhausen/Braunschweiger Landeskirche 1998, 2.

43. Nach der Kürzung des Sterbegeldes auf 2100,- DM bzw. dem völligen Wegfall für Versicherte, deren Versicherungsbeginn nach 1989 liegt, kommen auf bestattungspflichtige Angehörige erhebliche Belastungen zu. Vgl. Friedhof & Denkmal, 44. Jahrgang 1999, 26.
44. H. Traber, Trauermusik heute. Erfahrungen auf den Friedhöfen in Berlin, Friedhof & Denkmal, 34. Jg. Nr. 3, Juni 1989, 45–81. Ich verdanke diesen Hinweis der zitierten Arbeit von Th. Waubke, 4 f.

ins DIN-Verzeichnis hätte aufgenommen werden können.« Der enge Zeitrhythmus diktiert die Notwendigkeit und zugleich die Grenzen, die Perspektiven und Interessen ganz unterschiedlicher Gruppen in der ohnehin emotional aufgeladenen Situation zu koordinieren: Pfarrerin und Bestatter, Musiker, Totengräber, Trauernde und die draußen bereits auf die nächste Bestattung wartende Gruppe von Hinterbliebenen. Wird dieser Bedingungsrahmen nicht im Auge behalten – er stellt sich auf kleinstädtischen und dörflichen Friedhöfen noch nicht in dieser Brisanz dar –, werden alle weiteren Überlegungen zur theologischen Durchdringung und rituellen Gestaltung der kirchlichen Bestattung schnell Makulatur.

Angesichts dieser Situation muss ein Vorschlag aufmerksam beachtet werden, der ähnlich wie die Arbeit der »Verwaisten Eltern« oder die Hospizarbeit weitgehend auf ehrenamtliche Mitarbeit angewiesen ist und ebenfalls als »positive« Seite der Ambivalenz des gesellschaftlichen Individualisierungsprozesses angesehen werden kann: im Rahmen der Ortsgemeinde könnte ein ehrenamtliches »Sterbe- und Bestattungsdiakonat« eingerichtet werden, das über die hauptamtlichen Mitarbeiter und Mitarbeiterinnen in der Gemeinde hinaus die diakonischen und seelsorgerlichen Kompetenzen in der Gemeinde integriert. »Dies kann konkret werden in seelsorgerlichen Angeboten während der Krankheits- und Sterbephase, in (gemeinsamen) Abschiedsritualen nach Eintritt des Todes, in Vorbereitung und Durchführung der Bestattung wie in der Begleitung während der Trauerzeit.«[45]

Heute ist schließlich eine einschneidende Veränderung der Weise wahrzunehmen, wie sich das ausgearbeitete Ritual in das Lebensgefühl und die Lebenswelt der Menschen einschmiegt, die es begehen. Hiervon sind alle Kasualien betroffen, die Bestattung jedoch wegen der emotional angespannten Situation der Betrof-

45. J. Thiesbonenkamp, Der Tod ist wie der Mond – niemand hat je seinen Rücken gesehen. Bestattung und Totengedenken in Kamerun und Deutschland – Kirchliche Handlungsfelder im Dialog, Neukirchen-Vluyn 1998, 445–447; hier zit. nach: Jan Hermelink, a.a.O., 16. Einen ähnlichen Gedanken zur Erneuerung der »Beerdigungs-Bruderschaft« entwickelt bereits: F. G. Friemel, Die Toten begraben. Pastoralsoziologische Überlegungen, ThPQ 136/1988, 326–334.

fenen mit besonderer Brisanz. Zum Verständnis dieser Veränderung gibt die Ritualtheorie des Ethnologen *Victor Turner* eine Hilfe. Er bezeichnet Rituale als *liminale Phänomene*. Sie machen eine Schwellensituation begehbar, und zwar in drei Phasen: Trennung von einem bisher gültigen Status, *Übergang mit Kontakt* zur »Antistruktur« als dem Anderen der gesellschaftlichen Ordnung, einem ekstatischen Raum-Zeit-Feld des gegenüber dem »normalen« Alltag Überschüssigen, und als dritten Schritt die *Angliederung* an einen neuen Status. Von »liminalen« Phänomenen, die in alten Gesellschaften sich durch geregelte und verbindliche Handlungssequenzen auszeichnen, unterscheidet *Turner* »liminoide« Phänomene in modernen Industriegesellschaften, die – wie Theater, Kino, Fußball, Rockkonzert usw. – das Andere der alltäglichen gesellschaftlichen Ordnung mit erheblich größeren *Freiheitsgraden* in einzelnen Schritten des rituellen Ablaufs begehbar machen.[46]

Gegenwärtig ist wahrzunehmen, dass liminoide Elemente in die liminalen Begehungen eingehen, ja dass liminale Phänomene in der Tendenz stehen, selber liminoid zu werden. Dies gilt auch für das Ritual der Bestattung. Die Konsequenzen müssen nicht so konflikthaft sein wie z. B. in der »Aachener Traueraffäre«, die juristische Auseinandersetzungen wegen Störung der Friedhofsruhe nach sich zog, weil die Beisetzung einer Afrikanerin »nicht in der Form eines ruhigen Trauerzuges (erfolgte), sondern tanzenderweise, wobei der Sarg mehrmals hochgeworfen wurde.«[47]

Zu Unstimmigkeiten zwischen Pfarrern, Bestattungsinstituten und Trauernden kommt es vor allem immer wieder wegen der *Musikwünsche* von Hinterbliebenen. Als Protagonisten bei der Etablierung von Rock, Pop und Jazz auf dem Friedhof können einige Bestattungsinstitute in Hannover und Berlin gelten; die Leiterin des Berliner Instituts beispielsweise[48] ließ »Born to be Wild« und

46. Vgl. V. Turner, Das Liminale und das Liminoide in Spiel, ›Fluß‹ und Ritual. Ein Essay zur vergleichenden Symbologie, in: ders., Vom Ritual zum Theater. Der Ernst des menschlichen Spiels, Frankfurt/New York 1989, 28 ff.
47. DER SPIEGEL, 52/1994, 99. Hier zit. nach: Th. Waubke, a. a. O., 5.
48. Nicht zuletzt dank ihrer guten Presse- und Werbungsarbeit haben die Bestattungsunternehmen BIOS (Hannover) und M+K Bestattungen C. Marschner (Berlin) diese Position erreichen können.

Techno-Musik spielen[49], und der Leiter des Hannoveraner Instituts äußerte: »Wer mit Punk lebt, muss doch nicht mit Händel begraben werden.«[50] Zum Problem für das Trauergespräch können aus kirchlicher Sicht Listen spielbarer Livemusik werden, die von großstädtischen Bestattungsunternehmen ausgegeben werden. In Hamburg beispielsweise folgt auf eine namentliche Aufzählung von 250 spielbaren Titeln der lapidare Hinweis, dass auch »sämtliche Choräle aus dem Evangelischen Kirchengesangbuch (EKG) und dem Gotteslob angeboten«[51] werden; dies führt dazu, dass Angehörige die Schwelle, auch Lieder aus dem Gesangbuch herauszusuchen, oft nicht nehmen. Dagegen sind in den Vorschlagsbögen des »Städtischen Bestattungsunternehmens München« auch zahlreiche Choräle aufgenommen, was wegen der Sortierung nach Komponisten allerdings dazu führt, dass »Jesus meine Zuversicht« zwischen »Ich hatt' einen Kameraden« und »Tief im Böhmerwald« zu finden ist; das ist nicht nur komisch, sondern ist ein Indiz für die patchworkartige Musikzusammenstellung, die bei Trauerfeiern auf großen Friedhöfen zur Regel geworden ist.

Eberhard Hauschildt hat darauf aufmerksam gemacht[52], dass die Abwehr, die manche Pfarrer dem Musikgeschmack von Hinterbliebenen entgegenbringen, selbstkritisch reflektiert werden muss: beim »Streit um die Kasualmusik« können durchaus nicht nur theologisch reflektierte Gründe, sondern auch Geschmacksunterschiede im Spiel sein, die sich der Zugehörigkeit zu unterschiedlichen Milieus der »Erlebnisgesellschaft« verdanken[53]. Aufgabe einer Pfarrerin bei der Leitung einer Bestattungsfeier ist aber nicht Geschmacksbildung, erst recht nicht Ausgrenzung von unvertrauten bzw. als unpassend empfundenen Milieuzugehörigkeiten – beispielsweise wenn Hinterbliebene, die dem »Harmoniemilieu« zu-

49. Die Woche vom 30.6.1996, zit. nach ebd., 3.
50. So Stefan Borchert von BIOS/Hannover; Kölner Stadt Anzeiger vom 31.10.1996, zit. nach: ebd.
51. GBI: Musikvorschläge für Trauerfeiern, Stand: Juni 1996; das EKG ist auf dem Ohlsdorfer Friedhof noch in Gebrauch. Zit. nach: ebd., 3.
52. E. Hauschildt, Unterhaltungsmusik in der Kirche, in: G. Fermor/H.-M. Gutmann/H. Schroeter (Hg.), Theophonie. Grenzgänge zwischen Musik und Theologie, Rheinbach 2000, 285–298.
53. G. Schulze, Die Erlebnisgesellschaft, Frankfurt/M./New York, 3.Aufl. 1995, 277 ff.

gehören, in der Situation des Einbruchs vertrauter Lebensmuster »Kasualmusik als Stimmung wie in guter alter Zeit« brauchen. Es gehört zur Wahrnehmungskompetenz eines Pfarrers, beim Trauergespräch mit den Hinterbliebenen, das wenn irgend möglich in ihrer Wohnung und nicht im Gemeindebüro stattfinden sollte, sensibel nicht nur auf die sprachlichen Äußerungen, sondern auch auf die Zeichen der Wohnungseinrichtung, der Bilder, der Gestaltung des Interieurs zu achten.

Aufgabe für die Verabredung der Musik bei der Trauerfeier ist, eine helfende Gestalt für den Trauerprozess anzubieten. Hier ist wahrzunehmen[54]: Musik *definiert den Raum.*[55] Von ihrer Auswahl hängt die Chance ab, ob der Raum der Bestattungsfeier hier und jetzt als Begegnungsraum, als Schwelle zwischen dem Lebensraum und dem mit dem Sarg sichtbar bestimmten Raum des Todes erlebt werden kann, so dass Trauer provoziert, die Realisierung des Todes erleichtert und auch Schutz gegenüber dem Bedrohlichen des Todes angeboten werden kann.[56]

Ein Beispiel: Eines der zur Zeit meistgewählten populärkulturellen Werke bei Bestattungsfeiern ist der von Celine Dion interpretier-

54. Ich verdanke wichtige Einsichten in diesem Abschnitt der zitierten Arbeit von Th. Waubke, a. a. O., 21 ff.
55. Vgl. in diesem Zusammenhang den wunderbar instruktiven Beitrag von H. Schroeter: ›Wer hören will, muss fühlen‹. Musikalische Seelsorge als Kunst der Umordnung, Pastoraltheologie 89, 2000, 219–234.
56. Von den traditionellen Beerdigungsliedern wird »So nimm denn meine Hände« am häufigsten gewünscht. Die Aufnahme in das neue Evangelische Gesangbuch war umstritten, weil das Lied, wie es hieß, ein »verschwommenes«, »keineswegs spezifisch christliches« Gottesbild anbiete, und der Mensch als »völlig hilfloses Wesen ohne die Möglichkeit eigener Initiative« angesehen werde (W. I. Sauer-Geppert, A. Marti, »So nimm denn meine Hände«, JLH 27, 1983, Kassel 1984, 207–225, hier 212 ff.). Nimmt man die psychoanalytische Literatur zu Trauer und vor allem Sigmund Freuds »Trauer und Melancholie« (S. Freud, Trauer und Melancholie, in: Mitscherlich, Richard/Strachey (Hg.), Sigmund Freud. Studienausgabe, Bd. III. Psychologie des Unbewußten. Frankfurt/M. 1975, 193–212) zur Kenntnis, kann man aber gerade die zeitliche Regression, den Abzug des Interesses für die Umwelt, den Verlust an Liebesfähigkeit und die Hemmung jeder Leistung als notwendige Phase im Trauerprozess anerkennen, für die »So nimm denn meine Hände« eine plausible Ausdrucksgestalt anbietet.

te Schlusssong aus James Cameron's »Titanic« (USA 1997), »My Heart Will Go On«. Was macht seine Plausibilität als Raum-Gestalt im Trauerprozess aus? Vergleicht man die Wirksamkeit dieses Liedes mit dem von Elton John bei der Beerdigungsfeier für Lady Diana 1997 vorgetragenen und eigens für diese Situation umgedichteten Song »Candle in the Wind«, der trotz der ursprünglichen Verbindung mit einer höchst massenwirksamen Beerdigungsfeier nahezu überhaupt nicht in die Musikauswahl von Hinterbliebenen hineinwirkt, so muss angenommen werden, dass die *Verbindung mit der Filmerzählung* von »Titanic« für die Plausibilität von »My Heart Will Go On« einsteht. Ist »Candle in the Wind« offenbar zu eindeutig mit dem Tod einer *bestimmten* Person assoziiert, so eröffnet der Titanic-Song eine raumschaffende Sehnsucht: nach einer Liebe, die – wie im Film – stärker ist als der Tod; nach einer Communitas der Liebenden, die gegen alle Gefährdungen und Missachtungen durchgehalten werden kann; nach einem versöhnten und befreiten Leben, für das biblisch das Symbol des Reiches Gottes einsteht.

1.7 Sterben und Tod als mediales Ereignis

In der Wahrnehmung von Sterben und Tod in der Moderne ist ein Aspekt für die heutige Situation besonders charakteristisch: nämlich die allgegenwärtige mediale Präsenz des Themas. Gestorben wird ständig, auf allen Kanälen, in Kinofilmen und Fernsehserien, in Video-Spielen und im Internet. Und selbst die Nachrichtensendungen zeigen, wann immer möglich, Bilder von sterbenden oder toten menschlichen Körpern. Die Medien bedienen damit offensichtlich machtvolle Bedürfnisse. Oft handelt es sich um bloße Schaulust, vielleicht mit dem Gefühl von Angst und Grusel verbunden. Psychoanalytisch orientierte Untersuchungen, z. B. bei Michael Balint, sprechen in diesem Zusammenhang von »Angstlust«.[57]

1.7.1 Als kulturelle Inszenierung ist das Thema »Umgang mit Sterben und Tod« keineswegs nur in *populär*kulturellen Inszenierungen wie Fernsehen oder Kinofilm präsent. Auch im Bereich hoch-

57. Vgl. M. Balint, Der Arzt, sein Patient und die Krankheit, Stuttgart 1957.

kultureller Erzählformen beschäftigen sich viele Werke – Romane, Gedichtbände, Theaterstücke – mit diesem Gegenstand. Exemplarisch für viele andere steht ein Blick auf ein besonders eindringliches Buch: die Tagebuchaufzeichnungen des Zürcher Jura-Professors Peter Noll – seine Strafrechts-Kommentare sind in jedem juristischen Seminar zu finden – über das letzte Dreivierteljahr seines Lebens (vom 28. Dezember 1981 bis zum 30. September 1982; am 9. Oktober wird er sterben), »Diktate über Sterben & Tod«[58]. Nachdem er von seiner Krebs-Erkrankung erfahren hat, entscheidet sich Peter Noll, sich nicht der maschinellen Prozedur von Heilungsversuchen im Krankenhaus zu unterwerfen, sondern bis zum Schluss – nur unterstützt und mit zunehmender Intensität angewiesen auf schmerzstillende Mittel – in seinem gewohnten Arbeits- und Beziehungsfeld zu bleiben. Das Buch enthält eine Fülle von Wahrnehmungen zu intimen Beziehungen, politische Stellungnahmen, Reflexionen über die Krise der Moderne und vieles andere. Vor allem aber mutet es minutiöse Notizen zum Prozess des eigenen Sterbens zu. »Es ist wirklich eine Chance, den Tod auf sich zukommen zu sehen. Erstens muss man keine Rücksicht mehr nehmen; mehr als das Leben kann dir niemand nehmen. Zweitens kann man alles vorbereiten und abschließen. (7. Januar 1982)«[59] Mit seinem Entschluss, nicht ins Krankenhaus zu gehen, ist Peter Noll immer wieder eine Provokation, eine Infragestellung eingespielter Verhaltensmuster, und zwar bereits durch seine bloße Präsenz. »Was Ruth sagte ...: ... du störst die Leute mit deinem Entschluss. Wenn einer Krebs hat, dann geht er ins Spital und lässt sich operieren ...Wenn aber einer Krebs hat und fröhlich herumläuft wie du, dann wird es den Leuten unheimlich. Sie sind plötzlich gefordert, sich mit dem Sterben und dem Tod als einem Teil des Lebens auseinander zu setzen, und das wollen sie nicht« (22. Januar).[60]

Ich erlebe die Reflexionen Peter Nolls über Sterben und Tod, den eigenen Tod vor Augen, als eindringlichen und eindrücklichen Versuch, standzuhalten, wahrhaftig zu bleiben bis zum Schluss,

58. P. Noll, Diktate über Sterben und Tod. Mit der Totenrede von Max Frisch, München und Zürich, Zweite Auflage 1988.
59. Ebd., 27.
60. Ebd., 56 f.

sich weder an anonyme Apparaturen noch an geläufige religiöse oder philosophische Erklärungsmuster auszuliefern. Und dennoch sind sie auch ein Zeugnis für die Grenze, sich allein auf eigene Reflexions- und Sprachfähigkeit zu verlassen. Noll notiert selbst ausdrücklich, dass er auf diesem Wege nicht über die Grenze hinaus sehen kann: es kann nicht das Ziel sein, wirklich dem Tod zu begegnen, sondern nur, in dieser Haltung – im Versuch, das eigene Sterben-Müssen nicht zu verdrängen – *dem Leben* standzuhalten. »Alle Versuche, über die Grenze zu schauen, mögen anregend sein, doch muss man zugeben, dass man wirklich nichts sieht. Ich meine daher, dass dies auch nicht die Beschäftigung ist, die der Tod von uns verlangt. Vielmehr geht es ausschließlich um das Leben, um das Leben mit dem Tod, um das Leben aus der Todesperspektive. Da wird alles sehr viel einfacher und klarer. Die zeitliche Begrenzung, dass die Uhr abläuft: das ist erfahrbar. Der Tod bleibt sich gleich.; aber das Leben ist anders« (4. Februar).[61]

Was bewirkt die Verunsicherung der Weiterlebenden – oder zumindest: die Verunsicherung derer, die keine klare Todesprognose haben und mit einem zwar immer auch begrenzten, aber dennoch ungewiss offenen Vorrat an Zukunft weiter leben können? Peter Noll meint: es ist vor allem die Veränderung der körperlichen Präsenz. Sterbende demaskieren und enttarnen jede Präsentation des *schönen Körpers*. »Das Sterben ist in erster Linie ein ästhetisches Problem, und zwar für diejenigen, die weiterleben müssen. Der Sterbende sieht hässlich aus, so ganz anders, als man ihn früher kannte. Der Sterbende leidet nicht darunter, er reckt sich nicht mehr vor dem Spiegel, doch sein Anblick schreckt die anderen. Wenn er nur tot wäre, dann wäre die Sache wieder klar, die Angelegenheit wäre schnell erledigt. Der Sterbende aber führt den Tod vor, der Krebskranke tut es über längere Zeit, zuletzt als lebende Leiche, und das ist ästhetisch schwer zu ertragen« (31. Januar).[62]

Peter Nolls Buch kann als ein ausdrücklich spätmodernes Zeugnis des Umgangs mit Sterben und Tod angesehen werden. Hier versucht ein einzelner, mit den Möglichkeiten individueller Wahrhaftigkeit und Selbstreflexion dem biologischen Verfall standzuhalten: einem Prozess, der ja von Anbeginn die Macht

61. Ebd., 74 f.
62. Ebd., 69.

und Reichweite von individueller Wahrhaftigkeit und Reflexion *übersteigt*. Und Peter Noll weiß dies – auch und gerade dies ist Ergebnis seiner wahrhaftigen Selbstreflexion. Er hat sich dennoch geweigert, sich anderem anzuvertrauen als sich selber. Dies gilt nicht nur gegenüber der Krankenhausmaschine, sondern auch gegenüber Erzähltraditionen und Lebensformen der *Religion*. Hier könnte, jenseits individueller Wahrhaftigkeit und zugleich ihr zugewandt, ein Reservoir an symbolischem Reichtum, an Erzählungen und gebundenen Sprach-Gestalten liegen. Religion könnte im Gegenüber zu den Versuchen, gegen Fremdbestimmtheit an individueller Wahrhaftigkeit festzuhalten, und zugleich *für sie* eine Lebens- und Artikulationsmöglichkeit anbieten. Menschen verdanken ihr Leben nicht sich selbst und haben ihr Sterben nicht selbst in der Hand: dafür bietet die Religion Möglichkeiten der Wahrnehmung, des Aussprechen-Könnens, der Begehung an. Die symbolischen Gestalten, die Gebete und gottesdienstlichen Rituale, die biblischen Texte sind ein unermesslicher symbolischer und ritueller Reichtum, auf den sich Menschen einlassen und verlassen können: sie müssen gerade da, wo sie nicht weiter können, nicht alles aus sich selbst erfinden. Peter Noll hat sich darauf nicht verlassen, nicht eingelassen, nicht »auf den Arm nehmen« und auf diese Weise über die Grenzen seiner individuellen Reflexionsfähigkeit hinaus tragen lassen. Dem gebührt Respekt. Für das Gespräch mit anderen Christenmenschen und Religiösen kann dieses Buch aber zugleich als deutlicher Hinweis auf die Grenzen wahrgenommen werden, die mit der Beschränkung auf die Reservoirs individueller Selbstreflexion für den Lebensvollzug und insbesondere für das Sterben-Können gezogen sind.

Peter Noll selbst ist nicht allein gestorben. Er hat Freunde gehabt, die bis zum Schluss bei ihm geblieben sind. Max Frisch schildert in seiner Leichenrede die letzte Begegnung: »... Die kurze Umarmung, wobei er (Peter Noll) sitzen bleibt und beide wissen, vielleicht sehen wir uns nochmals, wahrscheinlich nicht. Du weisch, sag ich, dass ich dich gern han; er sagt: ich dank Dir für die Zyt. Als ich die Wohnung verlasse, ist er nicht allein. Er stirbt Stunden nach Mitternacht.« [63]

63. Ebd., 283 f.

1.7.2 Anders als in diesem Zeugnis des Versuchs, dem Sterben durch Selbstreflexion ohne Bezug auf Anderes als dem Selbst standzuhalten, ist gerade für *populärkulturelle* Inszenierungen der Bezug auf mythologische und religiöse Erzähltraditionen charakteristisch.[64] Dies gilt auch und gerade dann, wenn sie *Sterben* und *Tod* inszenieren. Entscheidend für populärer Kultur – im Unterschied zu »ernster« oder »hoher« Kultur oder wie immer man das nennen will – ist, dass sie hier und jetzt »funktionieren« muss. Es entscheidet sich in diesem Moment oder vor Ort, ob das Lebensgefühl erreicht wird, oder ob der Film, der Internetauftritt, der Song ein »Flop« ist. Was bei hochkulturellen Werken möglich ist: dass man einen Theaterbesuch beispielsweise wenig »angeturnt« absolviert, aber in der nachträglichen Interpretation bekennen kann: ich habe ein großes Kunstwerk gesehen – das ist bei Werken der populären Kultur nicht möglich. Was hier und jetzt nicht funktioniert, ist durch nachträgliche Interpretation nicht mehr zu retten. Ein Aspekt des Populären, des Hier-und-Jetzt-Funktionierens und der Massenwirksamkeit der populären Kultur beschreibt ihren Bezug auf das Andere menschlicher Selbstreflexion: Populärkulturelle Werke »funktionieren« auch darin, dass sie die symbolischen Traditionen der Religion, in unserem Kulturkreis: vor allem der jüdisch-christlichen Religionstradition verarbeiten, mit ihren Erzählungen, Symbolen und Ritualen spielen und »basteln«, sie für die eigenen Inszenierungen brauchen und verbrauchen.[65] Es sind immer wiederkehrende spezifische Erzählmuster, in denen das Thema »Sterben und Tod« präsentiert wird und – nimmt man die Besucher- und Besucherinnen- bzw. Nutzer-Zahlen bei den verschiedenen Medienangeboten zur Kenntnis – offenbar auch immer wieder präzise den Nerv der Zeit treffen. Ich möchte Ihnen dies an einem spezifischen Medium zeigen, nämlich am massenwirksamen Kino-Film. Diese Auswahl ist exemplarisch: was an einigen Filmen demonstriert wird, kann an zahlreichen weiteren Kinofilmen, aber

64. J. Hermann hat in einem neueren Werk zum Thema diesen Interpretationsansatz zurückgewiesen – allerdings leider ohne jedes Argument. Vgl.: Ders., Sinnmaschine Kino. Sinndeutung und Religion im populären Film, PThK 4, Gütersloh 2001, 36.
65. Vgl. H.-M. Gutmann, Der Herr der Heerscharen, die Prinzessin der Herzen und der König der Löwen. Religion lehren zwischen Kirche, Schule und populärer Kultur, Gütersloh, 2. Aufl. 2000

auch an Fernsehserien, Internet-Auftritten oder Computerspielen gezeigt werden.

Immer wieder liegt das thematische Zentrum in der Auseinandersetzung mit dem Tod, nicht nur beiläufig, sondern als filmfüllendes Problem. Wie kann ich damit leben, dass mein Leben endlich ist, dass ich sterben muss? Zu diesem Thema sind gerade in jüngerer Zeit mehrere Filme erschienen: »Hinter dem Horizont« (»What dreams may come«, USA 1998, Regie: Vincent Ward; mit Robin Williams, Annabella Sciorra, Jessica Brooks Grant) kam im Dezember 1998 ins Kino, »Rendevouz mit Joe Black« – in den Hauptrollen Brad Pitt und Antony Hopkins – im Januar 1999, und »The Sixth Sense«, »Der sechste Sinn« (USA 1999, Regie M. Night Shyamalan, mit Bruce Willis und Haley Joel Osment) Ende 1999. In diesen Filmen werden unterschiedliche Erzählmuster verarbeitet, die »es schon gibt«, die also in diesen Filmen nicht erst erfunden werden. Es handelt sich immer wieder um Erzählmuster, die z.T. in alteuropäischen Mythen der griechisch-römischen, aber auch der jüdisch-christlichen Erzähltradition vorkommen.

»Hinter dem Horizont« beispielsweise verarbeitet das Erzählmuster von Vergils *Orpheus und Euridyke:* der Liebende folgt seiner Geliebten in das Land des Todes. Die Inszenierungsmöglichkeiten der computergestützten filmischen Bilder übersteigen die der Erzählvorlage, die ja auf die Einbildungskraft der Phantasie der Zuhörer und Zuhörerinnen angewiesen ist, durch Präsentation wunderbarer Landschaften und Stadtbilder in der Welt der Toten. Manche Filme nehmen auch literarische Vorlagen aus der jüngeren Literaturgeschichte auf: beispielsweise erzählt der Film »Rendevouz mit Joe Black« in neuer, in den entscheidenden Erzählzügen aber nur wenig veränderter Gestalt die Geschichte des »Jedermann« von Hugo von Hoffmannsthal; allerdings begegnet der Unternehmer hier dem Tod nicht in Gestalt einer Frau, die die Präsenz der Mutter heraufbeschwört (der »Tod als Mutter« ist übrigens ein weiteres geläufiges literarisches Erzählmuster), sondern in der Gestalt eines verführerischen, die Frauenherzen betörenden jungen Mannes (Brad Pitt).

In den massenwirksamen Filmen werden – mit Blick auf hier verarbeitete Muster aus *religiösen* Erzähltraditionen – nicht nur solche aus der *jüdisch-christlichen* Tradition verarbeitet. Der Film

»The Sixth Sense« funktioniert beispielsweise darin, dass er Züge der buddhistischen Tradition verarbeitet, wie sie beispielsweise im tibetanischen Totenbuch vorkommen[66]. Hier wird damit gerechnet, dass sich die Verstorbenen nach ihrem biologischen Tod auf einen vierzig Tage währenden, äußerst gefahrvollen Weg begeben müssen, in dem sie verschiedene Krisen und Kämpfe zu bestehen haben, bis das Lebenszentrum schließlich die alte Leiblichkeit abstreifen und sich mit einem neuen Körper verbinden kann. Auf diesem gefahrvollen Weg müssen die Toten sich orientieren, um nicht in die Irre zu gehen, salopp formuliert: um sich nicht zu verlaufen. Und sie brauchen dabei die Unterstützung durch die Begleitung, vor allem die rituell und im Gebet gestaltete Begleitung von Lebenden, die ihnen nahe stehen. In »The Sixth Sense« wird deutlich auf diese religiöse Vorstellungswelt angespielt. Die These dieses Filmes ist, dass manche Verstorbene nach ihrem Tod zunächst nicht wissen, was mit ihnen geschehen ist. Sie müssen unbedingt noch etwas erledigen. Sie können einander nicht sehen. Die noch Lebenden nehmen sie, in ihre alltäglichen Geschäfte verstrickt, nicht wahr. Nur besonders begabte Menschen – in diesem Falle ein zehnjähriger Junge – sehen sie, ob sie wollen oder nicht. Für den Kleinen ist das eine furchtbare Belastung. Was ich zunächst nicht verstanden hatte: Auch der Kinderpsychologe, der den Jungen betreut und aus dessen Perspektive die Filmgeschichte erzählt wird, ist tot. Auch er weiß nicht, was mit ihm ist, lernt es erst in seiner Beziehung mit dem Jungen. Er muss *lernen,* dass er tot ist. Dann erst kann er die Menschen gehen lassen, die er geliebt hat, und sie können sich für sich selbst und für andere Beziehungen öffnen.

Ich möchte auf einige Erzählmuster etwas ausführlicher eingehen, die für die Weise charakteristisch sind, in der in zeitgenössischen massenwirksamen Kinofilmen das Thema des Umgangs mit Sterben und Tod Gestalt gewinnt: beispielsweise im ausgeprägten Interesse an kirchlichen Ritualen und so auch an der Bestattung; in der Aufnahme des in vielen religiösen Traditionen zentralen Themas »Opfer«; und schließlich in einer Faszination durch Nahtod-

66. Vgl. die Neubearbeitung bei S. Rinpoche, Das Tibetische Buch vom Leben und vom Sterben. Ein Schlüssel zum tieferen Verständnis von Leben und Tod, San Francisco/Bern u. a., 22. Aufl. 1999.

Erfahrungen, die sich in Deutschland weniger an den Erzähltraditionen der institutionalisierten Religionen, vor allem der Kirchen, sondern eher an esoterischen Szenen ausrichtet.

1. Immer wiederkehrende Filmthemen sind Einschnitte in der individuellen Biographie, die traditionell durch die kirchlichen Passageriten begehbar werden. Massenwirksam bekannt geworden sind z. B. »Vier Hochzeiten und ein Todesfall« (England 1993, mit Hugh Grant, Andie McDowell, Kristin Scott-Thomas), in dem der Tod eines Freundes die Freundesgruppe, die sich immer wieder bei Hochzeiten trifft, dazu zwingt, in diesem Fall eine Bestattungsfeier zu gestalten. Eindrucksvoll bei dieser filmischen Inszenierung des kirchlichen Rituals (wie auch immer wieder bei den Hochzeiten) ist der hier gewählte Blick auf die Brechung der vorgegebenen agendarischen Form durch die Selbsttätigkeit der Beteiligten: auf dem Höhepunkt der Bestattungsfeier spricht der Lebenspartner, mit dem der Verstorbene in einer homosexuellen Beziehung gelebt hat (ausgerechnet in der Beziehung, wo – zumindest zum Zeitpunkt der Dreharbeiten dieses Films – noch nicht *geheiratet* werden kann, wird in diesem Film *gestorben*), am Grab in gebundener Sprache einen Text des Dichters W. H. Auden, in dem geschildert wird, was jetzt alles nicht mehr sein wird, nachdem der Tote gegangen ist: »... nie wieder gut«. Die verdichtete symbolische Sprache gibt dem Gefühl der Trauer des Freundes eine Gestalt, und die Kino-Besucherinnen und Besucher können ihre eigenen Trauer-Gefühle in diese Gestalt mit hineingeben und sie auf diese Weise ebenfalls abfließen lassen.

2. Fragt man nach mythologischen resp. religiösen Symboltraditionen, die in massenwirksamen Kinofilmen wirksam werden, in denen Geschichten über Sterben und Tod erzählt werden, so stößt man immer wieder auf ein Motiv: das »Opfer«. Die Filme »basteln« mit Bestandteilen aus der überlieferten Religionstradition; da sich dies nicht summarisch behaupten, sondern nur an ausgewählten Beispielen zeigen lässt, möchte ich bei diesem Gegenstand einen Augenblick verweilen.
Opfer kommen in der Geschichte der Religionen in vielfältigen Gestalten vor; es erscheint sinnvoll, zwei idealtypische Gestalten hervorzuheben, denen diese vielfältigen Formen sich in der einen oder der anderen Weise zuordnen lassen: Das Opfer als »Gewalt«

und das Opfer als »Gabe«. Beides sind auch die Erzählmuster, in denen vor allem das »Opfer« in Kinofilmen inszeniert wird.

Der Opfertypus des *gewaltsamen und zugleich heiligen Mordes* kann mithilfe der Überlegungen des Literaturwissenschaftlers René Girard zum »Opfer« entziffert werden. Girard analysiert »Verfolgungstexte« aus dem Mittelalter und Mythen aus dem Altertum. Bestimmten Menschen bzw. Bevölkerungsgruppen – den Juden, den Hexen, den Zigeunern – wird Schuld an gesellschaftlichen Krisen – Pest, Hungersnot, Krieg – zugeschrieben und erwartet, dass mit der Vernichtung dieser »Schuldigen« auch die gesellschaftliche Krise selber beendet wird.[67] Die Auslöschung der »Schuldigen« wird von den Gesellschaftsmitgliedern, die in die Gewaltkrise verstrickt sind, als Moment erlebt, in dem endlich Versöhnung und Frieden eintreten kann, dass die Sündenböcke »schuld« sind an der Gewalt und damit »schuld« auch an ihrem eigenen Opfer. An dieser gemeinsam geteilten Überzeugung hängt zuinnerst die befriedende Wirkung des Pogroms.

René Girard hat auch gezeigt, dass in den neutestamentlichen Texten der Tod Jesu am Kreuz dieses Erzählmuster an seiner entscheidenden Stelle unterbrechen. Sie erzählen in immer neuen Variationen davon, dass das Opfer *unschuldig* ist. Auch die neutestamentlichen Texte, die wie der Hebräerbrief den Kreuzestod als Opfer bezeichnen, halten an der Schuldlosigkeit dieses Opfers ausdrücklich fest. Jesu Tod am Kreuz wird als Hingabe des Lebens für die Freunde, als Da-Bleiben bis zur letzten, tiefsten Krise wahrgenommen – und nicht als Pogrom durch ein panisch gewordenes Kollektiv, das auf diese Weise die tödliche Gewaltkrise beenden will. Dies ist der andere Opfer-Typus: Das *Opfer als Gabe* bzw. als Hingabe.

Eine ganze Reihe von gegenwärtig erfolgreichen Kinofilmen erzählen *diese* Geschichte: Ohne Hingabe des eigenen Lebens, ohne das Selbstopfer des Helden ist Rettung nicht möglich. Hier wird das Opfer nach dem »evangelischen«, nicht nach dem Gewalt-Schema erzählt. Der Tod Jesu am Kreuz ist freiwillige Lebenshingabe in Zuwendung und Da-Sein für seine Menschen bis in die

67. R. Girard, Der Sündenbock, 1982, Zürich 1988; wiederveröffentlicht als: Ders., Ausstoßung und Verfolgung. Eine historische Theorie des Sündenbocks, Frankfurt/M. 1992.

letzte Konsequenz, bis in den Tod. Dies ist die Erzählvorlage insbesondere in Filmen, in denen es um das drohende Ende der menschlichen Zivilisation und um die Frage ihrer vielleicht doch noch möglichen Rettung geht: in »Deep Impact«, »Armargeddon« (USA 1998), aber auch von »Terminator II« (USA 1991) und anderen älteren Filmen des Genres, schließlich auch in dem bis heute erfolgreichsten Film aller Zeiten, in »Titanic« (USA 1997, Regie James Cameron, Mit Kate Winslett und Leonardo di Caprio).[68]

Der Film erzählt von einer Liebe, die stärker ist als alle gesellschaftlichen Konventionen, er erzählt vom katastrophalen Scheitern einer größenwahnsinnigen technologischen Utopie („selbst Gott könnte, wenn er es denn wollte, dieses Schiff nicht zum Sinken bringen.«) und von der brutalen Durchsetzung ungleicher Lebenschancen in der Klassengesellschaft: als das Wasser bereits in den Gängen ansteigt, sperrt die Besatzung die Gitter auf den Treppen nach oben und drängt die ärmeren Reisenden, die verzweifelt einen Ausweg suchen, in den bereits abgesoffenen Schiffsrumpf zurück.

Und in all dem erzählt, zitiert, montiert dieser Film neu die zentralen Stationen der christlichen Heilsgeschichte: das Opfer, das freiwillige Lebenshingabe aus Liebe ist und nicht die heilige Gewalttat *am* Opfer. Und er erzählt von der Auferstehung: zum Schluss wird dieses Opfer ins Recht gesetzt, gegen die Systeme von Macht und Geld, gegen technologischen Größenwahnsinn und kaltherzige Selbstdurchsetzung.

Zunächst wird alles darauf angelegt, das Szenario des Gewalt-Opfers aufzubauen; die Überlegungen von René Girard geben eine Möglichkeit, diesen Opfer-Typus zu entziffern. Das sinkende Schiff macht die Ungleichheiten der gesellschaftlichen Ordnung illusorisch und radikalisiert sie zugleich: die Reichen haben allemal bessere Mittel, sich einen der knappen Plätze auf den Rettungsbooten zu erkämpfen. Die Krise steuert zunächst wie in den alten Opfer-Mythen auf die »Lösung« zu, dass ein Opfer ausgewählt wird; es bietet sich *dadurch* als »Schuldiger« an, dass er selbst an seinem Körper, an seiner Lebensgeschichte oder an seiner sozialen Stel-

68. Vgl. ausführliche Interpretationen in H.-M. Gutmann, Der Herr der Heerscharen ..., a. a. O., 138 ff.; sowie J. Herrmann, Sinnmaschine Kino ..., a. a. O., 192 ff.

lung »Opferzeichen« aufweist, Zeichen also der Auflösung gesellschaftlicher Ordnungen. Der Maler Jack, die Zentralfigur des Films, hätte sich dafür angeboten: er stammt aus proletarischem Milieu, ist aber zugleich – als Maler – ein Intellektueller und Grenzgänger zwischen Milieus und Klassen, der es wagt, eine bereits verlobte Frau aus der Oberschicht zu begehren. Die mythische Opfer-Konstellation findet im Film ihr Symbol in einem unendlich wertvollen »blauen« Diamanten, mit dem Roses Verlobter – Prototyp der kaltherzigen, selbstbezogenen Charaktermaske der Geldökonomie – einmal versucht hat, ihre Gefühle zu kaufen. Diesen Diamanten soll Jack gestohlen haben. Der Edelstein repräsentiert die kalte Welt des Geschäfts und der gesellschaftlichen Klassenunterschiede, und auf dem Höhepunkt der Krise wird er zum zentralen Opferzeichen. Er wird Jack in die Manteltasche geschmuggelt. Jack wird im Unterdeck festgesetzt und auf diese Weise dem sicheren Ertrinken preisgegeben – hätte ihn die Verliebte nicht gerettet. Bereits hier findet sich die *Opfer-Figur der freiwilligen Selbsthingabe des Lebens* zugunsten des geliebten Menschen. Die liebende Frau ist bereit, ihr Leben für das Leben des Freundes aufzugeben (Johannes 15,13). Es kommt in dieser Szene nicht dazu, dass Rose sterben muss. Aber der Film erzählt: schon die *Bereitschaft* zu *diesem* Opfer – der Hingabe des eigenen Lebens für das Leben des geliebten Anderen – entmächtigt die Gewalt-Opfer-Konstellation des Mordes am *Sündenbock*. Am Ende des Filmes wird Rose dieses Symbol der Geld-Welt den Fluten über dem gesunkenen Schiff zurückgeben.

Auf dem Höhepunkt der Katastrophe – das Heck der Titanic ist in den Fluten versunken, Hunderte von Menschen sind bereits ertrunken, Hunderte erfrieren im eiskalten Wasser in ihren Schwimmwesten – wird das Erzählmuster des Gewalt-Opfers endgültig verlassen und umgekehrt. Die *evangelische Opfer-Erzählung* wird jetzt zur dominierenden Erzählvorlage, zum eigentlichen *Script* der Filmerzählung. Jack muss sterben, aber dieser Tod ist kein Mord des panisch gewordenen Kollektivs an dem für die Schuld an der Krise ausgewählten »Opfer«, sondern ist freiwillige Lebenshingabe für die geliebte Frau. Rose kann ihr Leben leben, wie sie es ihrem erfrierenden Geliebten versprochen hat.

Die Wirksamkeit des Opfer-Mythos, aber auch die Rezeption biblischer Gestalten und Erzählungen kann eindrücklich an einem weiteren massenwirksamen Film gezeigt werden, in dem Sterben und Tod nicht nur als individuelles Lebensschicksal, sondern als allumfassende gesellschaftliche Krise, ja als fundamentale Bedrohung allen Lebens auf der Erde erzählt wird. Das Opfer-Thema verbindet sich hier eindrücklich mit anderen religiösen Gestalt-Vorgaben, insbesondere der Gnosis und der Apokalyptik. Hier können zahlreiche massenwirksame Filme der jüngeren Zeit in der Blick genommen werden; ein Beispiel ist allerdings besonders signifikant. Der Film *Matrix* (USA, Warner Bros. 1999, Regie: Joel Silver, mit Keanu Reaves und Lawrence Fishburne) ist einer der wirkmächtigsten Filme der letzten Jahre. Er hat beispielsweise im Internet eine Debatte mit mehreren zehntausend Beiträgen ausgelöst; das zeigt, wie stark hier der Nerv der Zeit getroffen wurde. Was macht die Faszination dieses Filmes aus? Ich denke, dass er auf einem sehr hohen Niveau der Erzählung, der Bildsprache, der technischen Inszenierung verschiedene Themen miteinander verbindet, die es in anderen Filmen und auch Büchern zwar schon gibt, die aber bisher nicht mit dieser Überzeugungskraft und Stringenz zusammengebunden worden sind.

Zur Filmerzählung: Die Lage für alles menschliche und nichtmenschliche geschöpfliche Leben ist aussichtslos. Die Menschen haben den Krieg gegen die von ihnen irgendwann einmal konstruierten, aber übermächtig gewordenen intelligenten Maschinen verloren. Die Sonne ist verdunkelt. Um sich dennoch mit Energie zu versorgen, züchten die intelligenten Maschinen Millionen von Menschen auf Plantagen. Die sind bewegungsunfähig, ihrer Situation nicht bewusst, an die Versorgungsleitungen der Maschinen angeschlossen, die sie um ihrer eigenen Energieversorgung willen brauchen: die Menschen sind nur noch dafür da, die Energiespeicher der Maschinen mit ihrer Körperwärme zu speisen. Um sie seelisch-emotional nicht verrecken zu lassen, speisen die Maschinen umgekehrt die sogenannte »Matrix« in die Gehirne ihrer Menschenernten: die Matrix ist eine virtuelle, computergenerierte Alltagswelt, eine Welt der Häuser, Autos und Bäume, der alltäglichen Konflikte und Liebesgeschichten. Die Menschen leben in der Illusion, dieses Leben wirklich zu leben. Die Matrix ist aber in Wahrheit nur die Welt digital erzeugter Bilder. »In Wirklichkeit« ist die Erde wüst und leer: die Menschen haben als Kriegslist irgendwann einmal die Sonne verdunkelt, alles Leben auf der Erdoberfläche ist erloschen.

Es gibt nur noch einige wenige Menschen, die ein »wirkliches« Leben leben: tief im Innern der Erde, wo es noch ein wenig warm ist, liegt die Stadt *Zion*. Die Maschinen versuchen mit allen Mitteln, sie aufzutreiben und auszulöschen. Und: es gibt die Besatzung eines U-Bootes, das in den Abwässerkanälen der alten, untergegangenen Städte unterwegs ist. Hier ist die Film-Handlung angedockt. Die Crew des Bootes wird von *Morpheus* angeführt; die Besatzung kann über Telefone zwischen der wahren – trostlosen – Welt des Bootes und der scheinhaft-schönen Welt der Matrix hin- und herwechseln. Sie suchen die *unendliche Welt der Matrix*-Computerdaten nach einem Menschen ab, auf den die Verheißung zutrifft: es wird ein Retter kommen, ein Erlöser, der die *Matrix* enttarnt, die Menschen auf den Weg des wahren Lebens zurückführt und alles Leben befreit.

Es sind vor allem drei Themen, die in diesem Film nicht erfunden, aber auf bisher nicht erreichtem erzählerischem, technischem und filmischem Niveau inszeniert werden: Die Welt, die wir um uns sehen, ist nicht die wirkliche Welt. Sie ist nur ein Spiegel oder ein Schatten der wahren, eigentlichen Welt: Wie kann diese wahre Welt erreicht werden? Das ist bereits das Thema in Platons Höhlengleichnis, aber auch in vielen religiösen, nicht zuletzt kirchengeschichtlich wirksam gewordenen Traditionen: Im gnostischen Mythos beispielsweise kommt der Erlöser aus der Welt des reinen Lichtes. Die Lichtfunken, die in den Menschen durch Materie gefangen sind, erkennen im Erlöser ihre eigentliche Herkunft. Der Erlöser befreit sie und bringt sie in ihre wahre Heimat zurück: das ist zugleich das katastrophale Ende der bösen Materie-Welt. Interessanterweise dreht *Matrix* den Gut-Böse-Antagonismus direkt um: Gut – oder zumindest ambivalent und darin lebenswürdig – ist die mittlerweile untergegangene, durch den Erlöser wieder zu befreiende *materielle* Welt alltäglicher Kommunikation und Arbeit; böse ist die scheinhaft-schöne virtuelle Welt der Computeranimation, die nichts anderes ist als reines Licht.

Matrix verbindet diesen Plot mit einem radikalen Konstruktivismus auf dem Niveau des Computer-Zeitalters: in der uneigentlichen Welt ist *nichts* wirklich, deshalb kann *umgekehrt alles* als wirklich *inszeniert* werden: Möblierungen von Zimmern, ganze Städte und Landschaften, ganze Waffenarsenale entstehen als solche computergenerierten Inszenierungen. Die Einsicht in ihre

Nicht-Gegenständlichkeit verhindert aber nicht ihre Wirksamkeit; dies ist besonders bei Waffenarsenalen immer im Auge zu behalten.

Ein weiteres Thema: die Grenzenlosigkeit der wissenschaftlich-technischen Unterwerfung der natürlichen Lebensumwelt durch die Menschen führt zum apokalyptischen Untergang allen Lebens. Schärfer noch: Der größenwahnsinnige und hybride Umgang des Menschen mit der Natur *hat* bereits in die ultimative Katastrophe geführt. Von der ganzen, unendlichen reichen Schöpfung sind nur noch wenige Menschen übrig: wie können sie gerettet werden? Dies ist der Plot in Filmen wie Terminator 2, Twelve Monkeys, Waterworld; gegenüber seinen Vorgängern ist Matrix darin beinahe optimistisch, dass der Film die Möglichkeit der Rettung *allen* Lebens immerhin noch offen lässt.

Das dritte Thema: Wo findet sich Rettung in dieser anscheinend endgültig katastrophalen Situation für alles Leben? Wie finden wir Erlösung? Und vor allem: Wie finden, wie erkennen, wie ermächtigen wir den Erlöser? Es gibt eine Verheißung, die Ankündigung einer weisen alten Frau, dass der Erlöser kommen wird: Der U-Boot-Kommandant Morpheus folgt dieser Verheißung auf seiner Suche durchs Netz der Matrix. Er stößt auf *Neo,* in der Matrix-Welt ein Computer-Hacker von Format. Morpheus stellt ihn vor die Wahl, die Matrix zu verlassen und das wahre Leben zu wählen. Neo stimmt zu: er wählt den schweren Weg, er geht durch die enge Pforte. Bei der Gegenüberstellung mit der weisen Frau, die die Erlösungsverheißung ausgesprochen hat, kommt es aber zur Ernüchterung: nein, du bist es nicht, sagt die Schamanin, zumindest nicht in diesem Leben.

Wie geht es weiter? Durch einen Verräter wird die Gruppe an die Wächter der intelligenten Maschinen ausgeliefert, die in der *Matrix* jeden Widerstand aufspüren und zunichte machen. Morpheus wird gefangengenommen und gefoltert; ihm wird ein bewusstseinsveränderndes Präparat gespritzt, damit er die Koordinaten der geheimen Stadt Zion verrät – und so die letzten Reste des wirklichen menschlichen Lebens jenseits der *Matrix* der Vernichtung preisgibt. Neo stürmt gemeinsam mit seiner Partnerin – sie heißt *Trinity* – das militärisch hoch gesicherte Folter-Gefängnis in einer Penthouse-Wohnung. Die Übermacht der Gegner ist aber zu groß. Neo gibt sein Leben dahin, um Morpheus – und damit potentiell die Reste allen wirklich lebendigen Lebens – zu retten. Er scheitert. Er stirbt. Als alles vorbei ist, als die Rettung gescheitert, jede Hoffnung verloren ist, kommt es zu einer Auferstehungsszene. Durch die Liebe der Frau – Trinity –, eine Liebe gegen alle Wirklichkeit, gegen alle Wahrscheinlichkeit, gegen alle Hoffnung kehrt Neo wieder zum Leben zurück. Er kann die Wächter der Maschinen-Welt töten. Er kehrt in die Matrix zurück, um allen Menschen die gute Botschaft weiterzugeben, wie sie in das richtige Leben zurückfinden.

Soweit in groben Zügen die Erzählung von *Matrix;* sie ist vielfältiger, als es in einer knappen Rekonstruktion wiedergegeben werden kann, und vor allem ist die Plausibilität der Film-Bilder durch die Wiedergabe des Plots nicht einzuholen. Aber dennoch ist zu erkennen: Die Geschichte von Matrix wird nach der Erzählvorlage nicht nur des Platonischen Höhlengleichnisses, nicht nur des gnostischen Mythos erzählt: die *neutestamentlichen Evangelientexte* – wie Martin Kähler einmal formuliert hat: »Passionsgeschichten mit ausführlicher Einleitung« – sind die m. E. eigentlich wirkmächtige Erzählvorlage dieser Filmgeschichte. Dies gilt für das Personal: Johannes der Täufer (*Morpheus*) und Judas (der Verräter im U-Boot), Maria Magdalena (*Trinity*) und Jesus von Nazareth (*Neo*), ja selbst die prophetische Messiasverheißung (die weise Frau/Schamanin) und die Gestalt des leidenden Gottesknechtes werden angespielt.

Die Passion *Neos* wird erzählt nach dem Modell der freiwilligen Lebenshingabe des Gottessohnes für seine Freunde, nach der neutestamentlichen Passionsgeschichte. »Keiner hat größere Liebe als die, dass er sein Leben gibt für seine Freunde« (Johannes 15,13). Das Opfer als Selbsthingabe entmächtigt den zerstörerischen Mechanismus des Gewaltopfers, das von den Schergen der herrschenden Maschinen exekutiert wird und das darüber hinaus das Prinzip der *Matrix* selber darstellt: alle Menschen werden einander gleich gemacht, nur virtuell leben sie in unterscheidbaren Rollen und Lebensverhältnissen; und alle werden zu Opfern. *Neos* Lebenshingabe bewirkt gewissermaßen die Umkehrung im Opfer-Zusammenhang: Das Opfer als Hingabe entmächtigt das Opfer als Gewaltmechanismus, das Geschenk verschlingt die Gewalt. Der Erzählfaden von *Matrix* folgt den neutestamentlichen Passionsberichten auch darin, dass der Retter stirbt und, zumindest auf den ersten Blick, scheitert. Die endgültige Erlösung wird erst ermöglicht durch einen neuen Akt, durch das Eingreifen *Trinitys:* sie findet endlich inneren Kontakt zu ihrer Liebe zu *Neo*. Die Liebe der Frau bewirkt die Auferstehung des gescheiterten Erlösers. Neo kann jetzt die Verheißung erfüllen, die er – solange er lebte – nicht vollenden konnte. Trinitity, die Geliebte des Erlösers, bewirkt seine Auferweckung; sie tritt damit zugleich in die Rolle Maria Magdalenas und – dies ist mit ihrem Namen bereits angekündigt – an die Stelle Gottes.

Das ist die grundlegende These von *Matrix:* Rettung, Erlösung, Befreiung kommt allein durch die bis zuletzt durchgehaltene gute Wechselseitigkeit des Lebendigen – die Bewahrung von Freundschaft, von Vertrauen, von Liebe im Angesicht von Gewalt und selbstbezüglicher Macht. Gegen alle Wahrscheinlichkeit, gegen alle Logik liegt hier die Chance, Leben zu bewahren. Im Kampf gegen die Zerstörung des Lebens kann es notwendig werden, alles zu geben, sich selbst preiszugeben: in diesem Sinne und nur in diesem Sinne können Opfer not-wendig sein. *René Girard* spricht in diesem Zusammenhang vom *evangelischen* Opfer, das den Gewalt-Opfer-Mechanismus entmächtigt.

3. Schließlich gewinnen in massenwirksamen Filmen auch immer wieder Themen eine Gestalt, die für das aktuelle Lebensgefühl besonders interessant und brisant sind; dies gilt auch und gerade für Filme über *Sterben und Tod*. In *einem* Film gewinnt ein gegenwärtig weit verbreitetes Interesse an *Nahtoderfahrungen* Gestalt, das sich in jüngerer Zeit in esoterischer Literatur, aber in distanzierterer Form auch in wissenschaftlichen Untersuchungen ausspricht: »Flatliners« (USA 1990, Regie Joel Schumacher, mit Kevin Bacon, Julia Roberts und Keether Sutherland).

Geben Nahtod-Erfahrungen Hinweise auf ein Leben nach dem Tod? Der Film erzählt, wie eine Gruppe von jungen Ärzten und Ärztinnen – eine von ihnen ist in der seelsorgerlichen Begleitung sterbenskranker Patienten engagiert (im Falle der von Julia Roberts gespielten Protagonistin) – gezielt die Grenze des Herztodes überschreiten. Sie lassen sich für immer längere Zeiträume (es bricht ein richtiger Wettstreit aus: eine Minute – zwei Minuten – fünf Minuten) bis zum Herzstillstand unterkühlen, also unter die Null-Linie des Herzfrequenzmessgeräts bringen (deshalb der

Filmtitel) und dann – unter immer riskanteren Bedingungen, die im letzten Fall fast zum Scheitern und damit zum Tode führen – wieder ins Leben zurückholen. Die These des Filmes, die an den Lebensgeschichten der fünf Beteiligten immer wieder durchgespielt wird, ist diese: die jungen Leute erreichen in ihren wahnwitzigen und riskanten Reisen *keine* andere Welt, keine neue Realität jenseits der alltäglichen Lebenswelt. Sie finden keineswegs vielleicht sogar das Reich ewigen Lebens. Sie sammeln keine Erfahrungen mit dem, was für menschliche Sinne qua definitionem nicht erreichbar ist. Sie können nicht aus eigener Anschauung vom Paradies erzählen. Sondern sie werden mit großer Macht in unaufgearbeitete lebensgeschichtliche Konflikte gestoßen, die jetzt aus der sorgsamen psychischen Abschottung hervorbrechen und sich in traumatischen Zuständen (vor allem Halluzinationen) Raum schaffen. Die Protagonisten des Filmes finden ihr Gleichgewicht erst wieder, wenn sie den auslösenden lebensgeschichtlichen Konflikt bearbeiten und zu einer guten Gestalt bringen: fast immer handelt es sich, so die These des Filmes, um bisher verweigerte Übernahme von Schuld als Voraussetzung, Vergebung zu erlangen.

In dieser letzten Kehre zeigt sich, wie stark die Autoren und Regisseure dieses Filmes der jüdisch-christlichen Erzähltradition verpflichtet sind: vergegenwärtigendes Erinnern, Vergeben, Loslassen und Wieder-Losgehen Können sind notwendige Schritte im Trauerprozess. In der Trauer konzentriert sich, was für eine gute Gestalt zwischenmenschlicher Beziehung überhaupt nötig ist. All dies wird in verdichteter Form in der Situation des endgültigen Abschiednehmen-Müssens mit besonderer Macht wirksam. Das eigentliche Thema des Filmes aber, die Konfrontation mit oder sogar die gezielte Inszenierung von Nahtod-Erfahrungen, reagiert auf ein Lebensgefühl, das sich mehrheitlich außerhalb von Erzähltraditionen und rituellen Angeboten der Großkirchen Raum verschafft hat; und die These des Filmes entspricht, wie sich gleich zeigen wird, durchaus dem gegenwärtig verfügbaren Wissensbestand und Problembewusstsein zu diesem Gegenstand.

Es ist eher das esoterische Milieu, das auf Veröffentlichungen zum Thema »Nahtod-Erfahrungen« ausgesprochen emphatisch reagiert hat. Epochalen Einfluss hatte das 1975 veröffentlichte Buch des amerikanischen Arztes und Psychiaters Raymond A.

Moody, »Life after Life« (deutsch: Leben nach dem Tode)[69]: Moody's Buch, in dem eine Sammlung von Berichten Wiederbelebter veröffentlicht wurde, ist mittlerweile in zwanzig Sprachen übersetzt worden. Obwohl er selbst sein Buch dezidiert als nicht wissenschaftlich angesehen hat, gilt Moody mittlerweile als Begründer der Todesnähe-Forschung. Moody interviewte 150 Personen, die nach einem scheinbaren klinischen Tod reanimiert wurden oder lebensbedrohliche Erfahrungen überlebt haben. Dabei ist er auf auffallende Ähnlichkeiten zwischen diesen Berichten gestoßen. Dies veranlasste ihn, einen – nach seiner Meinung – übersituativ und überindividuell gültigen Verlauf von Todesnäheerfahrungen zu postulieren. Moody entwirft ein Modell, in dem die relevanten Erfahrungselemente in der Reihenfolge ihres Auftretens zusammengestellt werden. Da es in der Folgezeit nahezu normativen Einfluss auf weitere Untersuchungen gewonnen hat, sei es hier zitiert:

»Ein Mensch liegt im Sterben. Während seine körperliche Bedrängnis sich ihrem Höhepunkt nähert, hört er, wie der Arzt ihn für tot erklärt. Mit einemmal nimmt er ein unangenehmes Geräusch wahr, ein durchdringendes Läuten und Brummen, und zugleich hat er das Gefühl, dass er sich sehr rasch durch einen langen, dunklen Tunnel bewegt. Danach befindet er sich plötzlich außerhalb seines Körpers, jedoch in derselben Umgebung wie zuvor ... Andere Wesen nähern sich dem Sterbenden, um ihn zu begrüßen und ihm zu helfen. Er erblickt die Geistwesen bereits verstorbener Verwandter und Freunde, und ein Liebe und Wärme ausstrahlendes Wesen, wie er es noch nie gesehen hat, ein Lichtwesen, erscheint vor ihm. Dieses Wesen richtet – ohne Worte zu gebrauchen – eine Frage an ihn, die ihn dazu bewegen soll, sein Leben als Ganzes zu bewerten. Es hilft ihm dabei, indem es das Panorama der wichtigsten Stationen seines Lebens in einer blitzschnellen Rückschau an ihm vorüberziehen lässt. Einmal scheint es dem Sterbenden, als ob er sich einer Art Schranke oder Grenze näherte, die offenbar die Scheidelinie zwischen dem irdischen und

69. Vgl. zum folgenden: H. Knobloch/H.G. Soeffner (Hg.), Todesnähe. Interdisziplinäre Zugänge zu einem außergewöhnlichen Phänomen, Konstanz 1999, hier 16f. Die deutsche Übersetzung von Moody's Buch erschien Reinbek 1977.

dem folgenden Leben darstellt. Doch ihm wird klar, dass er zur Erde zurückkehren muss. Trotz seines inneren Widerstandes – und ohne zu wissen, wie – vereinigt er sich dennoch wieder mit seinem physischen Körper und lebt weiter.«[70]

Im deutschen Sprachbereich ist es insbesondere die Ärztin und Psychotherapeutin Elisabeth Kübler-Ross gewesen, die ihre »Gespräche mit Sterbenden« auf das Phänomen der Todesnähe-Erfahrung hin ausgelegt und diese religiös ausgedeutet hat – und damit geht sie über den Ansatz von Moody selbst weit hinaus: Todesnähe-Erfahrungen werden zum empirischen Beleg für die Existenz des Jenseits. Nimmt man jedoch den Forschungsstand zum Thema »Nahtoderfahrungen« aus der Perspektive verschiedener wissenschaftlicher Disziplinen in Augenschein, so ist dieser Schluss keineswegs zwingend. Beispielsweise wird in *neurologischen* Erklärungsansätzen eine Hyperaktivität des limbischen Systems für möglich gehalten, das im menschlichen Hirn für die Gedächtnissteuerung sowie die Stimmungs- und Verhaltensmodulation verantwortlich ist. Die veränderte Wahrnehmung während des Sterbeerlebnisses kann zu Störungen dieses Hirnbereiches führen, die zu folgenden Symptomen führen: Depersonalisation, akustische und optische Sinnestäuschungen sowie überwältigende, in der Regel angenehme Gefühle. *Psychologische* Erklärungsansätze wiederum interpretieren die Todesnäheerfahrung als Abwehrreaktion der menschlichen Psyche auf die Todesangst: das Out-of-Body-Erlebnis spiegele dem Ich vor, nur die Körperhülle sterbe, während es selbst dem eigenen Sterben unbehelligt zuschauen könne. Ein anderer, *tiefenpsychologischer* Erklärungsansatz interpretiert die Todesnäheerfahrung als *Geburtserinnerung:* als Reaktion auf den Wunsch nach einer Rückkehr in lebensgeschichtlich früheste Objektbeziehungen, in den natürlichen mütterlichen Schutz des Fötus. »In diesem Sinne werden die Tunnelerfahrung als Passieren des Geburtskanals und das Lichterlebnis als das strahlende Gesicht der niedergekommenen Mutter interpretiert.«[71]

Hubert Knobloch, Bernt Schnettler und Hans-Georg Soeffner, die Herausgeber eines interdisziplinär orientierten Buches zum Thema »Todesnähe«, gehen in ihrem eigenen Erklärungsansatz von einem

70. Ebd., 17.
71. Ebd., 25.

Problem aus, das sich bei der Überprüfung der Darstellung der Todesnähererfahrung im *interkulturellen Vergleich* herausgestellt hat. Die Annahme Moodys, dass es sich hier um ein überkulturell und überhistorisch gültiges Erfahrungsmuster handele, ist bei genauer Untersuchung schlechterdings nicht zutreffend – und damit sind auch die Folgerungen sehr zweifelhaft und bestreitbar, in denen aus den Todesnäheerfahrungen ein empirischer Beleg für die Existenz in einer nachtodlichen Welt geschlossen wird.
Die Auffassung, dass die Nahtod-Erlebnisse von sozialen und kulturellen Bedingungen unabhängig seien, ist nicht haltbar. Todesnäheerfahrungen in indianischen Kulturen unterscheiden sich beispielsweise deutlich von der bei Moody unterstellten »universellen« Struktur, nordamerikanische Erzählmuster dieser Erfahrung ebenso deutlich von chinesischen, und innerhalb derselben Gesellschaft verändern sich Vorstellungen und Berichte über Nahtoderfahrungen. Beispielsweise nehmen in westlichen Kulturen die »höllischen« Motive in historischer Perspektive deutlich ab. »Todesnäheerfahrungen geben weniger Auskunft über das Jenseits als vielmehr die Erfahrungsmöglichkeiten des Menschen und deren kulturelle Formen.«[72] Insbesondere der gesellschaftliche Individualisierungsprozess hat die Gestalt der Nahtoderfahrung erheblich verändert: »Begegneten mittelalterliche Mönche oder Bauern im Jenseits der gesamten Gesellschaft – ihren verstorbenen Mitmönchen, Bischöfen, und Päpsten, den Bewohnern von Dörfern, Bewohnern von Städten, ja dem jeweiligen Kaiser – so sterben die Heutigen in eine weitgehend individualisierte Welt: Wenn überhaupt, dann treten einzelne, sehr eng vertraute Personen (Mutter, Vater, Ehepartner) auf, doch im wesentlichen dreht sich die Erfahrung um eine abstrakte Welt, die selbst von religiösen Figuren entleert ist.«[73]
Ich schließe meinen Blick auf die Verarbeitung von Sterben und Tod in der populären Kultur ab: Auch der Film »Flatliners« verarbeitet in hervorragender Weise kulturelle und religiöse Deutungsmuster im Umgang mit Sterben und Tod. Er nimmt auf der einen Seite die weit verbreitete Faszination des Themas »Nahtoderfahrungen« auf und zeigt zugleich – in deutlicher Entsprechung zum

72. Ebd., 29.
73. Ebd., 289 f.

skizzierten Forschungsstand –, dass sich hier kein empirischer Beleg für die Existenz einer nachtodlichen Welt finden lässt. Vielmehr werden die Protagonisten des Filmes auf die zentralen Konflikte ihres *diesseitigen Lebens* gestoßen. Sie verarbeiten in ihren »Reise-Erlebnissen« zentrale Lebenskrisen, vor allem Schulderfahrungen, die in der Arbeit der Psychonanalyse zum Gegenstand werden können – aber auch in den Ritualen und Erzählungen der jüdisch-christlichen Religionstradition.

2. Deutlichkeit als pastorale Aufgabe

2.1 Deuten oder Deutlichkeit?

An dieser Stelle ist eine Zwischenüberlegung angebracht. Welches ist meine Perspektive, wenn ich nicht nur als – von manchen Filmen – begeisterter Kinobesucher Filme über *Sterben und Tod* interpretiere, sondern mit dem Interesse, was hier für die Gestaltung kirchlichen Handelns in diesem Feld zu lernen sei? Denn mit Blick auf die Aufgaben, die ich als Hochschullehrer in der Ausbildung von Menschen habe, die einmal als Pfarrer oder Pfarrerinnen, aber auch als Religionslehrerinnen und Religionslehrer arbeiten wollen, erscheint mir die Alternative nicht besonders sinnvoll, die in den letzten Jahren in Debatten über die Kontur der Praktischen Theologie aufgekommen ist: soll Praktische Theologie als *Handlungswissenschaft* gelten – so der Diskussionsstand, der in den siebziger Jahren vorherrschte; oder als *Wahrnehmungswissenschaft* – so das Postulat heute gerade von solchen Gesprächspartnern, die das Blickfeld auf »Religion« über den engen Bereich ihrer kirchlich institutionalisierten Aspekte hinaus öffnen[1], und Religion auch in alltäglichen Lebenswelten und kulturellen Inszenierungen wahrnehmen wollen. So sehr ich das hier signalisierte Interesse teile: Ich befürchte dann so etwas wie eine Phantasie über die *Allmacht der Gedanken,* wenn übersehen würde, dass die *Öffnung* des Blickfeldes auf den Blick *derer begrenzt* bleibt, die in Feldern institutionalisierter Religion arbeiten. Wenn theologische Hochschullehrer und Hochschullehrerinnen *auch* über Film und Theater, Gewerkschaften und Arbeitslose schreiben, dann werden mit großer Wahrscheinlichkeit weder Filmregisseure und Schauspielerinnen noch Gewerkschaftsfunktionäre oder Mitglieder einer Arbeitsloseninitiative diese Bücher lesen. Sondern es wird, wenn es gelingt, die Wahrnehmungssensibilität von Pfarrerinnen, von kirchlichen Mitarbeitern und Presbyterinnen, von Religionslehrern und Diakoninnen geschärft, und damit wäre viel erreicht.

Das heißt: auch als Wahrnehmungswissenschaft ist Praktische Theologie *faktisch* Pastoraltheologie – sagen wir einmal: in reformierter Tradition mit Blick auf das mehrfache Amt, nicht ausschließlich das der Pastorin. Praktische Theologie bietet Reflexio-

1. So bereits D. Rössler, Grundriss der Praktischen Theologie, Berlin/New York 1986.

nen, Handlungswissen und Wahrnehmungsperspektiven für Menschen an, die in kirchlichen bzw. schulischen Arbeitszusammenhängen tätig sein werden und hier jedenfalls nicht nur wahrnehmen, sondern auch handeln werden. Ich werde deshalb meinen Blick auf Sterben und Tod heute auf kirchliche Handlungsmöglichkeiten in diesem Bereich und insbesondere auf die kirchliche Bestattung in diesen beiden Richtungen konturieren: was können und sollen Pfarrerinnen, die dieses Ritual leiten, wahrnehmen, und in welcher Richtung sollen sie *handeln?* Beide Perspektiven sind Namen für vielfältige Operationen. Zum *Wahrnehmen* im hier verstandenen Sinne gehören sinnliche Eindrücke – hören, sehen, riechen, schmecken, fühlen – aber auch Gefühle und Einfälle, Sichten von Informationen, Verstehen und Interpretieren; zum *Handeln* gehören *Verhaltenssequenzen* wie gehen, sitzen, essen, aber auch körperliche und sprachliche Gesten, kommunikativ auf andere Menschen und gestaltend auf Dinge bezogene Tätigkeiten und vieles andere. Beide Perspektiven sind nicht trennscharf. Ich gebrauche »Wahrnehmen« als Bezeichnung für die überwiegend rezeptive, »Handeln« für die überwiegend spontane und aktive Seite menschlicher, in diesem Falle: pastoraler Tätigkeit.[2]

Eine zweite Vorbemerkung. Kasualien wie Konfirmation, Trauung oder Bestattung sind ein Bereich, an dem kirchliches Handeln weiterhin – wenn auch mit sinkender Tendenz – nachgefragt wird, auch wenn es in vielen anderen Feldern gegenwärtig das Lebensgefühl der Menschen nicht erreicht. Seit den sechziger Jahren werden sie in praktisch-theologischen Gesprächsbeiträgen kaum noch als riskante Gelegenheit einer »Baalisierung« des christlichen Glaubens[3] problematisiert, sondern als herausgehobene Möglichkeit verstanden, evangelische Verheißung und die Lebensrealität der Leute »miteinander zu versprechen«[4]. Neben den Handlungsfeldern von Seelsorge und Beratung sind Kasualien oder »Amts-

2. Vgl. zum Zusammenhang: M. Frank (Hg.), F.D.E. Schleiermacher, Hermeneutik und Kritik. Mit einem Anhang sprachphilosophischer Texte Schleiermachers, Frankfurt/M. 1977.
3. Vgl. dazu: R. Bohren, Unsere Kasualpraxis – eine missionarische Gelegenheit? ThExh 147, München, 3. Aufl. 1968.
4. E. Lange, Zur Theorie und Praxis der Predigtarbeit, Stuttgart 1968.

handlungen« zudem ein Feld praktisch-theologischen Nachdenkens, in dem vor allem auch nichttheologische Theorien zum Gegenstand rezipiert wurden. Handelt es sich in der Seelsorgelehre vorwiegend um psychotherapeutische Konzepte verschiedener Schulen, so hier um kulturanthropologische Ritualtheorien, wobei in jüngerer Zeit mit besonderem Gewicht Überlegungen von Victor Turner[5] und Clifford Geertz[6] aufgenommen wurden.
Ich plädiere für einen neugierigen und spielerischen, zugleich gegen einen anbiedernden und marktschreierischen Gebrauch solcher Theorien, Methoden und Wissensbestände in der Praktischen Theologie. Wer in den letzten dreißig Jahren verfolgt hat, wie Psychoanalyse und Mentalitätsgeschichte, funktionale Soziologie und Sozialpsychologie, Semiotik und Phänomenologie ihre Konjunkturen hatten und teilweise auch wieder aus dem Blickfeld geraten sind, wird kaum in ehrfurchtsvolle Erstarrung verfallen, wenn eine dieser Theorien zum einzig möglichen Weg erklärt wird. So war beispielsweise in diesen Tagen zu lesen, dass eine vorsemiotische Wahrnehmung religiöser Phänomene auf »Theokitsch« hinauslaufe[7], oder aber dass wir, nachdem wir gerade mit Umberto Eco die Predigt als ein »offenes Kunstwerk« anzusehen gelernt haben[8], mit der Befreiung Charles Sanders Peirce' aus Jahrzehnten bibliothekarischen Dämmerzustandes die theologische Symboltheorie neu schreiben müssen, mindestens aber Paul Tillich vergessen können[9].

5. Vgl. V. Turner, Das Liminale und das Liminoide in Spiel, »Fluß« und Ritual. In: ders., Vom Ritual zum Theater. Der Ernst des menschlichen Spiels, Frankfurt/M. 1989, 28–94.
6. Vgl. C. Geertz, Dichte Beschreibungen. Beiträge zum Verstehen kultureller Systeme, Frankfurt/M. 1999 (1983).
7. So der von mir sehr geschätzte Harald Schroeter in dem lesenswerten Büchlein: »Denn die Lehre feiert auch, und die Feier lehret.« Prospekt einer liturgischen Didaktik, Wechselwirkungen 36, Waltrop 2000, 58 ff.
8. G. M. Martin, Predigt als »offenes Kunstwerk«?, in: EvTh 44/1984, 46-58.
9. Vgl. M. Meyer-Blanck, Zeichen verstehen. Die hermeneutische Dimension der Semiotik und der semiotische Beitrag zur Hermeneutik. In: E. Hauschildt/M. Laube/U. Roth (Hg.), Praktische Theologie als Topographie des Christentums. Eine phänomenologische Wissenschaft und ihre hermeneutische Dimension, Hermeneutica Bd. 10., hg. v. E. Hauschildt, Rheinbach 2000, 49–68.

Ich trete für einen neugierigen und spielerischen Umgang mit diesen Dingen ein, möchte damit aber nicht sagen, dass die Praktische Theologie hier überall *gleichermaßen viel* lernen könne. Wenn sich die, die hier arbeiten, ihre Melodie aus *der Bewegung* vorgeben lassen, die aus Gottes zurechtstellendem Gesetz und der *Verheißung* des Evangeliums auf alle Welt zukommt – auf die, die heute leben, aber auch auf die, die gestern gelebt haben und morgen leben werden – , dann wird sich gegenüber manchen Theorien und Methoden auch eher Schwerhörigkeit und Vergesslichkeit nahe legen.[10] Damit bin ich wieder beim Gegenstand: Erwägungen zu Sterben und Tod unter den Bedingungen einer spätmodernen Gesellschaftlichkeit und insbesondere zur kirchlichen Bestattung. Welche Aufgabe, aber auch welche Chance haben kirchliches Handeln, aber auch theologische Reflexion angesichts von Sterben und Tod in der spätmodernen Gesellschaft? Unbestreitbar wirkmächtige gesellschaftliche Tendenzen – die Fragmentierung von sozialen Milieus und konsistenten Lebensläufen im gesellschaftlichen Individualisierungsprozess, die Pluralisierung von Lebensstilen einschließlich weltanschaulicher und religiöser Orientierungen, die Säkularisierung verbindlicher religiöser Traditionen in der spätmodernen Sozialität – werden heute in ihren Konsequenzen für theologische Reflexion, vor allem aber auch

10. Ich habe beispielsweise dann Bedenken, wenn die Rezeption spezifischer humanwissenschaftlicher Ansätze – in diesem Fall die Systemtheorie N. Luhmanns – in dem Sinne totalisiert wird, dass andere Wahrnehmungs- und Handlungskonzepte, die sich über viele Jahre bewährt haben, destruiert werden; vgl. in diesem Zusammenhang I. Karle, Seelsorge in der Moderne. Eine Kritik der psychoanalytisch orientierten Seelsorgelehre, Neukirchen 1996. Schwierigkeiten sehe ich auch, wenn der nötige Respekt gegenüber den selbsttätigen Wahrnehmungs-, Interpretations- und Handlungskompetenzen von Menschen durch Übersteigerung der Subjektivitätsorientierung geradezu verletzt werden könnte: als sei es Aufgabe von Prediger/innen und Seelsorger/innen (und nicht die den betroffenen Menschen vorbehaltene Perspektive), ihre Lebensgeschichten und Lebenssinn zu *deuten*. Vgl. W. Gräb, Lebensgeschichten – Lebensentwürfe – Sinndeutungen. Eine praktische Theologie gelebter Religion, Gütersloh 1998; sowie zahlreiche weitere Texte dieses Autors. Vgl. ähnlich auch das unerläuterte Stichwort »«integrale Sinndeutung« bei F. Th. Brinkmann, Seelsorge im Trauerfall. Lehrmeinungen, populäre Kultur – und religiöse Lebensdeutung, Pastoraltheologie 88, 1999, 42-58.

für die Arbeitsmöglichkeiten der Kirche bisweilen so wahrgenommen, dass eine gewisse Selbstbeschränkung, ja Selbstverkleinerung nahegelegt wird. Die dogmatischen Traditionen, die kirchlichen Bekenntnisse, die biblischen Erzähltraditionen und die rituellen Gestalten gottesdienstlichen Lebens – all dies sei den Zeitgenossen und Zeitgenossinnen nur noch in dem Maße mitzuteilen, wie sie es für ihre lebensgeschichtliche Selbstreflexion »plausibilisieren«[11] können. Angesichts der Tatsache jedoch, dass die Kirche in einer vielfältig pluralisierten modernen Gesellschaft mit ebenso vielfältigen Sinnanbietern für ihre Deutungsangebote keinesfalls selbstverständliche Zustimmung erwarten kann, könne sie nicht umstandslos annehmen, die Rechtfertigungsverheißung – als Mittelpunkt protestantischer Frömmigkeit und Theologie – bloß durch dogmatische Bestimmungen, durch Wiederholung von überkommenen Bekenntnisformulierungen oder entleerten Ritualen mit der Selbstdeutung der Individuen in Kontakt zu bringen. »Die Zusage der Rechtfertigung um Christi willen, der vorbehaltlosen Anerkennung meiner Person durch Gottes Liebe, einer mir geschenkten Identität somit, ist – so zentral gerade sie in der evangelischen Kirche auch heute muss erwartet werden können – doch nicht viel wert, wenn mir nicht zugleich erkennbar ist, wie ich sie in einen Deutungszusammenhang meiner Lebensgeschichte hineinnehmen und für meinen Lebensentwurf fruchtbar machen kann.«[12] Insgesamt liegt die Aufgabe der Praktischen Theologie im Sinne Wilhelm Gräbs, der diese Sicht der Dinge heute einflussreich vertritt – durchgeführt an den traditionell gegebenen Praxisfeldern kirchlichen Handelns und hier insbesondere an ihrer Kasualpraxis mit besonderer Aufmerksamkeit auf die *Bestattung* – in der Durchmusterung ihres gesamten Bestandes an der Frage ihrer Relevanz für individuelle Lebensdeutung unter den Bedingungen der Moderne. »Die Theologie kann deutlich ma-

11. J. Hermann, a. a. O., passim, verwendet diesen Ausdruck immer wieder, um eine gelungene Verschränkung von Selbstreflexion, Religions- und Kulturhermeneutik zu bezeichnen. Am wirksamsten ist die hier eingenommene Perspektive allerdings von W. Gräb artikuliert worden: W. Gräb, Lebensgeschichte – Lebensentwürfe – Sinndeutungen. Eine praktische Theologie gelebter Religion, Gütersloh 1998.
12. W. Gräb, a. a. O., 35.

chen, wie die christliche Religion Kontingenz in Notwendigkeit überführt, etwa indem sie Krankheit als prinzipielle Störanfälligkeit unserer irdischen Leiblichkeit verstehen lässt, Sterben als Widerfahrnis unserer Endlichkeit, Ungerechtigkeit als Resultat des in die conditio humana fallenden Selbsterhaltungsstrebens. Das ist jedoch nur ihre eine Stoßrichtung. Die Theologie zeigt, wie die christliche Religion in die kontingenzverarbeitenden Deutungszuschreibungen zugleich immer auch eine Reflexionskehre einbringt. Sie tut dies, indem sie in der Perspektive der Rechtfertigung bzw. des Reiches Gottes die Symbolisierung eines umfassenden Seins- und Sinngrundes aufbietet ...«[13]

Wenn solchen »Selbstthematisierungen« heutiger Möglichkeiten *theologischen* Nachdenkens und *kirchlichen* Handelns »Plausibilität« zugesprochen werden müsste, dann hätte dies erhebliche Konsequenzen auch für die Frage, wie Seelsorger und Seelsorgerinnen (hauptamtliche, aber auch ehrenamtliche und spontane Begleiter und Begleiterinnen) sich angesichts von *Sterben und Tod* äußern und verhalten sollen. In diesem Buch wird eine andere Perspektive gewählt. Und hier werden die im vorigen Kapitel vorgetragenen Wahrnehmungen zu populärkulturellen Werken – in diesem Falle massenwirksamen Kinofilmen – allerdings in einer spezifischen Weise wichtig. Wenn heute Kinofilme (aber auch andere Werke und Inszenierungen massenwirksamer populärer Kultur) mit religiösen Symboltraditionen »basteln« und in diesem Zusammenhang immer wieder auch kirchliche Rituale, biblische Erzähltraditionen, ja selbst theologisch-dogmatische Reflexionsmuster verarbeiten[14], dann ist es gelinde gesagt unverständlich, wenn diejenigen, die angesichts von Sterben und Tod als Angehörige der Kirche Jesu Christi und im Namen Gottes zu sprechen, zuzuhören und in anderer Weise zu handeln haben, dies auf (immer ja nur vermutete) Plausibilität für die Selbstthematisierung der Zeitgenossinnen und Zeitgenossen hin verkürzen sollen.

13. Ebd., 59.
14. Vgl. mit besonderer Prägnanz die Reflexionen des Theologen und Regisseurs Lothar Warneke. In: ders., Religiöse Dimensionen im Medium Film, in: L. Warneke/M. Locatelli (Hg.), Transzendenz im Populären Film. Beiträge zur Film- und Fernsehwissenschaft, Band 59, 42. Jahrgang, Berlin 2001, 39 ff.

Wie die Menschen, die als Trauernde einen Bestattungsgottesdienst feiern, die als Sterbende oder Abschiednehmende auf seelsorgerliche Begleitung hoffen oder in anderer Weise mit kirchlichen Handlungsvollzügen in Kontakt treten, all das *hören* und *für sich verarbeiten,* ist von denen, die zu ihnen predigen, die ihnen Gottes Segen zusprechen, mit ihnen beten, sie seelsorgerlich begleiten usw. *ohnehin nicht zu beherrschen.* Die Selbstthematisierung der Individuen ist und bleibt ihre Sache, ist Gegenstand *ihres* Lebensvollzugs. Theologisch so reflektieren oder kirchlich so handeln zu wollen, dass dieser Prozess von Seiten der Professionellen bestimmt wird, wäre eine (glücklicherweise hilflose) Allmachtsphantasie. Um aber für die Selbstreflexion der Menschen überhaupt hörbar, unterscheidbar, in distinkter Weise wahrnehmbar zu werden, ist eines jedenfalls gefordert: *Deutlichkeit* in den rituellen und symbolischen Inszenierungen, in der Zusage der Verheißung, im Weiter-Erzählen der biblischen Erzähltradition genauso wie in der Wahrnehmung der Lebenssituation der Menschen, die dies brauchen. Es wird sich immer wieder herausstellen, dass das, was hier zu sagen ist, aus der Perspektive *anderer,* heute aktueller Interpretations- und Handlungsperspektiven keinesfalls abständig ist.

2.2 Trauern und die Bereitung zum Sterben – über die Zeitgemäßheit einer Erinnerung an Martin Luther

Ich möchte das an einem Problem verdeutlichen, das in der seelsorgerlichen Begleitung von Trauernden und in der Durchführung der Bestattung mit Blick auf die Situation der *Hinterbliebenen* besonders wichtig ist: Was meinen wir, wenn wir von *Trauer* sprechen? Es geht bei dieser Frage um Fluss-Prozesse und ihre Bewegungsrichtung. Das ist nicht sofort einleuchtend, muss vielmehr entfaltet werden. Und neben diese Frage tritt eine zweite: Was heißt »trauern«? Und wie können wir *als Christenmenschen* angemessen mit Sterben und Tod umgehen?
Seit seinem Erscheinen zu Beginn der siebziger Jahre ist das Buch »Der Prozeß des Trauerns« von Yorick Spiegel für die Selbstver-

ständigung kirchlichen Handelns in diesem Bereich überaus wirksam gewesen[15]; aus der phasenweise recht komplexen Argumentation, die Spiegel in Auseinandersetzung mit der psychoanalytischen Theoriebildung der Freud-Schule hier vorträgt, ist vor allem sein Vier-Phasen-Modell der Trauerarbeit rezipiert worden. Auf die Phase des *Schocks* (hier können Nicht-Wahr-Haben-Wollen und Aggression gegen mögliche Schuldige am Tode dominieren) folgt die *kontrollierte Phase* (hier können Geschäftigkeit nach außen sich mit inneren Gefühlen von Unwirklichkeit und Leere verbinden) und die *regressive Phase:* Hier ziehen sich Trauernde aus den Standards von Selbstkontrolle und Realitätsangemessenheit zurück, die ihr Erwachsenen-Ich kennzeichnet, und sie können dazu neigen, ein übergroßes und übergutes Bild von Verstorbenen zu zeichnen und von ihrer Umgebung ein Übermaß an Schutz und Schonung zu erwarten. In der letzten Trauerphase, der *Adaptionsphase,* gelingt es den Trauernden allmählich, den Verlust des Verstorbenen anzuerkennen, ihn als inneres Bild in der eigenen psychischen Struktur zu integrieren und sich in alltägliche Lebensvollzüge wieder einzugliedern. – Die *Bestattung* fällt nach Spiegels Modell in der Übergang von der ersten zur zweiten Trauerphase; zugleich interpretiert er die Leistung des Rituals dahingehend, dass gewissermaßen im »Schnelldurchlauf« *alle* Phasen des Trauerprozesses durchmessen werden. Die Teilnahme am Bestattungsritual gibt so den Trauernden ein Versprechen: sie können hoffen, im Abschluss ihres lebensgeschichtlich oft lang andauernden Trauerprozesses schließlich den Standard von Ich-Integration und Realitätsangemessenheit zu erreichen, der am Ende *des Rituals* schon einmal da war.

Die Kenntnis von Spiegels Trauer-Modell ist eine Hilfe, an sich selbst und anderen in Trauerprozessen verstrickten Menschen Veränderungen wahrzunehmen und zuzulassen, die ohne diese Interpretationshilfe beängstigend sein können. Kritisch ist die unausgesprochene, aber wirksame Zurichtung des Blicks auf *systemische Stabilität* zu vermerken: gelungene Trauerarbeit ist im Kern – nach Phasen von Regression und Drop-Out – eine Wiedereingliederung in die alltäglichen Standards von Selbstkontrolle,

15. Y. Spiegel, Der Prozeß des Trauerns, München 1973, 8. Aufl. Gütersloh 1995.

Wertschätzung gegenüber sich selbst und anderen und sozialer Integration.[16]
Ein alternatives Verständnis von Trauer bietet die Psychoanalytikerin und Ethnologin Ina Rösing an; sie hat nächtliche Heilungsrituale der in den Hochanden lebenden bolivianischen Callawaya-Indianer untersucht und ihre reich dokumentierten Studien unter die Überschrift »Verbannung der Trauer« gestellt.[17] Bei diesen indianischen Medizinmännern gilt Trauer nicht als innerpsychischer Prozess, sondern als äußerlich auf den Menschen einwirkende *Macht,* genauso unheilvoll wie Krankheit und Tod, die den Verstorbenen bereits hingerafft haben. Deshalb muss die Trauer in einem ausführlichen Ritual einige Wochen nach dem Todesfall aus dem Körper, aber auch aus den Personen und Dingen der unmittelbaren Lebensumwelt der von Trauer befallenen Menschen vertrieben werden. Ina Rösing beschreibt die differenzierte und lang andauernde Prozedur solcher Heilungsrituale, zu denen körperbezogene Handlungen (nach zahlreichen Schritten z. B. ein Reinigungsbad, das den Körper, die Kleider, alle vom Körper berührten Dinge einschließt) gehören, aber auch Sprachgesten, in denen altindianische Gottheiten, aber auch die christliche Trinität und das reichhaltige Personal der Heiligen der katholischen Kirche angerufen werden.
Entscheidend ist die Bewegungsrichtung: durch exorzistische Handlungen – Körper- und Sprachgesten – wird die unheilvolle Macht der Trauer verbannt; und in lang andauernden Evokationen werden heilsame Mächte angerufen, dass sie in die nunmehr von der Trauer befreiten Menschen einziehen. Wir finden eine analoge Bewegung beispielsweise auch im Evangelischen Gesangbuch 396,6: »Weicht, ihr Trauergeister, denn mein Freudenmeister, Jesus, tritt herein.« – Nun könnte man, bei allem Respekt für die Eth-

16. Kritisch zu vermerken ist zudem die Annahme, Trauerarbeit sei im Kern eine Beziehungsarbeit gegenüber dem verlorengegangenen Objekt, und die Integration von Trauer sei »Basis für die Kunst des Lebens in abschiedlicher Existenz«. So mit Bezug auf V. Kast, Trauern. Phasen und Chancen des psychischen Prozesses, Stuttgart 1982 auch M. Josuttis, Segenskräfte. Potentiale einer energetischen Seelsorge, Gütersloh 2000, 34 f.; hier auch Josuttis' Rezeption des Buches von Ina Rösing.
17. I. Rösing, Die Verbannung der Trauer. Nächtliche Heilungsrituale in den Hochanden Boliviens, Frankfurt/M. 1987.

nologie und auch für die Arbeit von Medizinmännern fragen: Was gehen uns nächtliche Heilungsrituale in den Hochanden an? Mir ist es so ergangen: Der Blick auf das Fremde hat die Wahrnehmung des Eigenen verändert. Die von Ina Rösing an den Heilungsritualen herausgearbeitete Bewegungsrichtung – Verbannung der zerstörerischen Macht, Anrufung und Einzug der heilsamen Lebensmacht – habe ich in einer eigentümlichen Entsprechung in einem Text Martin Luthers wiedergefunden.

Luthers »Sermon von der Bereitung zum Sterben« von 1519[18] zeigt eine abweisende, ausstoßende und eine hinführende, ja einkörpernde Bewegungsrichtung. Luther beschreibt Sterben zunächst als Analogie zum Geburtsvorgang »Und es geht hier zu, gleich wie ein Kind aus der kleinen Wohnung, seiner Mutter Leib, mit Gefahr und Aengsten geboren wird in diesen weiten Himmel und Erde, das ist, auf diese Welt; also geht der Mensch durch die enge Pforte des Todes aus diesem Leben. Und wiewohl der Himmel und die Welt, darin wir jetzt leben, groß und weit angesehen wird, so ist doch alles gegen den zukünftigen Himmel viel enger und kleiner, denn der Mutter Leib gegen diesen Himmel ist.«[19] Ehe sich der Sterbende auf diese neue Geburt vorbereitet, nämlich sich im Glauben der heilsamen Macht der Sakramente öffnen kann, muss er eine *abweisende* Bewegung in drei Perspektiven vollziehen: er muss das schreckliche Bild des Todes und der Todesfurcht vertreiben; denn mit diesen Angstbildern erweist der Teufel seine Macht.

18. M. Luther, Ein Sermon von der Bereitung zum Sterben, 1519. Hier zitiert nach: Luthers Werke für das christliche Haus, hg. v. W. Kawerau u. a., Sechster Band: Erbauliche Schriften, Braunschweig 1891, 61 ff. Vgl. auch die Rezeption dieses Textes in praktisch-theologischem Interesse bei R. Preul, Der Tod des ganzen Menschen. Luthers Sermon von der Bereitung zum Sterben, in: V. Drehsen u. a. (Hg.), Der ›ganze Mensch‹. Perspektiven lebensgeschichtlicher Individualität. Festschrift für Dietrich Rössler zum siebzigsten Geburtstag, Berlin/New York 1997, 111–130. – Luthers Sermon von der Bereitung zum Sterben steht im Zusammenhang mit der spätmittelalterlich-frühneuzeitlichen *ars moriendi,* die ebenfalls durch die doppelte Bewegungsrichtung der Abweisung zerstörerischer und der Hinwendung in heilsame Ein-Bildungen gekennzeichnet ist. Eine gute Einführung hierzu gibt: A. E. Imhof, Die Kunst des Sterbens. Wie unsere Vorfahren sterben lernten. Impulse für heute, Leipzig 1998.
19. M. Luther, a. a. O., 63.

Sie bringen den Menschen dazu, sich am Leben festzuklammern und Gott zu vergessen, »... damit der die blöde Natur zur Furcht des Todes und zur Liebe und Sorge des Lebens treibe, dadurch der Mensch, zu viel beladen mit solchen Gedanken, Gottes vergesse ...«. Er muss zum zweiten das Grübeln über das eigene Leben und insbesondere über eigenes Versagen vertreiben: »Die Sünde wächst und wird groß, auch durch ihr zu vieles Ansehen und zu tiefes Bedenken. Dazu hilft die Blödigkeit unseres Gewissens, das sich selbst vor Gott schämt und greulich straft. Da hat der Teufel dann ein Bad gefunden ...«[20] Und er muß zum dritten das Bild der Hölle vertreiben, weil sich hier mit der Frage nach dem eigenen Erwähltsein eine Größenphantasie zeigt, die Grenze zwischen Gott und Mensch überschreiten zu können: » ... denn ich will alles wissen, was Gott weiß, und ihm gleich sein, dass er nichts mehr wisse denn ich, und also Gott nicht Gott sei ...«[21]

Dies sind die drei Schritte der abweisenden Bewegung, der Ausstoßung und Vertreibung. Die *hinführende* Bewegung lässt sich als Ein-Bildung, besser noch als Ein-Körperung verstehen. »Sondern deine Augen, deines Herzens Gedanken und alle deine Sinne gewaltiglich kehren von demselben Bild, und den Tod stark und emsig ansehen nur in denen, die in Gottes Gnade gestorben, und den Tod überwunden haben, vornämlich in Christo, darnach in allen seinen Heiligen.«[22] Diese Einkörperung entspricht in ihren drei Schritten der abweisenden Bewegung. Gegenüber dem Tod und der Todesfurcht: durch die Ein-Bildung in Christus wird der Tod selbst »im Leben erwürgt und überwunden.«[23] Gegenüber dem Drang, über die eigene Lebensgeschichte nachzusinnen und insbesondere über eigenes Versagen zu grübeln, wirkt das Bild Christi im Sinne einer heilsamen Entmächtigung als Desensibilisierung: »Sondern mußt abkehren deine Gedanken und die Sünde nicht, denn in der Gnade Bild ansehen, und dasselbe Bild mit aller Kraft in dich bilden und vor Augen haben. Der Gnade Bild ist nichts anderes, denn Christus am Kreuz«.[24] Schließlich entmächtigt die

20. Ebd., 65.
21. Ebd., 66.
22. Ebd., 67.
23. Ebd., 68.
24. Ebd.

Konzentration auf das Bild Christi, der selbst in der Hölle gewesen und sie überwunden hat, auch dieses Angst-Bild und die Panik des Sterbenden, ob dieser Ort für ihn vorgesehen sei: »Darum sieh das himmlische Bild Christum an ..., Sieh, in dem Bild ist überwunden deine Hölle und deine ungewisse Vorsehung gewiß gemacht.«[25]

Ich halte zwei Aspekte fest: Luther beschreibt und fordert für die Bereitung zum Sterben eine *doppelte Bewegung:* die Abweisung/ Austreibung heilloser und zerstörerischer Ein-Bildungen und Einkörperungen und die entschlossenen Hinwendung in die heilsame und rettende Ein-Bildung und Einkörperung in Christus. Und: hier handelt es sich keinesfalls um einen Prozess der *Selbstreflexion.* Der sterbende Mensch braucht starke Bilder und Sprüche, durchschlagende Worte aus der Heiligen Schrift, um sich gegenüber der zerstörerischen Macht der auf ihn einflutenden Bilder erwehren zu können. Er braucht das starke Bild des Gekreuzigten, in dem alle seine Gedanken und Ängste und selbst der Tod aufgesogen und verschlungen werden. Man kann sich dies psychodynamisch im Sinne der Macht von »Imagines«, inneren Bildern, der Ersetzung von zerstörerischen durch heilsame *innere Objekte* übersetzen[26], oder man kann der Eigenlogik der von Luther gewählten religiösen Sprachebene folgen und bei der Rede von Ein-Bildung, Einkörperung, Einleibung bleiben.

Wichtig erscheint mir in jedem Falle wahrzunehmen, dass Luther die hier nachvollzogene Doppelbewegung keinesfalls auf die Sterbeszene eingrenzen will. Sie durchzieht sein gesamtes Nachdenken über das Leben und Sterben des Christenmenschen. Ich gebe einige markante Beispiele: In der für Wittenberg und den Fortgang der Reformation besonders brisanten Situation, in der Luther in der Fastenzeit 1523 von der Wartburg zurückkehrt, beginnt er seine erste Predigt am Sonntag Invocavit mit der Sterbeszene: »Wir sind alle zum Tode gefordert und wird keiner für den anderen sterben, sondern ein jeglicher in eigner Person muß geharnischt und gerüstet

25. Ebd., 69.
26. Vgl. z. B. D. Winnicott, Reifungsprozesse und fördernde Umwelt. Studien zur Theorie der emotionalen Entwicklung, Frankfurt/M. 1993 (1965); in narzissmustheoretischer Perspektive: H. Kohut, Narzißmus. Eine Theorie der psychoanalytischen Behandlung narzißtischer Persönlichkeitsstörungen, Frankfurt/M., 4. Aufl. 1983.

sein für sich selbst mit dem Teufel und Tode zu kämpfen.«[27] Wer hier allerdings einen Appell an Individualisierung oder gar an Selbstreflexion herausliest, hat über den ersten Absatz nicht hinausgelesen. Vielmehr finden wir wieder die geforderte doppelte Bewegung: Identifizierung, Dingfestmachen, Austreiben der Sünde und Ein-Bildung und Ein-Körperung in Christus durch Glauben. »Also, wer an ihn glaubt, soll der Sünde frei sein und ein Kind Gottes ...«[28]; und zweitens die Voraussetzung, dass diese zweifache Bewegung aus eigenem Willen oder eigener Reflexion nicht zu erreichen ist: »Hierin müssen wir einen hellen klaren Spruch haben aus der Schrift, darauf wir gegründet sein müssen ...«[29]. Wir finden die gleichen Argumentationsmuster in Luthers Freiheitsschrift, in seiner Auseinandersetzung mit Erasmus um den freien bzw. unfreien Willen; und auch in dem im Kleinen Katechismus beigegebenen Taufbüchlein.
In der zweifachen Bewegung von Ausstoßung heilloser und Einkörperung in heilsame Macht und Gestalt zeigt sich, so denke ich, im Zentrum die oft notierte Köperbezogenheit von Luthers theologischem Nachdenken; die zweifache Bewegung ist bei ihm ebenso wenig als Bewusstseinsleistung der Selbstreflexion des menschlichen Subjekts gedacht, wie dies für die körperlichen Austossungs- und Einverleibungsvorgänge beispielsweise des Atmens und des Nahrungs-Stoffwechsels angemessen wäre. Ich finde in dieser Verortung von Luthers Unterscheidung von Gesetz und Evangelium, nebenbei bemerkt, auch eine Möglichkeit, diese zentrale theologische Denkbewegung zu rezipieren, ohne ihre antijudaistische Konnotation zugleich übernehmen zu müssen.
Es handelt sich hier *nicht* um eine archaische Vorstellung von *Reinheit*[30], deren Bereich dadurch gesichert würde, dass das Böse

27. Zit. nach: Luthers Werke für das christliche Haus, hg. v. W. Kawerau u. a., Erste Folge: Reformatorische Schriften. Braunschweig 1889, 320. J. Cornelius-Bundschuh hat das Wort-Verständnis, das in Luthers Invocavit-Predigten wirksam wird, umfassend für die heutige homiletische Arbeit wirksam gemacht: J. Cornelius-Bundschuh, Die Kirche des Wortes. Zum evangelischen Predigt- und Gemeindeverständis, APT Band 39, Göttingen 2001.
28. Ebd., 321.
29. Ebd., 320.
30. Vgl. zum folgenden: P. Ricoeur, Symbolik des Bösen. Phänomenologie der Schuld II, Freiburg/München 1971, 13 ff.

wie eine *Befleckung* abgewaschen, als schlechte Energie ausfließen oder als böse Macht-Gestalt verstoßen würde. Das *Heilige* ist nicht nach dem Modell der Reinheit, sondern nach dem der *Beziehung* bzw. ihrer Steigerung in der *Einkörperung* bestimmt, und auch die Gegen-Macht des Bösen (der »Teufel«) ist nicht aus der Vorstellung von Beschmutzung/Befleckung, sondern wiederum einer *Sozialität* erwachsen: als Einbindung in die Gegen-Gemeinschaft des »Reiches dieser Welt«. Eine weitere, entscheidende Differenz zu archaischen Reinheitsvorstellungen: der Mensch *als ganzer* gilt als Sünder, in seiner Innerlichkeit, seiner Vernunft ebenso wie in seiner Triebhaftigkeit und seinen äußeren Handlungen; die Umwandlung, die ihm durch die Einkörperung in die Sozialität des Leibes Christi wiederfährt, ist als Sterben und Neu-Geborenwerden gedacht – wobei auch der gerechtfertigte Mensch, solange nicht Gott alles in allem ist, Sünder *bleibt*.
Für meine Überlegungen – was heißt »trauern«, und wie können wir als Christenmenschen angemessen mit Sterben und Tod umgehen? – ist mir jetzt dies wichtig: es ist eine Analogie festzustellen zwischen der Weise, wie sich Luther über die *Taufe* äußerst – in Aufnahme paulinischer und altkirchlicher Tradition als Sterben und Auferstehen, Absage/Austreibung der Macht des Teufels und Einkörperung in Christus –, und der Weise, wie er im »Sermon von der Bereitung zum Sterben« von *Sterben, Tod und Leben* spricht. Ähnliche Denkbewegungen finden sich immer wieder, wenn er sich zur Frage äußert: was macht das Leben eines Christenmenschen vor seinem Sterben aus? Die symbolischen und sozialen Ordnungen des Sterbens und Lebens, in die Christenmenschen eingebunden sind, sind *andere* als die biologische Ordnung. Oder, anders formuliert: Christen leben im Glauben in einer Wirklichkeit, die durch die biologische Lebensgrenze nicht abgebrochen wird. Das kann im Sinne Luthers nicht als Verniedlichung oder Verleugnung des biologischen Todes verstanden werden; wie ernst er die biologische Grenze zwischen Leben und Tod nimmt, zeigen seine Sensibilität für die Angst-Bilder von Sterbenden, aber auch beispielsweise seine Überlegungen dazu, was Menschen in der Übergangssituation des Sterbens alles regeln müssen, um ihren Angehörigen das Weiterleben ohne zerstörerische innere und äußere Konflikte zu erleichtern.
Reziprozität mit Verstorbenen in Alltagskommunikationen – abgesehen von Ausnahmen, die nicht pathologisiert werden dürfen –

ist in der Regel *nicht* möglich. Vor dem Hintergrund der vorgetragenen Überlegungen ist sie in der *Traumzeit* des Rituals, in der Liturgie des Gottesdienstes im *Namen des Vaters, des Sohnes und des Heiligen Geistes* möglich. Wie dies zu denken ist, übersteigt unsere Vorstellungskraft, hat aber in der Religions- und Kirchengeschichte die verschiedensten Ausprägungen erfahren; Luther selbst hat offenbar solche Traditionen positiv rezipiert, die mit einem schlafähnlichen Zustand der Toten rechnen[31], während er gegenüber volkskulturellen Mythen und auch gegenüber den bis heute in der katholischen Kirche geltenden Fegefeuer-Vorstellungen sich ablehnend verhalten hat.
Für das *Handeln* von Pfarrern und Pfarreinnen in der kirchlichen Bestattung halte ich es als ersten Aspekt fest: Segenshandlungen und Sprachgesten, die sich direkt an die Verstorbenen richten, sind angemessen und nötig – nicht nur mit Blick auf die Gefühle der Trauernden gegenüber den Toten, sondern als Ausdruck der *im Raum des Gottesdienstes* präsenten Reziprozität mit den Verstorbenen. Ich finde es aus diesem Grunde auch schlecht, dass in der überarbeiteten VELKD-Agende zur Bestattung das gemeinsame Abendmahl und Glaubensbekenntnis in Anwesenheit des Verstorbenen aus der Vorgänger-Agende nicht übernommen worden ist.

31. Z. B. M. Luther, Zwei Predigten über 1. Thessalonicher 4,13–18, bei Kurfürst Johannes zu Sachsen Leichenbestattung gehalten zu Wittenberg, anno 1532. Hier zitiert nach: Luthers Werke für das christliche Haus, hg. v. W. Kawerau u. a., Fünfter Band: Predigten und erbauliche Schriften, Braunschweig 1891, 54–82.

3. Der befreiende Tausch und der Tod des Todes
Überlegungen zu Passion und Auferstehung

Meditation II

Passionsmeditation zu Markus 15,6–20[1]

Seit Montag weht ein anderer Wind durch die Stadt. Der Sturm der Begeisterung, der Jubel und die Hosianna-Rufe sind vorbei. Die vor Begeisterung hochgerissenen Arme sind jetzt die ausgestreckten Finger, die auf den König der Ehren zeigen: Kreuzigt ihn!

Die Schreie gellen durch die Stadt, sie füllen die Straßen und Gassen. Sie dringen durch jedes Fenster in alle Wohnungen, und sie dringen hinunter bis in die dunkle Zelle des Stadtgefängnisses.

Dort sitzt ein Mann. Er hat den Kopf in die Hände gestützt und brütet dumpf vor sich hin. Auch er hört die Menge rufen: »Kreuzigt ihn!« Er denkt: Das gilt jetzt mir.

Gerade gestern hat ihn der Richter zum Tode verurteilt. Die Anklage lautet auf Aufruhr und Mord. Er hat sich am Aufstand des Volkes gegen die römische Fremdherrschaft beteiligt. Es hat Tote gegeben. Dafür soll er jetzt mit dem eigenen Leben büßen.

Der Mann in der Zelle denkt noch einmal über alles nach. Ringsum die dicken Mauern; die Schreie der Leute dringen nur noch dumpf und undeutlich durch. Er wartet auf seinen baldigen Tod.

Plötzlich ein Geräusch. Schlüsselklirren und Schritte. Das wars, denkt der Mann, jetzt ist es soweit. Die Angst ist wieder da. Der Gaumen ist ganz ausgetrocknet, wie voller Scherben. Jetzt holen sie mich, denkt er. Die schwere Eisentür bewegt sich, ein paar Soldaten kommen herein. »Bist du Barrabas«? – Der Mann nickt wortlos. »Befehl vom Richter: Du bist frei. Man hat einen anderen genommen.«

1. Der Text wurde als Predigt Palmarum 1998 in Bottrop-Kirchhellen und Grafenwald gehalten. Es handelt sich in manchen Passagen, die ich im einzelnen nicht mehr rekonstruieren kann, um ein Plagiat: mir ist beim Verfertigen der Predigt ein Text in Erinnerung gewesen, den ich gelesen oder gehört habe, ohne dies im einzelnen noch behalten zu haben. Wie man aus homiletischer Literatur wissen kann, ist das ein einigermaßen geläufiger Vorgang.

Es ist totenstill, der Mann sitzt bewegungslos. Ihm ist, als hätte man ihn vor den Kopf geschlagen. »Nun mach schon! Pack deine Siebensachen, und dann mach, dass du hier rauskommst.« Die Soldaten stoßen ihn aus dem Gefängnis. Taumelnd vor Glück und Unbegreiflichkeit stolpert er die Treppe hinauf. Hinter ihm fällt die Gefängnistür ins Schloss. Er ist frei. Langsam atmet er die milde Sonne ein. Es ist Frühling. Das Passafest steht vor der Tür.

Es dauert nicht lange, da hat ihn die Menge draußen verschluckt. Jemand packt ihn am Arm. »Komm schon, das kannst du dir nicht entgehen lassen.« – »Was denn?« – »Na, dieser Jesus. Jetzt machen sie endlich Schluss mit diesem Unfug. Er hat ja auch lange genug Narrenfreiheit gehabt, dieser König der Juden.«

Barrabas lässt sich mitziehen. Ringsum das Schreien der Menge. Ihre Wut hat ein neues Opfer gefunden. Barrabas ist schon vergessen. »Kreuzigt ihn!« schreien sie. Jetzt ist dieser sonderbare Handwerker aus Nazareth das Opfer, von dem das Gerücht geht, er sei der Sohn Gottes. Barrabas hat mit solchen Phantasien nicht viel anfangen können.

Und jetzt sieht er diesen Jesus ganz dicht vor sich. Er wird aus dem römischen Palast herausgebracht und der Menge vorgeführt. Schlimm zugerichtet haben sie ihn. Er ist wohl misshandelt worden. Das Gesicht ist überall mit Blut beschmiert, und eine Dornenkrone haben sie ihm in den Kopf hineingedrückt. Der römische Befehlshaber wendet sich an die Menge: »Seht ihr irgendeine Schuld an ihm?« – Aber die Leute toben. »Kreuzigt ihn!«

Mit einem Mal versinken die johlenden Menschen ringsum für Barrabas. Mitten in der Menge ist er plötzlich allein. Wie gebannt starrt er auf den misshandelten Menschen, auf diesen Jesus, dem er selbst sein Leben verdankt. Ein Mensch, erschöpft und elend, gefoltert und schon vom Tod gezeichnet, dem er nicht entgehen wird. Ein Bild des Jammers und der Verachtung.

Und in diesem Augenblick fällt dem Barrabas eine Stelle aus der Heiligen Schrift ein. Ganz früher, als er noch Kind war, hat er sie bei einem Rabbi in der Synagoge gelernt. Er hatte den alten Text schon fast vergessen.

»Er hatte keine Gestalt und keine Schönheit. Wir sahen ihn, aber da war keine Gestalt, die uns gefallen hätte. Er war völlig verachtet und nichts wert, voller Schmerzen und Krankheit. Er war so verachtet, dass man das Gesicht vor ihm verborgen hat, darum haben wir ihn nicht geachtet. – Fürwahr, er trug unsere Krankheit und lud auf sich unsere

Schmerzen. Wir aber meinten, dass er von Gott geplagt und geschlagen und gemartert würde. Aber er wurde um unserer Missetat willen verwundet und um unserer Sünde willen zerschlagen. Die Strafe liegt auf ihm, auf dass wir Frieden hätten, und durch seine Wunden sind wir geheilt. Wir gingen alle in die Irre wie Schafe, ein jeglicher sah auf seinen Weg; aber der Herr warf unser aller Sünden auf ihn.«
Barrabas erinnert sich. Das sind ein paar Verse aus dem Buch des Propheten Jesaja. Als Barrabas klein war und diese dunklen Worte lernen musste, hat er ihren Sinn eigentlich nie so richtig begriffen.
Aber jetzt, als er diesen geschlagenen und gequälten Mann vor sich sieht, diesen Jesus, Handwerker aus Nazareth, auf dem Weg zur Hinrichtung: da bekommen diese Worte plötzlich eine Bedeutung für ihn. Bisher ging ihm das an der Nase vorbei, aber plötzlich trifft es ihn ins Herz. Ja, so ist es. Dieser da trägt meine Krankheit und meine Schmerzen. Ich bin in Freiheit, weil er gefesselt ist. Ich habe das Leben geschenkt bekommen, weil er für mich in den Tod geht.
Mitten in dieser schreienden Menge trifft es den Barrabas wie ein Schlag, so dass es sein Leben verändert. Dass Jesus gekreuzigt wird und stirbt, bedeutet für mich Leben und Befreiung. In diesem Moment ist Barrabas wahrscheinlich der einzige in dieser riesigen Menschenmenge gewesen, den das getroffen hat. Später, nachdem sich zuerst auch seine Freunde in Angst und Schrecken zurückgezogen haben, wird Jesus als Auferstandener den Verängstigten begegnen, und dann wird bei immer mehr Menschen die Verzweiflung weg sein. Was jetzt Barrabas erfährt, wird zum Glaubensbekenntnis der Christen: Weil Jesus am Kreuz stirbt, sind wir von der Macht des Todes befreit.

3.1 Der befreiende Tausch

Das Nachdenken über Sterben und Tod ist in christlicher Perspektive auf den Erzählzusammenhang von *Passion und Auferstehung Jesu Christi* verwiesen. Als Christenmenschen, als Pfarrer und Pfarrerinnen, als Religionslehrer und Religionslehrerinnen sind wir nicht irgendeiner, sondern der biblischen Erzähltradition verpflichtet. Weiter-Erzählen heißt aber niemals: unverändert wiedergeben. Anders, als dies im theologischen Nachdenken über diese Fragen lange gefordert wurde und programmatisch in der jüngeren Geschichte vor allem in der Tradition der »dialektischen Theologie« für die Predigtarbeit wirksam wurde, wird im heutigen praktisch-theologischen Gesprächszusammenhang *eine* unhintergehbare Tatsache zumeist auch *als Chance* angesehen: Immer geht in das Weiter-Erzählen der biblischen Erzählung auch das individuelle Lebensgefühl der Prediger/innen und Hörer/innen, gehen die Themen und Konflikte des lebensweltlichen und gesellschaftlichen Kontextes mit ein.

Dies gilt nicht nur, wenn Meditationen, Predigten oder Andachten gehalten werden. Dies gilt auch und erst recht für theoretische theologische Reflexionen – auch für die, die jetzt folgt. In der zweitausendjährigen Christentumsgeschichte ist mehr über Passion und Auferstehung nachgedacht worden, als dies jemals zusammenfassend wahrgenommen und gewürdigt werden könnte. In den folgenden Abschnitten wird eine spezifische Perspektive auf diese zentralen, den christlichen Glauben begründenden Erzählzusammenhänge entwickelt. Eklektizismus ist in diesen Dingen sachgemäß. Ein Blick auf alles ist unmöglich. Nötig ist, die Begrenztheit des eigenen Blicks wahrzunehmen; dies gilt allerdings für alle, die sich hier äußern.

Reflexionen, die durch eine Meditation oder eine Predigt angestoßen werden, sollen nicht die »Moral der Geschichte« mitteilen. Besonders misslungen sind Selbstinterpretationen, vor allem dann, wenn dies im Vollzug der Meditation oder der Predigt selbst geschieht. Vor allem deshalb, weil dann ihren Hörern und Hörerinnen nichts zugetraut wird. Die sind nicht blöd, sie werden sich ihre eigenen Gedanken machen, und das Wortgewitter einer Predigt oder einer Meditation wird irgendwo einschlagen, wo es zu einer

Resonanz mit eigenen Gefühlen und Überlegungen kommt – oder wenn gerade mit Macht Gefühle und Gedanken durchbrochen werden, die als Mauer gegen Verunsicherung und Wall gegen neue Lebensorientierungen aufgerichtet worden sind.
Sondern es geht darum, im Anschluss an den Text einige Überlegungen zu notieren, die im Fluss des Schreibens und Hörens angestoßen worden sind. Das zentrale Stichwort, das mir in den Sinn kommt, ist *Tausch, Austausch,* und zwar in einer spezifischen Gestalt: als Austausch zwischen Leben und Tod. Dass einer sein Leben für andere dahingibt, ist als politische Opfer-Ideologie in vielen Kriegen missbraucht worden.[2] Allein dies zeigt die politische und theologische Brisanz dieses Vorstellungszusammenhangs.
Gerade in jüngerer Zeit haben feministische Theologinnen und auch Theologen immer wieder deutlich gemacht, dass Sühne- und Opfervorstellungen, wie sie insbesondere in der Kreuzestheologie vorkommen und in den reformatorischen Bekenntnisschriften, aber auch beispielsweise in Passionsliedern und -predigten bis in unserer Tage die strukturierende Vorstellung bilden, höchst problematisch wirken können – insbesondere dann, wenn das Opfer Jesu Christi im Sinne einer *Vorbild-Christologie* wirksam wird und Menschen – insbesondere Frauen – daran hindert, eigene Lebendigkeit, eigene Lebensperspektiven und -interessen zur Geltung zu bringen – oder auch für sie zerstörerische Verhältnisse zu verlassen oder zu verändern. Ulrike Eichler hat diese Perspektive eindringlich formuliert: »Um sich den moralischen Status des Opfers bewahren zu können, haben diejenigen, die die Würde dieser Zuschreibung tragen dürfen, deshalb einen hohen Preis zu zahlen. Sie müssen ganz und gar schuldlos und makellos sein und bleiben ... Doch mit dem Anspruch der Schuldlosigkeit, mit dem Verbot, selbst Täterin sein zu dürfen, sind gerade diejenigen Kräfte gebannt, die zu einem selbstbestimmten Leben führen können. Denn ein Leben, in dem es auch um Selbstverwirklichung, in dem es auch darum geht, Subjekt meines Lebens zu sein, kann nicht schuldlos bleiben. Das ist gerade theologisch sonnenklar. So aber verhindert derselbe Opferbegriff, der die Kräfte zur Befreiung in

2. Vgl. in diesem Zusammenhang: H.-M. Gutmann, Die tödlichen Spiele der Erwachsenen. Moderne Opfermythen in Religion, Politik und Kultur, Freiburg/Br. 1995.

sich birgt, die Möglichkeit, ein selbstbestimmtes Leben zu ergreifen. Er bannt Frauen exakt in die klassischen weiblichen Rollenfixierungen, die immer auch das Verbot beinhalten, Subjekt, und das heißt auch, Täterin meines Lebens zu sein. Zu diesem Verbot gehört auch, in Widersprüchen, eben ›im Zwielicht‹ leben zu dürfen. Gerade das *Selbstopfer* – sei es das des Sohnes Jesus, sei es das Gottes, des Vaters, der trinitarisch mit dem Sohn so eng zusammengesehen wird, dass das, was sein Sohn erleidet, auch ihm geschieht – verliert vor diesem Hintergrund seine Harmlosigkeit. Erst recht dann, wenn der Gedanke des Selbstopfers Jesu bzw. Gottes mit dem christlicher Nachfolge in Gestalt meines Selbstopfers, meiner Selbsthingabe für andere gekoppelt wird, entsteht das ethische Bild, das bestehende Rollenklischees stabilisiert und diffuse moralische Skrupel von Frauen verstärkt.«[3]
Es ist die klassische Vorbild-Christologie, die Ulrike Eichler als theologischen Gedankenzusammenhang vorführt und auf ihre problematischen, ja zerstörerischen Wirkungen auf die Lebenskonzeption von Frauen hin befragt. Ich verstehe die Kritik feministischer Theologinnen an Opfer-Vorstellungen in der Deutung des Kreuzestodes Jesu so: Wenn Jesus als Opfer zur Befriedung des Zornes Gottes, als gehorsamer Sohn oder als Lamm dargestellt wird, das freiwillig und gern sein Leben opfert – in Texten der Bibel, in Gebeten und Gesangbüchern, aber auch in der Liturgie des Gottesdienstes und hier vor allem im Abendmahl –, und wenn diese Opfer-Haltung als *Vorbild* für menschliche Lebenspraxen vorgestellt wird, dann kann dies Opfer-Verhältnisse in der Gesellschaft und insbesondere in intimen Beziehungen bestärken. Religiöse Vorbilder können die inneren Bilder von Menschen formen, bisweilen besetzen. Opfer im alltagssprachlichen Sinne kann beispielsweise heißen: ich gebe dauerhaft mehr, als ich wiederbekomme. Unter den Bedingungen der gesellschaftlichen Ausdifferenzierung von Erwerbsarbeit und Reproduktionsarbeit können auf diese Weise Lebenshaltungen von Frauen zementiert werden, eigene Lebensperspektiven für den gemeinsamen Lebenszusam-

3. U. Eichler, Weil der geopferte Mensch nichts ergibt. Zur christlichen Idealisierung weiblicher Opferexistenz, in: dies./I. Müllner (Hg.), Sexuelle Gewalt gegen Mädchen und Frauen als Thema der feministischen Theologie, Gütersloh 1999, 130.

menhang aufzugeben werden. Sie können in ihrer Möglichkeit behindert werden, Subjekt ihres eigenen Lebens zu sein.

Ich denke allerdings auch, dass es für solidarische und insbesondere intime Beziehungen schlicht nötig ist, dass ich bereit bin, mehr dafür zu geben, als ich – zumindest aktuell – wiederbekomme. Schon eine Haltung, in der einer immer nachprüft, ob die Rechnung zwischen eigener Investition und eigenem Vorteil stimmt, würde intime und solidarische Beziehungen *als* solidarische Beziehungen zerstören. Die Opfer-Haltung des Mehr-Gebens, ja des Sich-Aufgebens wird dann und dadurch problematisch, dass die Rollen zwischen denen, die geben, und denen, die annehmen, historisch und aktuell dauerhaft ungleich verteilt werden. Immer wieder verbindet sich der Gabe-Mechanismus des Opfers in intimen Beziehungen mit dem Gewalt-Mechanismus: Frauen und Kinder werden zu Opfern sexueller Gewalt.

Durch eine Vorbild-Christologie kann Jesus zum *Vorbild* einer Lebenshaltung geraten, nicht auf sich selbst zu achten, eigene Lebensperspektiven aufzugeben und das eigene Leben in »Arbeit aus Liebe« oder sogar in sexuellen Gewaltverhältnissen dahinzugeben. Ich teile die Kritik von feministischen Theologinnen in dem Maße und an den Verhältnissen, in denen genau dies geschieht: wenn Jesus zum Vorbild gemacht wird, zerstörerische Opferbeziehungen und die eigene Rolle darin zu akzeptieren. Ich bestreite nicht, dass das immer wieder vorkommt und dass es die Aufgabe von Theologen und Theologinnen – Männern und Frauen – ist, darauf zu achten und solche Verhältnisse aufzudecken und beenden zu helfen. Ich bin allerdings der Meinung, dass gesellschaftliche Opfer-Beziehungen in der Regel ohne Begründung im Vorbild Jesu funktionieren.

Und vor allem denke ich, dass in diesem Zusammenhang ein theologisches Problem gründlicher bedacht werden muss, als dies in der Ablehnung der Rede vom »Opfer« im Zusammenhang mit dem Kreuz Christi oft geschieht.[4] Dass dieses Opfer im Sinne eines

4. Vgl. in diesem Zusammenhang vor allem auch die Beiträge in: C. Janssen/B. Joswig (Hg.), Erinnern und aufstehen – antworten auf Kreuzestheologien, Mainz 2000; hier insbesondere R. Strobel, Opfer oder Zeichen des Widerstandes? Kritische Blicke auf problematische Interpretationen der Kreuzigung Jesu, ebd., 68 ff.

»Vorbildes« für die Glaubenden wirksam werden soll, ist nämlich nur die eine und nicht die erste Seite. Die Verkürzung auf die Wirkung Jesu Christi als Vorbild könnte eine Lebens- und Glaubenshaltung fördern, die in schlechtem Sinne »gesetzlich« wirksam wird. Dies ist jedenfalls die Meinung Martin Luthers in diesen Dingen.

Man könnte sogar sagen: In der Kritik an der Reduzierung christologischer Vorstellungen auf das *Vorbild* Jesu für die Nachfolge der Glaubenden treffen sich heutige Kritiker und Kritikerinnen selber, oft ohne dass sie dies zum Thema machen, mit wichtigen Stellungnahmen aus den Ursprüngen der reformatorischen Theologie. Martin Luther beispielsweise hat immer wieder betont, dass Jesus Christus nicht nur als »exemplum«, also als Vorbild für christliche Lebensgestalt wirksam wird – eine solche Verkürzung würde eine Reduktion des christlichen Glaubens auf rechtes Handeln bewirken, ein Vorstellungszusammenhang, der unter dem Namen »Werkgerechtigkeit« wirksam geworden ist. Sondern, so Luther in der Tradition des Augustinus: die eigentliche Wirkung des Kreuzestodes Jesu Christi auf die Glaubenden ist mit dem Namen »sacramentum« bezeichnet.[5]

In diesem Wort schwingen Bedeutungen mit, die starke Anklänge an Lebensvollzüge intensivster *Intimität* haben: es geht um die Einverleibung, um die Einkörperung des Christenmenschen in den Leib Christi – genauso wie er umgekehrt im Abendmahl den Leib

5. Vgl. z. B.: WABr 1, 35, 24–34; WA 4, 624- 29–31; WA 1, 309, 12 ff.; WA 5, 253, 10 ff.; WA 18, 685, 10 ff.; in verschiedenen Predigten – z. B. WA 10/3, 100, 23 ff.; 356,21 ff.; und die Predigt am Gründonnerstag 1523, WA 12, 486, 8 ff.: »Siehe, so wirst du denn ein Kuchen mit Christo, dass wir treten mit ihm in eine Gemeinschaft seiner Güter, und er in eine Gemeinschaft unserer Güter. So flieht sie denn ineinander, dass seine Gerechtigkeit mein wird, meine Ungerechtigkeit sein ... Du bist jetzt schon im Paradies und bist selig ...«. Das Verhältnis von Sacramentum und Exemplum bestimmt Luther näher als »zweifachen Gerechtigkeit« in WA 2, 145, 18 ff.; 147,27: Der fröhliche Wechsel begründet eine Ehe zwischen Christus und dem Menschen. Die Frucht dieser Ehe ist die *erste* Gerechtigkeit. Braut und Bräutigam tauschen ihre Güter. Die zweite Gerechtigkeit fließt aus der ersten, durch sie spricht nunmehr die Braut zum Bräutigam: dein bin ich. »Secunda iusticia est nostra et propria, non quod nos soli operemur eam, ses quod cooperemur illi primae et alienae« (WA 2, 146, 36 f.).

Christi zu sich nimmt. *Und* es geht um den Austausch von Gaben – wie Luther in seiner Freiheitsschrift von 1520 formuliert: wie zwischen Braut und Bräutigam.[6]

Wenn vom Opfer Jesu Christ als »Sacramentum« gesprochen wird, dann geht es um meine ganzheitliche Einbeziehung in ein Geschehen, mit einer Intensität, dass man von einer Einverleibung sprechen muss. Und dieses Geschehen ist, das vor allem hat Martin Luther herausgearbeitet, ein *Austausch* zwischen Gerechtigkeit und Sünde, aber auch ein Austausch zwischen Leben und Tod. Luther war übrigens mit vielen Theologen in der Geschichte der Kirche darin einig, dass dieser Austausch zwischen Leben und Tod in Jesus Christus selbst sein Zentrum findet: weil er wahrer Mensch und wahrer Gott ist, wird im Austausch, in der Kommunikation zwischen Mensch-Sein und Gott-Sein in der Person Christi, der Tod selber verschlungen. Weil das Leben in Gott in einer solchen Überfülle, in einer solchen Macht da ist, wird der Tod gewissermaßen verschluckt, aufgesaugt, verbrannt – oder welche Bilder für diesen für die Vernunft eines Menschenkindes eigentlich unausdenklichen und unaussprechlichen Prozess angemessen sein können.[7]

Es geht um einen Austausch von Leben und Tod, und es geht zugleich – in der Beziehung zwischen Jesus Christus und den Menschen, die an ihn glauben – um einen Austausch zwischen Gerechtigkeit und Sünde. Man muss sich dies als einen ähnlich ungleichen Austausch vorstellen wie den, in dem Leben und Tod ausgetauscht werden: weil in Jesus Christus die Gerechtigkeit, also die ungetrennte und innige Beziehung mit Gott und seinem Willen in einer solch überfließenden Macht da ist, wird im Glauben die Sünde des Menschen nicht nur gegen diese Gerechtigkeit ausgetauscht – der Mensch gibt seine Sünde an Jesus Christus, Jesus

6. M. Luther, Traktat von der christlichen Freiheit, WA 7,54.
7. »Cum enim Christus sit deus et homo eaque persona, quae nec peccavit nec moritur nec damnatur, sed nec peccare, mori, damnari potest. Eiusque iustitia, vita, salus insuperabilis, aeterna, omnipotens est. Cum, inquam, talis persona peccata, mortem, infernum sponsae et propter annulum fidei sibi communia, immo propria facit et in iis non aliter se habet quam si sua essent ipseque peccasset, laborans, moriens et ad infernum descendens, ut omnia superaret, peccatumque, mors et infernus eum absorbere non possent, necessario in ipso absorpta sunt stupendo duello« WA 7, 5, 8 ff.

Christus gibt seine Gerechtigkeit –, sondern die Sünde wird verschlungen, wird verbannt und verbrannt, verfemt und zunichte gemacht; wieder sind es sprachliche Bilder, die bestenfalls annähernd an die Macht und Wirklichkeit dieses Geschehens heranreichen.

Es ist ganz auffällig: Wenn Luther vom Opfer Jesu Christi nicht als *Vorbild* für den Glauben redet – damals konnten die gebildeten Leute alle Latein, und man redete gebildeter nicht von »Vorbild«, sondern von »exemplum« – , sondern wenn er von diesem Opfer als »sacramentum« spricht, im Sinne von Einverleibung des Menschen in Jesus Christus und im Sinne des Austauschs von Gaben in dieser völlig intimen Beziehung, dann geschieht dies in einer *symbolischen* Form: menschliche Intimitätsbeziehungen werden angespielt, um erfassbar und erfühlbar zu machen, was hier geschieht. Luther beschreibt im »Traktat von der christlichen Freiheit«[8] das Wesen der christlichen Freiheit als Freiheit des »inneren Menschen« mit dem Bild einer Hochzeit: Die Gnade des Glaubens »besteht darin, dass er die Seele mit Christus verbindet wie die Braut mit dem Bräutigam«. Welche Beziehungsaspekte beinhaltet diese Intimitätsvorstellung? Christus und die Seele werden »zu einem Fleisch« – dadurch, dass der Glaube als Mittler in die Beziehung eintritt, kommt es zu einem Austausch, der als Gabentausch charakterisiert werden muss: »So kommt es, dass Christus Sünde, Tod und Hölle gehören, der Seele aber Gnade, Leben und Heil«. Luther spricht in der Charakterisierung dieser Beziehung von »fröhlichem Wechsel und Streit«.[9]

8. WA 7, 49 ff., hier zit. nach: H. Beintker (Hg.), Die reformatorischen Grundschriften in vier Bänden, Band 4, Darmstadt 1983, 18.19.26 ff.33 f.
9. M. Mauss, a. a. O., 1975, (1924), 27, unterscheidet im System des Gabentausches *dieser* Dimensionen: – die Verpflichtung, empfangene Geschenke zu erwidern; die Verpflichtung, Geschenke zu machen; – die Verpflichtung, Geschenke anzunehmen. Natur und Götter sind in ursprünglichen Gesellschaften in dieses System einbezogen. – Bedeutsam erscheint nicht allein, dass Luther in den christologischen Passagen der Freiheitsschrift eine Gabentauschstruktur voraussetzt, sondern dass *sie in symbolisierter Form gedacht ist und nicht mehr an äußere Handlungen* (Opfer und Substitute bis hin zur Ablasszahlungen) *gebunden*. Dies ist ohne die kulturgeschichtliche Entwicklung zur Internalisierung von Affektsteuerung nicht verstehbar. Vgl. N. Elias, a. a. O.

Gabe und Gegengabe in diesem »fröhlichen Wechsel« beinhalten einen Positionswechsel und den Austausch von Zurechnungen (Gerechtigkeit gegen Sünde), bewirkt durch eine deutliche und machtvolle Zusage: Christus spricht den Sünder *als Sünder* frei. Der Mensch *bleibt,* wer er ist, und ist zugleich als neuer Mensch neu geworden: Er ist simul iustus et peccator. Und der gerechtgesprochene Sünder wird zwanglos das Gesetz im Sinne der je existierenden normativen Regelsysteme akzeptieren: er wird, wie Luther in der Freiheitsschrift formuliert, »den Leib regieren« und »mit den Leuten umgehen«.[10]

Die Symboltradition des *Opfers als Gabe* ist in der ganzen Bibel, im Ersten und im Zweiten Testament, ebenso zentral wie in der reformatorischen Theologie. Ich finde es nicht richtig, den symbolischen Reichtum der jüdisch-christlichen Tradition zu entwerten oder auszudünnen, wenn einzelne Elemente mit dem aktuellen Lebensgefühl nicht übereinstimmen. Das gilt für das Lesen in der Bibel, für die Gestalt des Gottesdienstes, für Bekenntnisse, Rituale und Symbole der Kirche. Dabei werden immer wieder auch Erzählgestalten, Symbole und Ritualelemente begegnen, die für das aktuelle Lebensgefühl problematisch werden. Das Opfer gehört sicher dazu. Aber es gibt schlechterdings kein nicht-ambivalentes Symbol. Die Probleme sind m.E. nicht durch Abschaffung problematischer Symbole zu lösen, sondern durch ihre Auslegung und Kritik, wenn nötig auch ihre Modifikation *im* Weitererzählen und -feiern. Symbole geben zu denken[11]; dieses Gefälle lässt sich nicht umkehren.

Kurz: ich denke, man muss in der theologischen Bewertung von Gabe- und Opfervorstellungen aus der biblischen und theologischen Tradition zuerst genau hinsehen, was gemeint ist. In diesen Vorstellungszusammenhängen müssen Dimensionen aufgespürt und benannt werden, die selbst bei genauem Hinsehen für das heutige Lebensgefühl problematisch *bleiben* und auch in ihrem ursprünglichen Kontext höchst problematisch *waren.* Hier

10. WA 7,60.
11. Vgl. P. Ricoeur hat diesen Gedanken immer wieder durchgeführt; für den Vorstellungszusammenhang von Sünde und Schuld besonders eindringlich in: ders., Symbolik des Bösen. Phänomenologie der Schuld II, Freiburg/München 1971.

teile ich uneingeschränkt die Kritik von feministischen Theologinnen an den möglicherweise zerstörerischen Wirkungen einer Opfer-Christologie. Ich denke allerdings, dass dieses Problem nicht durch Ausscheidung des gesamten Vorstellungszusammenhangs vom Opfer umgangen werden kann. Noch einmal: Es gibt kein nicht-ambivalentes Symbol, und wer aus der symbolischen Ordnung alle Elemente ausscheiden wollte, die problematisch sind, würde in einer Art symbolischem Waschzwang enden.
Wahrzunehmen und anzunehmen ist jedenfalls, dass in der Bibel und im christlichen Gottesdienst vom »Opfer« keineswegs nur ablehnend und kritisch geredet wird, sondern manchmal ausdrücklich mit der Perspektive der Befreiung und Rettung – im Neuen Testament in der entscheidenden Zuspitzung, dass das Opfer Jesu Christi am Kreuz ein für allemal gilt: weitere Opfer sind unnötig und dürfen nicht mehr sein. Wahrzunehmen und anzunehmen ist aber auch die andere Seite in der Ambivalenz dieses Symbols: »Opfer« ist in der spätmodernen Gesellschaft ein problematischer, oft zerstörerischer Vorstellungs- und Handlungszusammenhang. Und für viele Menschen, nicht nur für feministische Theologinnen, ist es heute definitiv unplausibel, das Opfer-Symbol *nicht* zu destruieren. Den Hintergründen für diese Verstehensschwierigkeit gegenüber der Rede vom Opfer – nicht nur in der Feier des Abendmahls –, aber auch für seine Nicht-Ersetzbarkeit soll einige Schritte weit nachgegangen werden.

1. Über das Opfer in der Moderne. Neuzeitlich-moderne Gesellschaften kennen in der Regel die Institution des kultischen Opfers nicht. Eine reziproke, eine wechselseitige Beziehung zwischen dem Menschen und seiner Lebensumwelt in dem Sinne, dass der Mensch für all das, was er sich nimmt, auch etwas zurückgibt, hat in der bürgerlichen Zivilisation ihren Sinn verloren, seitdem die Götter, die Ahnen, die Tiere, die Pflanzen, der Boden nicht mehr als Subjekte gelten, denen gegenüber die Menschen sich im Prozess ihres Lebensvollzuges beständig verpflichten. Das bürgerliche Subjekt bestimmt sich nicht durch Verpflichtung, sondern durch Abgrenzung und Beherrschung gegenüber der äußeren wie der inneren Natur. Auch die großen christlichen Kirchen, gleich welcher Konfession, feiern keinen Gottesdienst, in dem Menschen, Tiere oder Pflanzen als Gegengabe an den Geber des Lebens dargebracht würden.

Das Verschwinden des kultischen Opfers ist nicht nur als geistesgeschichtliche Entwicklung verstehbar. Dies sicher auch: die *Reformation* des 16. Jahrhunderts hat einen ihrer Kernsätze in der Überzeugung gefunden, dass Menschen sich das Heil nicht »verdienen« und Gott durch ihre Gabe nicht verpflichten können. Im Zeitalter der *Aufklärung* des 17./18. Jahrhunderts wird die Opfer-Kritik massiv: Das »Opfer« steht für Heteronomie, Ausbeutung und Priesterbetrug.

Es hat in der Aufklärungszeit große Bemühungen gegeben, die Liturgie des protestantischen christlichen Gottesdienstes von jeder Erinnerung an eine »Opferfeier« zu reinigen.[12] Selbst der Ausdruck Gottes«dienst« wird für eine aufgeklärte Theologie anrüchig; vielmehr wird die »öffentliche Gottesverehrung« als Geschehen verstanden, in dem der mündige Mensch seiner sittlichen Verpflichtung innewird und seine Individualität wie seine Sozialität als in einer sittlichen Weltordnung begründet darstellt. In der sittlichen Durchdringung des Alltagslebens und in der Darstellung der Prinzipien dieses sittlichen Handelns soll jetzt das Ziel des Gottesdienstes liegen; vom kultischen Opfer als Möglichkeit der Gottesbegehung ist dieses Verständnis so weit entfernt wie die Erde vom Mond.

Aber geistesgeschichtliche, erst recht dogmatisch-theologische Gründe sind nicht so wirksam, dass sie allein zentrale, noch dazu rituell gestaltete Elemente religiösen Lebensvollzugs abschaffen könnten. Die theologisch-dogmatischen und geistesgeschichtlichen Tendenzen, die in Richtung einer Abschaffung der Opfer-Institution wirken, sind nicht mehr, aber auch nicht weniger als *ein* Aspekt der Figuration des »Zivilisationsprozesses« (Verinnerlichung der Affektkontrolle und Zentralisierung gesellschaftlicher Gewalt):[13] was Opfer-Ritual war, wird zum verinnerlichten Glauben an die rechtfertigende Wirkung des Kreuzestodes Jesu Christi für mich.

12. Vgl. z.B. A. Ehrensperger, Die Theorie des Gottesdienstes in der späten deutschen Aufklärung (1770–1815), Zürich 1971.
13. Vgl. N. Elias, Über den Prozeß der Zivilisation ..., 2 Bde., Frankfurt/M., 6. Aufl. 1978.

Die Erklärungskraft von Norbert Elias' Hypothese zum Zivilisationsprozess in der frühen Neuzeit Europas trifft zweifelsohne auch die Veränderungen in der Glaubensgestalt, wie sie in der Reformation des 16. Jahrhunderts wirksam wurden, und insbesondere macht sie auch die reformatorische Kritik an der Messe als Opfer-Feier aus einer nicht-theologischen Perspektive verständlich. Ich erinnere noch einmal an seine zentrale Überlegung: Elias sieht als Kehrseite von gesellschaftlichen Zentralisierungsprozessen Veränderungen in der Charakterstruktur der Individuen. Die Affektregulierung (libidinöser, aber auch vor allem aggressiver Antriebe) durch äußeren Zwang wird von der Affektregulierung durch den *Selbstzwang* der Individuen abgelöst. Der »Kriegsschauplatz« wird nach innen verlegt.[14] Diese Wahrnehmungen zur Veränderung von Mentalitäten helfen, die Frage beantworten zu können: Was für ein Mensch ist das, der nach reformatorisch-protestantischer Überzeugung das Entscheidende seiner Gottesbeziehung nicht mehr von äußeren Handlungsvollzügen – durch die Teilnahme am Sakrament, das »ex opere operato«, durch bloßen Vollzug wirksam ist –, sondern von *inneren Einstellungen und Operationen* abhängig sieht? Das Zentrum wird nach innen verlegt. Wo bisher das Opfer als Ritual begangen und gefeiert wurde, wird es jetzt als *Einstellung* wirksam: im Glauben daran, dass in Kreuz und Auferstehung Jesu Christi mein Tod gestorben, meine Sünde aufgehoben und mir das Leben geschenkt ist.

Die geistesgeschichtlich wirksame, in der Reformation des 16. und der Aufklärung des 17./18. Jahrhunderts noch einmal verstärkte Forderung nach einer Abschaffung des kultischen Opfers wird damit *auch* lesbar als Ausdruck langfristig wirksamer gesellschaftlicher und mentalitätsgeschichtlicher Wandlungsprozesse. Diese sind zugleich als Resonanz auf *ökonomische* Prozesse verstehbar. Die fundamentalen Veränderungen auf dem Weg vom Spätmittelalter zur Neuzeit gehen in Westeuropa mit einer ökonomischen Entwicklung einher, die in ihrer Radikalität nicht grundlegend genug eingeschätzt werden kann: nämlich mit der *Ausbreitung der Geldwirtschaft und der Warenöko-*

14. Ebd., Bd. 2, 322.

nomie.[15] Was Gabe war, verwandelt sich zur Ware. Die Vorstellung verliert radikal an Macht und Plausibilität, dass derjenige, der am meisten *gibt*, im gesellschaftlichen Verkehr die höchste Anerkennung verdient – ebenso wie die Vorstellung, andere durch meine Gabe zur Gegengabe verpflichten zu können. Das ökonomische Ziel einer Akkumulation von Wert konzentriert die ökonomische Tätigkeit aufs Nehmen, nicht aufs Geben. Auch und gerade unter diesen Bedingungen erscheint das Nachdenken über das Opfer als seltsame Erinnerung an eine gruselige Vorzeit.

Die Wandlung der Opfer-Institution ist allerdings nicht erst ein neuzeitliches Phänomen, sondern lässt sich bereits in alten Gesellschaften und auch in biblischen Opfer-Texten aufweisen. Das Opfer hat in vielen alten Gesellschaften einen Weg geboten, eine fundamentale Tatsache menschlichen Lebensvollzugs darzustellen und zu begehen: Menschliches Leben ist – in jedem Akt der Nahrungsaufnahme – nur so möglich, dass dafür anderes (tierisches und/oder pflanzliches) Leben ums Leben gebracht wird. Im Opfer geben Menschen einen Teil genommenen Lebens an den Geber des Lebens zurück. Das Alte Testament zeigt an vielen Stellen, dass die israelitische Gesellschaft in diesem Sinne eine Opfer-Gesellschaft war. In der Typologie des Opfers im Alten Testament ist im Neuen Testament auch der Kreuzestod des Jesus aus Narareth von der christlichen Gemeinde bald als »Opfer« verstanden worden.

15. Wie stark dieser ökonomische Veränderungsprozess auch von sozialen Konflikten begleitet war, ist immer wieder untersucht worden. Vgl. H. Wehler (Hg.), Der Deutsche Bauernkrieg 1524–1526, Geschichte und Gesellschaft Sonderheft 1, Göttingen 1975; B. Moeller (Hg.), Bauernkriegsstudien, Schriften des Vereins für Reformationsgeschichte Nr. 189 Jg. 82, 2/83, Gütersloh 1975; W. Schulze (Hg.), Europäische Bauernrevolten im der frühen Neuzeit, Frankfurt/M. 1982; für die Entwicklung eines sozialgeschichtlichen Interpretationsansatzes vgl. vor allem auch E. P. Thompson, Plebejische Kultur und moralische Ökonomie. Aufsätze zur englischen Sozialgeschichte des 18. und 19. Jahrhunderts. Frankfurt/M., Berlin, Wien 1980; sowie A. Grießinger, Das symbolische Kapital der Ehre. Streikbewegungen und kollektives Bewußtsein deutscher Handwerksgesellen im 18. Jahrhundert. Frankfurt/M./Berlin/Wien 1981.

Ich nenne einige Dimensionen des Phänomens, aber auch der Wandlung des Opfers in der alttestamentlichen Erzähltradition.[16]

2. *Von der Gabe zur Sühne:* In den Opfer-Texten des Alten Testaments besteht die Tendenz, das Subjekt des Opfers von den Menschen weg in Gott hinein zu verlagern. Der Anteil menschlicher Selbsttätigkeit im Gabenaustausch wird verringert und zunehmend negiert. Gott wird zum alleinigen Subjekt des Gabentausches mit seinem Volk Israel. Hintergrund dieser Entwicklung ist eine historische Katastrophe: das militärisch-politische Ende des Staates Juda, die Zerstörung des Tempels als des Ortes, an dem das Opfer, der Austausch zwischen Gottesvolk und JHWH seinen Platz hatte, und die Verschleppung der jüdischen Oberschicht in das babylonische Exil im 6. Jahrhundert vor Christus.
Die großen Geschichtserzählungen, die in dieser Epoche entstanden sind und gemeinhin als das »deuteronomistische Geschichtswerk« bezeichnet werden, reflektieren darauf, wie es zu dieser Katastrophe hat kommen können. Die Geschichte zwischen Gott und Gottesvolk wird hier selber in einer Weise erzählt, die als *Gabentauschbeziehung* verstanden werden kann.
JHWH *hat* seinem Volk Israel alles gegeben: das Leben, die Verheißung, das Gesetz, das Land usw. Diese Gabe beinhaltet die Forderung der *Annahme* und der *Gegengabe:* Das Volk Israel ist verpflichtet, diese Gaben wirklich als Gaben JHWHs anzunehmen. Und das heißt zuerst: Das Volk darf sich keinen anderen »Gebern« (Göttern und Mächten) verpflichten. Und das Volk ist schließlich zum *Wiedergeben* verpflichtet: es muss nämlich das Gesetz Gottes in seinen kultischen und sozialen Dimensionen beachten. Das kultische Opfer im Tempel und der Schutz der Witwen, der Waisen, der Fremden im Lande sind zwei zusammengehörende Seiten dieser einen Verpflichtung.

16. Als selbstkritische Begrenzung der hier vorgetragenen Überlegungen muss immer präsent bleiben, dass es sich um eine Rezeption jüdischer Tradition in einer spezifischen christlichen Perspektive handelt – spezifisch auch im Chor der christlichen Leser und Leserinnen; eine universalistische Perspektive wäre allerdings auch ein Ding der Unmöglichkeit. Vgl. zum folgenden: H.-M. Gutmann, Symbole zwischen Macht und Spiel. Religionspädagogische und liturgische Untersuchungen zum ›Opfer‹, Göttingen 1996; hier findet sich auch einschlägige Literatur zum »Opfer« im Alten und Neuen Testament.

Die Geschichtserzählungen des deuteronomistischen Geschichtswerkes berichten nun, wie das Volk an dieser Verpflichtung scheitert. Es opfert anderen Göttern als JHWH, hält die Verpflichtungen der Sozialgesetzgebung nicht ein usw. In der *christlichen* Auslegung ist in der Rezeption der alttestamentlichen Opfer-Traditonen herausgestrichen worden – und hier ist entscheidend, dass dieser Gedanke auf die Beziehung zwischen Gott und allen Menschen bezogen und so von möglichen antijudaistischen Konnotationen freigehalten wird: angesichts der übergroßen Gabe JHWHs *muss* das Gottesvolk scheitern.[17] Eine angemessene Gegengabe ist – wenn Gott Gott und der Mensch Mensch ist – unmöglich. Deshalb verbindet sich die Opferhandlung zunehmend mit der Vorstellung, dass die Menschen Gott nicht eine Gabe geben, um ihn zu verpflichten, sondern *sich selbst* geben und sich damit in ihrer Eigenständigkeit als Subjekte Gott gegenüber aufgeben. Der Gabentausch zwischen Gott und Mensch im Opferritual wird zum Sühnopfer.

Vor diesem Hintergrund wird ein besonderes Element im Handlungsablauf des nachexilischen Opfers verstehbar: Vor der Schlachtung stemmt der Priester seine Hand auf das Opfertier (Leviticus 4,15; 16,21). Dieser Gestus soll nicht als Objekt-Übertragung verstanden werden – als lade der Priester als Repräsentant der opfernden Gemeinde dem Opfertier die Sünde der Gemeinde auf, die dann im Opfer selbst aufgehoben wird. Sondern der Gestus des Handaufstemmens soll als Subjektübertragung interpretiert

17. In diesem Sinne wird immer wieder die Beziehung zwischen Altem und Neuem Testament als die zwischen Gesetz und Gnade verstanden. Vgl. beispielhaft R. Bultmann, Die Bedeutung des Alten Testaments für den christlichen Glauben, in: ders., Glauben und Verstehen. Erster Band, Tübingen 1958 (1933), 313 ff., hier: 319 *»Das Sein unter dem Gesetz,* unter der Forderung, ist dabei als *die Voraussetzung für das Sein unter der Gnade verstanden.* Nur wer sich durch Gottes Forderung begrenzt weiß, wer sich die Augen dafür öffnen läßt, dass er dieser Forderung nie genügt und nie genügen kann, nur der kann die Predigt des Evangeliums verstehen. Sofern das Alte Testament das Gesetz ist und die Forderung Gottes verkörpert, zwingt es den sündigen Menschen in ein Sein, von dem aus ihm das Wort von der Gnade Gottes verständlich wird.« Dass das Alte Testament auch ein Buch der Verheißungen ist, ein Buch des Freundschaftsbundes Gottes mit seinem Volk und – nach der großen Flut – mit allem Lebendigen (1. Mose 9,9 f.) ist, droht in solchen Zuordnungen schlicht unterzugehen.

werden.[18] Mit der Verschiebung von der Gabentausch- zur Sühnevorstellung ist zugleich eine Minimierung der Dimension der menschlichen Eigentätigkeit in der Gottesbeziehung verbunden.[19]

3. *Stellvertretung:* Das Opfer ist Rückgabe des Lebens an der Geber des Lebens. Es wird aber nicht alles Leben zurückgegeben, sondern nur ein Teil: für das Opfer des Erstgeborenen tritt ein erstgeborenes Tier ein, arme Leute können anstelle des Widders eine Taube opfern, und die Erstlingsfrucht kann durch den Zehnten abgegolten werden. Die Kreuzigung des Jesus von Narareth wird von der christlichen Gemeinde bald in diesem Sinne als stellvertretendes Opfer »für uns«, »für unsere Sünden« verstanden. Die Opfer-Dimension »Stellvertretung« ermöglicht, zwischen der symbolischen Ordnung des Opfers und der realen Ordnung, letztlich zwischen »Opfer« und »Mord« zu unterscheiden.

4. *Tötung:* Als dunkle Seite in der Ambivalenz des Opfer-Rituals und -symbols ist die unauflösbare Verbindung mit einer Gewalthandlung im Bereich der Wahrnehmung festzuhalten – auch da, wo das Zentrum des Opfers, als Einverleibung in eine völlig intime Beziehung mit Gott, und auch da, wo der Augenblick der Communio mit Gott *nicht* im Akt der Schlachtung, sondern in der *Darreichung, der Höhung des Opfertiers am Altar* gesehen wird. Von der ersten Erzählung der Bibel an, die den Einbruch der Gewalt in die zwischenmenschlichen Beziehungen zum Gegenstand hat, wird die Lösung gerade *nicht* in der Tötung des Opfers, selbst nicht in der Ermordung des an der Gewalt Schuldigen gesehen: »Und JHWH machte ein Zeichen an Kain, dass ihn niemand erschlüge, der ihn fände« (1. Mose 4,15 b). Im Zentrum des kultischen Sühnopfers (z. B. 3. Mose 4) steht nicht die Tötung/Schlachtung des Opfertieres, sondern die Gabe von Leib (Fett) und Blut an den Altar durch den Priester und das gemeinsame Essen der Opfergemeinde.

18. Vgl. zu dieser These insbesondere: H. Gese, Die Sühne, in: ders., Aufsätze zur biblischen Theologie, München 1977, 85 ff.
19. Deshalb ist in Hinblick auf das Sühneopfer auch von »Reziprozität« zwischen Gott und Mensch nur in äußerst eingeschränktem Sinne zu sprechen: nämlich nur in dem Sinne, dass die Verpflichtung zum Vollzug des Opfers an Gott für die Menschen bestehen bleibt.

Und die Stellvertretung im Sühnopfer (vgl. 3. Mose 4.5.16) ist nicht *exklusiv* gedacht (das Opfer erleidet an meiner Stelle die Todesstrafe), sondern *inklusiv*. Mit der Opfergabe wird – im Angesicht des faktischen Bruches der Beziehung zu Gott und den Menschen (Sünde) – die intensive Gemeinschaft des Bundes bestätigt, den Gott mit seinem Volk geschlossen hat und erhält.
Diese Richtung und Linie wird im Neuen Testament aufgenommen: kein Text, der mit dem Blick der Opfer-Traditionen der Heiligen Schrift (Passalamm 2. Mose 12; Bundesopfer 2. Mose 24; Großer Versöhnungstag 3. Mose 16; Gottesknecht Jesaja 52,13–53,12 u. a. m.) den Kreuzestod Jesu als Opfer bezeichnet, *sieht im Akt der Tötung/Ermordung* Jesu den Moment, in dem die Beziehung zwischen Gott und Gottesvolk zurechtgestellt wird, sondern in der Gabe von Leben und Liebe – in der Einheit von Lebenspraxis und Tod Jesu – genau an die, die als von Gott getrennt gelten: »Niemand hat größere Liebe als die, dass er sein Leben lässt für seine Freunde« (Johannes 15,13).
Die verpflichtende Gabenbeziehung zwischen Gott und Gottesvolk schließt die Verpflichtung zur Solidarität mit den Armen und Fremden ein und *zeigt* sich in dieser Solidarität – dies gilt auch für die Perspektive des Neuen Testaments (Matthäus 25,40). In diese ökonomische Gaben-Beziehung zwischen Gott und Gottesvolk kann sich eine andere *ökonomische* Beziehungsform einnisten. Dann heißt Opfern nicht: ich erwidere Gottes Gabe nach meiner Möglichkeit, sondern: ich kaufe ihn mir. Die alttestamentlichen Propheten greifen Verhältnisse an, in denen die Geldwirtschaft die enge Beziehung zwischen Gott und Gottesvolk genauso verunstaltet wie die Beziehungen der Menschen untereinander. In dieser Tradition steht Jesus in seinem Versuch, die Händler aus dem Tempel zu vertreiben (Markus 11,15–19 parr.). In der Geschichte der Kirche ist immer wieder eingetreten, dass der Gewaltmechanismus des Opfers mächtig wird, aber auch, dass der »fröhliche Wechsel« zwischen Gott und den Menschen zur »Kaufmannsware« wird.
Nicht die Gewalt, nicht die Tötung, sondern die Gabe, das Geschenk, der Austausch in einer zuhöchst intimen und intensiven Beziehung zwischen Gott und seinen Menschen ist das Zentrum im biblischen Verständnis des Opfers. In dem Maße allerdings, wie in der *Tötung* des Opfertiers der Höhepunkt des Rituals gesehen wird – und dies ist angesichts der aggressiven Energien, die

im Anschauen des Todesaugenblickes frei werden, niemals auszuschließen – wird das Opfer als »heiliger Mord« verstanden, durch den es zu einer Gleichzeitigkeit der Communio (zwischen Opfer-Gemeinde und Gott) und Exorzismus des Bösen[20] kommen soll. In dem Maße, wie diese Verlagerung des Mittelpunktes in der symbolischen Ordnung des Opfers wirksam wird, ist der Übergang von der symbolisch und rituell eingegrenzten Gewalthandlung zum Pogrom, zum Massaker in der profanen, alltäglichen gesellschaftlichen Lebenswelt offen. Dies ist, um es noch einmal zu sagen, die dunkle Seite in der Ambivalenz des Opfers. Sie kann nicht verleugnet werden. Das Problem ist aber durch eine Ausscheidung des Opfers aus dem heute noch verantwortbaren Gehalt von biblischen Erzählungen, gottesdienstlicher Feier und christlicher Lebenspraxis nicht zu lösen – genauso wenig, wie es möglich wäre, nichts mehr zu essen, nachdem ich erkannt habe, dass für mein Weiterleben tierisches oder pflanzliches Leben sterben muss. – Ich nenne knapp noch zwei weitere Dimensionen des Opfers: neben Gabe, Stellvertretung und Tötung werden die Dimensionen Essen und Vereinigung, Communio im Opfer wirksam.

5. Essen: Es gibt im Alten Testament verschiedene Vorstellungen von der Wirkung und Bedeutung der Opfermahlzeit: als gemeinsame Mahlzeit der feiernden Gemeinschaft mit Gott; als Bewirtung Gottes (durch Rauch und Blut); als wechselseitige Einverleibung, so dass durch das Essen des Opfers zugleich die Feiernden in das Opfer, symbolisch in die Gottheit einverleibt werden.[21] Diese Einverleibungsvorstellungen legen wohl am dichtesten das Ziel des Opfer-Prozesses aus, nämlich:

6. Communio: die vollständige Vereinigung der opfernden Menschen – in der Gleichzeitigkeit von Individualität und Sozialität – mit Gott.

20. Vgl. in diesem Zusammenhang die immer noch instruktive Untersuchung von H. Hubert/M. Mauss, Essay over the Nature and Function of Sacrifice, London 1898.
21. Vgl. z. B. H.-J. Klauck, Herrenmahl und hellenistischer Kult. Eine religionsgeschichtliche Untersuchung zum ersten Korintherbrief, Münster 1982.

Jesus von Nazareth ist nicht als kultisches Opfer geschlachtet worden, sondern nach Konflikten mit religiösen und politischen Autoritäten seiner Zeit nach einem (wie auch immer die juristischen Regeln missachtenden) Gerichtsverfahren hingerichtet worden. Dennoch wurde in den entstehenden christlichen Gemeinden dieser Tod schon wenige Jahre später als »Opfer« interpretiert, ja mehr noch: als einmaliges, endgültiges, ein für allemal zureichendes Opfer für »unsere«, also für die Sünden aller Menschen.
Das Opfer Jesu Christi wird im Neuen Testament auf der einen Seite in der Typologie alttestamentlicher Opfervorstellungen ausgelegt; auf der anderen Seite so verstanden, dass *dieses* Opfer die traditionellen Opferpraktiken überbietet und zugleich aufhebt. Zugleich wird dieses Opfer als »ein für allemal« gültiges Opfer verstanden. Weitere Opfer sind nicht mehr nötig, aber auch nicht mehr möglich. In dem neutestamentlichen Buch, das am gründlichsten über den Tod Jesu als »Opfer« redet, im Hebräerbrief nämlich, wird Jesus Christus als göttlicher Hoherpriester verstanden, der sich selber zum Opfer darbringt. Diese Vorstellung wird nicht auf die Kreuzigung Jesu eingegrenzt, sondern – darauf hat Sigrid Brandt in ihrer Auslegung aufmerksam gemacht – auf die ganze Fülle seiner Existenz im Leibe, auf »sein leibliches Leben ... zur Erfüllung von Gottes Willen«, auf seine »leibliche Existenzgemeinschaft mit den Seinen zur Erfüllung des Willens Gottes« geöffnet.[22]
Worauf es mir in diesem Zusammenhang ankommt, ist eine Veränderung in der Struktur des Austausches zwischen Gott und den Menschen: Der Gabentausch wird, zumindest tendenziell, zu einer Kommunikation in Gott selber. Zugleich beinhaltet in der Logik der Gabentausch-Ökonomie die Vorstellung vom »ein für allemal« gültigen Opfer eine Veränderung in der Struktur der ökonomischen Kommunikation selber: Die Selbstopferung des göttlichen Hohepriesters ist eine Gegengabe für die Gabe Gottes, die als *vollständige Antwort* gelten muss. Gabe und Gegengabe entsprechen in ihrer Macht und Größe einander. Damit werden von den Menschen keine Gaben mehr gefordert, sondern »Glauben«: der Glaube daran, dass das ein für allemal zureichende Opfer Christi auch »für mich« gilt.

22. S. Brandt, Hat es sachlich und theologisch Sinn, von ›Opfer‹ zu reden?, in: B. Janowski/M. Welker, Opfer. Theologische und kulturelle Kontexte, Frankfurt/M. 2000, 270.

Die Verheißung, dass das Opfer Jesu Christi ein für allemal gilt, wirkt aber nicht »automatisch« als Verhinderung weiterer Opfer; weder in der Kirche noch im weiteren gesellschaftlichen Lebenszusammenhang. Die Verheißung wirkt als Wort und als Sakrament, sie soll gehört und geglaubt, begangen und gefeiert werden. Dazu gehört notwendig die Anstrengung zu verstehen, wie Menschen im gesellschaftlichen Lebenszusammenhang zu Opfern gemacht werden und inwiefern die biblische Rede vom Opfer und eine ihr entsprechende Lebenspraxis dagegen einsteht: in Verheißung, Feier und widerständiger Lebenspraxis. –

Es wird in der Bibel nicht erzählt, wie das Leben von Barrabas weitergegangen ist. Ich stelle mir vor: Es ist nicht bei diesem einen Augenblick geblieben, in dem ihn das neue Leben wie ein Schock getroffen hat. Er hat die Befreiung, die er selber erfahren hat, weitergeben können. Er kann sich jetzt Liebe schenken lassen, denke ich mir, und er kann selber lieben. Er kann sich für die einsetzen, die es brauchen. Sein Herz ist unruhig, wenn er vom Elend des anderen erfährt, und er kann sich nicht damit beruhigen, dass schon alles irgendwie gut gehen wird. Ich stelle mir vor: Barrabas setzt sich dafür ein – soweit es in seiner Macht steht –, dass Menschen nicht mehr zu verächtlichen und geknechteten Wesen gemacht werden. Menschen dürfen nicht mehr zu Opfern werden, weil der Tod Jesu am Kreuz das einzige Opfer ist, das Befreiung bringt. Alle weiteren Opfer sind überflüssig und dürfen nicht mehr sein. Vielleicht ist das ganze Leben von Barrabas neu geworden. Ich weiß es nicht. In der Bibel wird nichts davon erzählt. Aber ich möchte es ihm wünschen, genauso wie ich es mir selbst und anderen wünschen möchte: Jesu Tod am Kreuz bedeutet für uns Befreiung von der Macht des Todes.

Meditation III

Oster-Meditation zu Markus 16,1–8 und Johannes 20,1–23

Das Grab ist leer. Für die beiden Frauen, die in aller Herrgottsfrühe gekommen sind, um mit Salben den Leichnam des toten Freundes vor der Verwesung zu bewahren, ist das eine erschütternde und entsetzliche Entdeckung. Markus, das älteste uns überlieferte Evangelium, beschreibt einfühlsam die Reaktion der beiden Frauen. Maria aus Magdala und Maria, die Mutter des Jakobus, sie haben schon die Kreuzigung ihres Freundes mit eigenen Augen ansehen müssen. Ich stelle mir vor, dass sie immer noch schockiert, voller Trauer, aber auch furchtbar enttäuscht gewesen sind. Wie die Männer um Jesus haben auch sie die Hoffnung gehabt, dass er mit Macht den Willen Gottes auf der Erde durchsetzen würde. Jesu Scheitern ist auch das Ende ihrer Hoffnung. Und jetzt das leere Grab: für die beiden Frauen kann das nur eine endgültige Verletzung ihrer Gefühle für Jesus bedeutet haben. Nicht einmal dem toten Körper können sie noch einmal ihre Liebe zeigen.

Das leere Grab – für die Menschen hier ist das kein Zeichen der Hoffnung. Ein Zeichen der Hoffnung ist das zuerst nur für den Engel, den Vertreter der himmlischen Heerscharen, den die Frauen am Grab treffen. »Er aber sprach zu ihnen: entsetzt euch nicht! Ihr sucht Jesus von Nazareth, den Gekreuzigten. Er ist auferstanden.« – Er ist auferstanden. Das Undenkbare, Unmögliche, Unglaubliche ist geschehen. Der Tod hat einen Riss bekommen, seine allumfassende Macht über alles Leben ist gebrochen. Das ist der Beginn des neuen Lebens. Ein Licht ist in die Dunkelheit gekommen. Das normale Leben mit all seiner Alltäglichkeit, mit seinen Tränen und seiner Ungerechtigkeit, das Leben, das nur im Tode endet, das alte Leben ist vorbei. Hoffnung keimt. Leben wird möglich. Christ ist erstanden! – Aber der Engel hat gut reden. Die beiden Frauen geben nach dem Bericht von Markus die gute Nachricht nicht an Petrus und die anderen Freunde Jesu weiter, wie der Engel es von ihnen fordert. Sie fliehen in Angst und Entsetzen.

Warum ist für die Menschen in dieser Geschichte das leere Grab kein Grund zur Hoffnung, warum wirkt es so entsetzlich? – Und die andere Frage, die der älteste Evangelienbericht über das leere Grab provoziert: wie kann die Gewissheit des Engels, dass Jesus von Nazareth von den Toten auferstanden ist, zur Hoffnung für uns Menschen werden?

Die Gewissheit, dass Tote tot sind und dass das menschliche Leben begrenzt ist, hat etwas Lebensnotwendiges und Lebensförderliches. Ich kann das Entsetzen der Frauen am Grab gut verstehen, auch aus dem Blick unserer Situation heute. Wo die Grenze zwischen Leben und Tod geleugnet wird, wo Menschen die Grenze zwischen Leben und Tod überschreiten wollen, wo sie ihre eigene Begrenztheit als Menschen missachten, lauert eine Gefahr, die kaum begrenzbar erscheint. Größenphantasien gegenüber den Grenzen eigenen Lebens sind heute vor allem angesichts der Möglichkeiten technologischer Naturbeherrschung wirksam, beispielsweise in der Phantasie, eine Technologie wie die Kerntechnik, von deren Produkten auf Jahrtausende lebenszerstörende Gefahren ausgehen, ließe sich sicher beherrschen, ihre Abfälle ließen sich sicher lagern. Diese Größenphantasie zeigt sich auch im Projekt, durch gentechnologische Eingriffe in die Keimbahn pflanzliches, tierisches und auch menschliches Leben nach ökonomischen Interessen, nach dem Bild einer makellosen Gesundheit oder auch nur Schönheit eigenhändig arrangieren zu können.

Aber die Gewissheit, dass die Toten tot sind, kann auch etwas Hoffnungsloses, mit einem etwas altertümlichen Wort gesagt: etwas Kleingläubiges haben. Ich kenne ein Märchen von den Brüdern Grimm, es zeigt in kaum erträglicher Intensität das Lebensfeindliche dieser Art von Kleingläubigkeit. Ein Märchen gegen Ostern.[23] »Es war einmal ein Kind eigensinnig und tat nicht, was seine Mutter haben

23. Die Brüder Grimm geben dieses Märchen unter der Nr. 117 wieder; hier zit. nach: M. Josuttis, Die permanente Passion. Predigten zur Wirkungsgeschichte Jesu, München 1982, 157; ich verdanke dieser Predigt von Josuttis auch wichtige Anregungen für meine eigene Auslegung.

wollte. Darum hatte der liebe Gott kein Wohlgefallen an ihm und ließ es krank werden, und kein Arzt konnte ihm helfen, und in kurzem lag es auf dem Totenbettchen. Als es nun ins Grab versenkt und die Erde über es gedeckt war, so kam auf einmal sein Ärmchen wieder hervor und reichte in die Höhe, und wenn sie es hineinlegten und frische Erde darüber taten, so half das nicht, und das Ärmchen kam immer wieder heraus. Da musste die Mutter selbst zum Grab gehen und mit der Rute aufs Ärmchen schlagen. Und als sie das getan hatte, zog es sich hinein, und das Kind hatte nun erst Ruhe unter der Erde.«

Das ist in schwer erträglicher Deutlichkeit ein Gegentext zur Auferstehungshoffnung. Ein unheimlicher Text. Es fällt schwer, sich seiner einschüchternden und angstmachenden Wirkung zu entziehen, nicht nur mit Blick auf die Begrenzung des Lebens durch den Tod. Es ist auch eine Geschichte, die das Recht bestreitet, ein Leben vor dem Tod zu leben, mit Lebensmut zur Freiheit, zum aufrechten Gang, zu einem eigensinnigen Leben. Mir ist nur ein einziger Satz eingefallen, der – als Gegen-Wort gegen diese Geschichte – die Macht und die Abgründigkeit hat, eine ihr widersprechende Wirklichkeit zu eröffnen: »Ich glaube an die Auferstehung der Toten.« Sie alle sollen auferstehen, das eigensinnige Kind, die verkrümmte und liebesunfähige Mutter, und auch der Gott dieses Märchens, der nicht eingeschüchterte Kinder zum Tode verurteilt. Und leben dürfen, frei und aufrecht und eigensinnig leben dürfen.

Die Gewissheit, dass die Toten tot sind, hat auch etwas Lebenshemmendes und Unterdrückendes. Ich stelle mir vor: das kleine Mädchen aus dem Märchen ist eine lebenslustige Quatschkartoffel, die sich nichts sagen lässt und die Erwachsenen Löcher in den Bauch fragt und in ihren Spielen Hochhäuser einstürzen und Elefanten in den Himmel wachsen lässt. Die nicht mit allem zufrieden ist, weil sie lebendig ist und kein toter Gegenstand. Und die Erwachsenen sind schon allein deshalb genervt, weil ihre mühsam erworbene und heftig verteidigte Welt, in der alles seine Ordnung hat, von jedem bisschen Lebendigkeit durcheinandergewirbelt werden könnte. Der Eigensinn des Mädchens könnte nichts anderes sein als der Ausdruck der Lebendigkeit ihres Lebens. Ich finde, für die Lebendigkeit des Lebens lohnt es sich zu kämpfen. Es lohnt sich, der herzlosen Mutter in den Arm zu fallen.

Ich erinnere mich an eine biblische Ostergeschichte, eine Gegengeschichte gegen dieses Märchen vom eigensinnigen Kind und von der liebesunfähigen, in sich selbst verkrümmten Mutter. Sie ist zugleich auch eine direkte Gegengeschichte zur Angst der beiden Frauen im Angesicht des leeren Grabes, wie sie von Markus berichtet wird. Johannes erzählt im 20. Kapitel: Maria Magdalena begegnet dem auferstandenen Jesus, aber sie erkennt ihn nicht. »Spricht Jesus zu ihr: Frau, was weinst du? Wen suchst du?« – Maria ist verzweifelt. Wie die anderen Frauen um Jesus ist sie bis zuletzt bei ihm geblieben, als die Männer, die Jünger, schon längst aus Angst, Trauer und Verzweiflung weggelaufen waren. Die Frauen sind die einzigen aus dem Kreis um Jesus, die bei der Kreuzigung dabei blieben, wenigstens in Sichtweite. Sie beobachteten die Grablegung und erwiesen dem Verstorbenen den letzten Liebesdienst, wenn sie den Leichnam mit Kräutern und Salben gegen die rasche Verwesung behandeln. – Maria Magdalena weint, sie trauert um Jesus. Sie liebt ihn, wie die anderen Frauen um Jesus, auf andere Weise als die Männer. Die Männer – in der Erzählung des Johannes sind es Petrus und der Lieblingsjünger Jesu – sind hektisch und misstrauisch. Sie wollen nur ihren Augen trauen. Sie verhalten sich wie Detektive: Als Maria ihnen sagt, dass das Grab leer sei, rennen sie um die Wette dorthin, untersuchen alles peinlich genau, glauben, sie hätten nun alles verstanden, laufen wieder weg und lassen Maria in ihrem Unglück und ihrer Ungewissheit allein.

Die Männer unter den Jüngern Jesu, sie kommen in den Evangelienberichten nicht gut weg. Sie glauben den Frauen nicht, die ihnen Nachricht geben von der Auferstehung Jesu. Leeres Gerede, Frauengerede. Einige haben offenbar auch angenommen, der Leichnam sei gestohlen worden. Sie sehen das leere Grab und gehen wieder nach Hause. In der Erzählung des Lukas gehorchen sie zwar, sicherheitshalber, und gehen nach Galiläa, um den Meister dort zu erwarten, sind aber voller Skepsis. In der Begegnung mit dem Auferstandenen meinen sie immer noch, einen Geist zu sehen. Er muss ihnen erst beweisen, dass er lebendig ist, indem er zu essen verlangt. Thomas muss sogar zuerst die Wunden anfassen können, ehe er glaubt, dass es ist wie es ist. Na klar, das ist alles sehr begreiflich. Sie sind ja auch nicht nur aus Angst der Kreuzigung ferngeblieben, sondern vielleicht sogar noch mehr aus Enttäuschung. Für sie war mit der Hinrichtung Jesu der Traum vom Anbruch der Gottesherrschaft ausgeträumt. Noch einmal eine solche Enttäuschung erleben wollten sie nicht. Jetzt

brauchten sie wirklich handfeste Beweise – solche, die auch ihr Verstand akzeptieren konnte.
Maria Magdalena erlebt in ihrer Begegnung mit Jesus den Augenblick, in dem sie sehen lernt, was nicht auf der Hand liegt. Nach all der Aufregung ist sie jetzt wieder allein. Sie weint. Und dieser Mann, den sie, in ihre Trauer vertieft, vor dem leeren Grab antrifft, spricht sie an: »Maria! – Da wandte sie sich um und spricht zu ihm auf Hebräisch: Rabbuni! Das heißt: Meister!« Maria wird bei ihrem Namen gerufen. Und das ist der Augenblick des Erkennens: Maria erkennt sich selbst, in all dem, was ihr im Leben wichtig ist, was sie im Innersten erfüllt, und sie fasst dies in diesem Namen zusammen, der die Beziehung zwischen den Jüngern und Jesus beschreibt.
Das ist nicht einfach die Rückkehr in die Beziehungsmöglichkeit, wie sie vorher da war, vor der Zeit der Verzweiflung, vor dem Sterben am Kreuz. Die Trennung bleibt. Jesus sagt: »Rühr mich nicht an! Denn ich bin noch nicht aufgefahren zum Vater.« Auch wenn die Sehnsucht noch so groß ist: es ist nicht alles »wieder gut«.
Jesus fordert Maria auf, sich in Bewegung zu setzen: »Gehe aber hin zu meinen Brüdern und sage ihnen: Ich fahre auf zu meinem Vater und zu eurem Vater, zu meinem Gott und zu eurem Gott.« Es gibt keinen einfachen Weg zurück in die Kindheit, in die Zeit vor der Verzweiflung. Das neue Leben, das jetzt möglich wird, ist allemal anders als vorher. Etwas ist anders geworden: die Resignation, die Verzweiflung und Verkrümmung in sich selber ist nicht mehr der einzige Ausweg. Dieses Lebensgefühl, aus dem heraus man sich nur noch die Wunden lecken kann: Wir waren einmal eine so hoffnungsvolle Gruppe. Wir haben uns einmal eingesetzt für mehr Gerechtigkeit auf der Welt, für die Anliegen der Benachteiligten. Und jetzt haben wir alle Kraft verloren. – Dieses Lebensgefühl, das den Atem nimmt und alle Kraft zum Leben, ist in der Begegnung mit dem Auferstandenen wie aufgesogen. Wer dem Auferstandenen begegnet, gerät in den Bereich einer lebensschaffenden Macht. Es ist mehr als Erholung, Ruhe, sich verpusten können. Die Freundinnen und Freunde Jesu, die sich voller Verzweiflung zurückgezogen haben, erfahren diese Macht. Ihnen geschieht Auferweckung aus ihrer Verzweiflung, Auferweckung gleichsam wider Willen, auf jeden Fall gegen alle Ausdenkbarkeit und Wahrscheinlichkeit. Die Freunde und Freundinnen Jesu werden regelrecht umgewandelt. Ein neues Leben.

Die Frauen am Grab waren todtraurig, erschreckt und verängstigt. Sie waren auch enttäuscht. Aber sie waren nicht resigniert. Sie haben den ersten Hoffnungsstrahl wahrgenommen, sich auf ihn verlassen und gewagt, in seiner Richtung weiterzugehen. So ist Ostern geschehen. Der Herr ist auferstanden, er ist wahrhaftig auferstanden.

3.2 Auferstehung, eschatologische Zeit und der Tod des Todes

Die Begegnung mit dem Auferstandenen bewirkt eine Veränderung des Lebensgefühls – bis hin zu physisch-psychischen Phänomenen, die als Visionen und Auditionen beschrieben werden können (z.B. 1. Korinther 15,8; Apostelgeschichte 9,3 f). Das ist die eine Seite in der Wirkung der Begegnung mit dem Auferstandenen. Offensichtlich handelt es sich um eine massive Umwandlung der körperlichen und seelischen Gestimmtheit in einer Intensität, dass Körperwahrnehmungen bewirkt werden, die nach heute üblichen Klassifikationen als Halluzinationen eingeordnet werden müssen. Verängstigte und verzweifelte Menschen machen eine Erfahrung, die ihr Lebensgefühl vollständig umwandelt, mehr noch: die sie dazu zwingt, ihre Lebenspraxis und ihre Perspektiven vollständig neu zu ordnen. Bei anderen wird gerade die religiöse Orientierung radikal verändert, ja gewissermaßen umgepolt: vom Verfolger zum überwältigten Verfechter einer neuen Glaubensrichtung. Menschen, die sich in der ersten Zeit nach Ostern der Jesusbewegung anschließen, werden als »Wanderradikale« von Ort zu Ort ziehen[24]. Sie werden alle ökonomische Sicherung und alle soziale Reputation aufs Spiel setzen und als Bettelarme leben, ohne Geld und sogar ohne Beutel, wo sie es sammeln könnten.[25] Sie werden lehren und heilen, predigen und prophetisch reden. Auch wenn sie sesshaft vor Ort bleiben, ändert sich ihr Leben vollständig. Sie leben aus dem Reich Gottes, das ihnen in dem Auferstandenen schon jetzt entgegenkommt.

Die Massivität der Veränderung von Gestimmtheiten und auch von Lebenshaltungen und -perspektiven ist eine Seite in der Wahrnehmung des Auferstehungsereignisses. Es wäre aber sicher eine Verkürzung im Nachdenken über Ostern, wenn das Geschehen der Auferstehung auf diese – nennen wir es mal – *subjektive* Seite, auf die Seite des Wahrnehmens und der Rezeptionsmöglichkeiten

24. So G. Theißen, Soziologie der Jesusbewegung. Ein Beitrag zur Entstehungsgeschichte des Urchristentums, München, 6. Aufl. 1991.
25. Vgl. zum Hintergrund: W. Stegemann, Christliche Solidarität im Kontext antiker Wirtschaft; sowie M. Leutzsch, Das biblische Zinsverbot, in: R. Kessler/E. Loos (Hg.), Eigentum: Freiheit und Fluch. Ökonomische und biblische Entwürfe, Gütersloh 2000, 89 ff.; 107 ff.

von Menschen beschränkt würde, die von der Begegnung mit dem Auferstanden getroffen und aus ihren vertrauten Gestimmtheiten und Lebensbezügen herausgerissen werden. Ich möchte das Problem nur andeuten, das durch eine solche Verkürzung sofort entsteht. Das Risiko einer Eingrenzung auf subjektive Plausibilitätserfahrung ist in jüngerer Zeit mit großer Heftigkeit in der Debatte über die Wirklichkeit der Auferstehung aufgebrochen, die durch den Göttinger Neutestamentler Gerd Lüdemann angestoßen wurde. Die hier vorgetragene Position beansprucht, präzise das Lebensgefühl und die Glaubensmöglichkeiten von Menschen zu treffen, die als Zeitgenossinnen und Zeitgenossen der *Moderne* angesprochen werden sollen. Charakteristisch für diese Denkrichtung, die Gerd Lüdemann mit einer ganzen Reihe von heute ausgesprochen wirkmächtigen Theologen und Theologinnen teilt, ist: Die Wahrhaftigkeit des Individuums wird zum Wahrheitsgrund theologischen Nachdenkens. Gerd Lüdemann verbindet seine Auferstehungs-Deutung immer wieder mit den Postulaten der *Wahrhaftigkeit*[26] und der *»rein empirisch-historischen«* (Herv. HMG) Rückfrage[27]. In dem ein Jahr später veröffentlichten Buch »Ketzer«[28] fasst Lüdemann seine Sicht der Dinge programmatisch in »Zehn Goldenen Worten« zusammen und formuliert unter anderem: »Die Auffassung der Bibel als Wort Gottes oder als heiliger Schrift gehört einer vergangenen Zeit an. Sie verhindert heute das Verstehen ... Im Konflikt zwischen Kirche und Wahrhaftigkeit hat die Wahrhaftigkeit den Vortritt ... Ein Bruchstück erlebter und erkannter Religion ist mehr wert als vollständig bekannte Orthodoxie. Ein winziger Lichtstrahl Jesu in meinem Leben ist wichtiger als alle Rechtgläubigkeit.« Nur wenige Jahre später wird sich Lüdemann vom christlichen Glauben lossagen.[29]

26. G. Lüdemann, Die Auferstehung Jesu. Historie, Erfahrung, Theologie, 1. Aufl. Göttingen 1994, beispielsweise 27.
27. Beispielsweise ebd., 29.
28. G. Lüdemann, Ketzer. Die andere Seite des frühen Christentums, Stuttgart 1995, 223.
29. Lüdemanns Texte sind auf seiner Homepage www.gerdluedemann.de zugänglich; in jüngeren Äußerungen wird eine positive Anknüpfung an gnostische Traditionen deutlich, z. B.: »Woran glaubt der neue Mensch? Vortrag in Ulm, Haus der Begegnung, 4. April 2001 (unter Stichwort: Veröffentlichungen 2001).

Gerd Lüdemann spricht ein Lebensgefühl an, das heute viele Menschen in ihrer Glaubensauffassung und ihrem theologischen Nachdenken trägt. Weder durch die Geltung der Bibel als heiliger Schrift noch durch die Wahrheit dogmatischer Sätze, weder durch die Kirche als Institution noch durch die soziale Verbindlichkeit des Lebenszusammenhanges der Gemeinde kann gesichert werden, dass die kirchliche Tradition für den einzelnen Menschen Überzeugung und Vertrauen gewinnen kann, sondern nur umgekehrt: Durch den wahrhaftig mitgeteilten Glauben[30] des Individuums allein können Heilige Schrift, Dogma und Institution Kirche Geltung beanspruchen. Man könnte zugespitzt formulieren: die im aktuellen Lebensgefühl begründete Rezeptionsmöglichkeit des Subjekts gerät zum Wahrheitskriterium über die Sache oder besser noch: über die Person, die in der Begegnung mit dem Auferstandenen entgegenkommt. Die Rede von Gott findet ihren Plausibilitätsgrund in der religiösen Subjektivität des menschlichen Individuums und sonst nirgends.

Im Gesprächskontext, in dem diese Voraussetzungen gelten, sind auch die Überlegungen Gerd Lüdemanns zur Auferstehung verortet. Der Satz, der wohl am meisten Aufregung verursacht hat, ist der, mit dem Lüdemann die Frage stellt und zugleich beantwortet: »Ist er (d. h. der Leichnam Jesu) verwest?« – Lüdemann gibt eine Antwort, die er zugleich als Aussage eines an historischen Tatsachen interessierten Forschers *und* eines Menschen verstanden wissen will, für den nichts anerkannt werden und gelten kann, was nicht durch individuelle Wahrhaftigkeit gedeckt erscheint: »Ich halte diesen Schluß für unumgänglich«.[31]

Von der ersten bis zur letzten Seite in Lüdemanns Buch über die Auferstehung sind dies die entscheidenden Wahrheitsgründe: die möglichst präzise, durch sorgfältige Forschung ermöglichte »historische Rückfrage« und die »Beachtung der Subjektivität« des Menschen.[32] Lüdemann formuliert programmatisch: »Das heißt dann aber auch, inhaltlich wird eigentlich nichts vom überlieferten

30. Vgl. den – in homiletischer Zuspitzung – programmatischen Titel bei W. Gräb, Predigt als Mitteilung des Glaubens. Studien zu einer prinzipiellen Homiletik in praktischer Absicht, Gütersloh 1988.
31. G. Lüdemann, Die Auferstehung Jesu. Historie, Erfahrung, Theologie, 1. Aufl. Göttingen 1994, 216.
32. Ebd., 11.

Glauben genommen, wo ich nur kritisch genug – von ganzem Herzen, von ganzer Seele – frage und historische Forschung nicht gleich als Bedrohung meines Glaubens ansehe ... Hier am historischen Jesus, wie er mir durch die Texte vorgegeben ist und durch historische Rekonstruktion als Person begegnet, fällt also die Entscheidung des Glaubens, nicht am auferstandenen Christus...«[33] Ich denke, man muss nicht erst den Fortgang in der Entwicklung von Gerd Lüdemanns persönlicher Wahrhaftigkeit bis zum Bruch mit der christlichen Religion kennen, um das Problematische seines Nachdenkens über die Auferstehung wahrzunehmen. Übrigens, um das ganz deutlich zu sagen: es geht mir nicht um eine Abrechnung mit Gerd Lüdemann, den ich persönlich schätze. Die zunehmende Radikalisierung seiner Position ist sicher nicht unabhängig von unerfreulichen Konflikten im Kontext der Göttinger Theologischen Fakultät und der Hannoverschen Landeskirche zu verstehen. Und vermutlich hat Gerd Lüdemann im Grunde nur die Schlussfolgerungen etwas radikaler und öffentlichkeitswirksamer formuliert, mit denen sich auch weitere Gesprächspartner/innen befreunden müssten, die die Wirklichkeit des christlichen Glaubens auf das eingeschränkt sehen wollen, was der Wahrhaftigkeit des individualisierten Zeitgenossen der Moderne glaubwürdig erscheint.[34]

33. Ebd., 219 f.
34. Die höchst problematischen Wirkungen einer solchen Derealisierung biblischer Traditionen und religiöser Symbole und Rituale im Feld jüdisch-christlicher Religionstradition können mit besonderer Brisanz am Werk von Emanuel Hirsch studiert werden, dessen strenge Orientierung an *individueller Wahrhaftigkeit* keine Distanz gegenüber der Faszination des Nationalsozialismus (mit all seiner die Lebensmöglichkeiten von Individualität und Wahrhaftigkeit zerstörenden Zügen) eröffnet hat. Nach Auskunft Gerd Lüdemanns ist die Lektüre eines Buches von Emanuel Hirsch für seine zugleich personal/wahrhaftigkeitsorientierte und historisch eingegrenzte Interpretation der neutestamentlichen Auferstehungstexte entscheidend gewesen: »Osterglaube. Die Auferstehungsgeschichten und der christliche Glaube«, ein Buch, das Hirsch 1940 veröffentlicht hat und das von Hans Martin Müller 1988 erneut herausgegeben wurde (E. Hirsch, Osterglaube. Die Auferstehungsgeschichten und der christliche Glaube, hg. v. H.M. Müller, Tübingen 1988.) Vgl. G. Lüdemann, a. a. O., 221, mit Bezug auf E. Hirsch, Osterglaube ..., a. a. O., 219 f.

Ich halte es demgegenüber theologisch für schlechterdings notwendig, den Inhalt der Auferstehungsbotschaft *nicht* auf das zu verkürzen, was ich als individuelles Subjekt davon wahrnehmen und glauben kann. Das ist kein Einspruch gegen die Achtung vor Subjektivität im Glauben, aber durchaus eine Einschränkung ihres Geltungsbereichs. Ihren Inhalt und ihre Gestalt gewinnt menschliche Subjektivität, so denke ich, erst durch die Begegnung mit ihrem Anderen, das sie nicht selbst erdacht oder »gemacht« hat. Für Christenmenschen beinhaltet dies Gegenüber sehr Vielfältiges, das als Lebens- und Erzählzusammenhang dennoch zusammengehört: die Großerzählung der ganzen Bibel von Gottes Freundschaftsbund mit seinen Menschen; die Symbole und Gestalten der jüdisch-christlichen Erzähltradition; die in der Geschichte der Kirchen vielfältig entfalteten und gebrochenen Ritualgestalten des christlichen Gottesdienstes; aber auch der Lebenszusammenhang der christlichen Gemeinden und Kirchen in vielfältigen historischen und gesellschaftlichen Kontexten.

Die notwendige Wahrnehmung des Anderen menschlicher Subjektivität als ihres ermöglichenden Grundes schließt ein – das ist durch diese knappe Aufzählung bereits deutlich geworden –, dass dies Andere in sich vielfältig, teilweise auch gegensätzlich und gebrochen, in jedem Falle nicht konfliktfrei da ist; und dass sich in der Rezeption durch die menschlichen Subjekte durch die Zeiten und gesellschaftlichen Orte hindurch immer wieder besondere, eigentümliche, nicht vorweg berechenbare und dogmatisch festzulegende Gestalten entwickeln werden. Dennoch bleibt es bei der Vorordnung des Anderen menschlicher Subjektivität vor ihrer historisch und gesellschaftlich, aber auch individuell jeweils eigentümlichen Rezeptionsgestalt *durch* das menschliche Subjekt. Dem haben die christlichen Kirchen von Anbeginn immer wieder Rechnung getragen – durch die Herausbildung eines Kanons von biblischen Schriften, die ihre Plausibilität und Macht für das christliche Leben stärker als andere Texte gezeigt haben, durch die Festlegung von Glaubensregeln und ökumenischen Bekenntnissen. Immer wieder wird es in diesem Prozess Konflikte und auch Trennungen geben, immer wieder auch dogmatische Verhärtungen und das Selbstbewusstsein auf den unterschiedlichsten Seiten, die Wahrheit mit Löffeln gefressen zu haben, immer wieder auch Verrat durch Auslieferung an ökonomisch und politisch mächtige Interessen oder auch bloß an persönliche Eitelkeiten. Es geht im Lebensvollzug des Glaubens ebenso wenig harmonisch und edel zu wie in anderen Feldern menschlicher Lebenspraxis. Und dennoch: der Konfliktförmigkeit des Lebens könnte man erst recht nicht entgehen, wenn man die Frage nach dem Inhalt und dem Subjekt des *Anderen,* das den Glauben begründet und ihm Gestalt gibt, auf sich beruhen ließe und inhaltliche Gegenständlichkeit in subjektive Wahrhaftigkeit auflösen würde.

Wie ist am Gegenstand der *Auferstehung* eine – wie auch immer begrenzte – Denk- und Artikulationsmöglichkeit gegenüber diesem Anderen menschlicher Subjektivität möglich, das doch qua definitionem menschliche Denk- und Artikulationsmöglichkeit übersteigt, »höher ist als all unsere Vernunft«? In der langen Geschichte theologischen Nachdenkens hat es immer wieder Versuche gegeben, das Spezifische der christlichen Auferstehungshoffnung gegenüber anderen religiösen und philosophischen Erlösungsmodellen zu unterscheiden; ich nenne exemplarisch zwei solche Konfliktfelder.

In der Umwelt des frühen Christentums, teilweise in den frühen Gemeinden selber waren Glaubensgestalten lebendig, von denen sich die Kirche in ihrer Mehrheit in teilweise schmerzhaften Konflikten getrennt hat. Nähe und Distanz musste vor allem gegenüber dem Weltbild der *Gnosis* ausgemittelt werden. Für die gnostische Spiritualität gilt das Ganze der sinnlichen Welt als das Böse. Der Kosmos ist nicht bergende Heimat des Menschen, seine Gesetze sind zerstörerisch. Die Gestirne, die sich nach den unveränderlichen Gesetzen der Sphären bewegen, zeigen keineswegs die Verlässlichkeit und Harmonie des Weltgebäudes an, sondern sind die Wächter im Gefängnis der Menschen. Sie sperren uns von unserer Heimat, der Welt des ewigen Lichtes aus. Aus eigener Kraft ist es dem Menschen unmöglich, den Weg zurück zu finden. Ein Erlöser kommt. Er sammelt die in der Materie gefangenen Lichtfunken, weckt die schlafenden Seelen der Menschen und erinnert sie an ihre vergessene Heimat. In dem Augenblick, in dem die Seelen ihres eigentlichen Zuhauses innewerden, die himmlischen Wächter täuschen und das Gefängnis der Materie verlassen können, wird auch die ganze alte Welt zusammenbrechen.

Es gab in den frühen Gemeinden bis in kirchenleitende Positionen hinein viele Christinnen und Christen, die die Begegnung mit dem

Auferstandenen nach diesem Erlösungsmodell gedeutet haben. In jahrzehntelangen Konflikten hat sich schließlich die Position durchgesetzt, dass das gnostische Lebens- und Weltgefühl mit dem Glauben an die Einheit Gottes, der Schöpfer und Erlöser aller Welt ist, sich ebenso wenig vermitteln lässt wie mit dem Glauben daran, dass Jesus Christus wahrer Gott *und* wahrer Mensch ist. Die gnostische Abwertung und Verdammung der geschöpflichen Welt lässt sich nicht mit dem Glauben daran verbinden, dass der Christus *Jesus von Nazareth* ist, der wirklich und leibhaftig mit seinen Freundinnen und Freunden den Beginn der Gottesherrschaft verkündet und gefeiert hat, der gegessen und getrunken hat, Verkrüppelten die Fähigkeit zur freien Bewegung und Blinden das Augenlicht zurückgegeben hat und schließlich gefoltert und am Kreuz hingerichtet wurde. Der Auferstandene *ist* der Gekreuzigte, ist der jüdische Mann Jesus aus Nazareth in der ganzen Fülle seiner Lebenspraxis und seines Daseins für Andere bis zur letzten Konsequenz. Diese Wahrnehmung des Anderen, der als Auferstandener begegnet, hat sich in der Kirche schließlich gegen die gnostische Erlösungslehre durchgesetzt.
Eine weitere Unterscheidung der christlichen Auferstehungs-Begegnung von zeitgenössisch wirksamen anderen Glaubensgestalten hat bereits Sören Kierkegaard mit religionsgeschichtlichem, aber auch philosophisch-systematischem Interesse herausgearbeitet. In seinen »Philosophischen Brocken«[35] weist er auf die Unterscheidung zwischen dem Zeitverstehen und dem Wahrheitsverständnis der christlichen gegenüber der *philosophischen Tradition* hin, und zwar am Gegenstand der sokratischen Zeit- und Wahrheitsauffassung, wie sie in Platons »Phaidon« mitgeteilt wird. Damit ist eine Lebenshaltung und Weltauffassung im Blick, die in der Zeit der frühen christlichen Kirchen unter den gebildeten Leuten in den damaligen städtischen Zentren des Mittelmeerraumes weit verbreitet war.

35. S. Kierkegaard, Philosophische Brocken, 1844, übersetzt von Liselotte Richter, Frankfurt/M. 1988, 12 ff. Vgl. zu den folgenden Abschnitten auch: H.-M. Gutmann, Die Wahrnehmung der Gegenwart. Zeit als Problem in der praktisch-theologischen Reflexion kirchlicher Handlungsfelder, in: Ch. Bizer/J. Cornelius-Bundschuh/H.-M. Gutmann (Hg.), Theologisches geschenkt. Festschrift für Manfred Josuttis, Bovenden 1996, 94 ff.

Kierkegaard sieht als Charakteristikum des Lehrers Sokrates, dass der Lehrer für den Schüler zum *Anlass* wird, und nicht mehr, also als Person unwichtig wird, nachdem er den Lernanstoß gegeben hat. »Denn der Endgedanke allen Fragens (des Sokrates, HMG) ist, dass der Befragte doch selbst die Wahrheit haben und sie durch sich selbst bekommen muss. Der zeitliche Ausgangspunkt ist ein Nichts; denn im selben Augenblick, da ich entdecke, dass ich von Ewigkeit an die Wahrheit gewußt habe, ohne es zu wissen, im selben Nu ist jener Augenblick im Ewigen verborgen ...«[36] In dieser Wahrnehmung geht es nicht nur um ein pädagogisches Problem, sondern um ein spezifisches Verständnis des Verhältnisses zwischen Leben und Tod, das zugleich mit einer eigentümlichen Wahrnehmung von *Zeit* verbunden ist. Nehmen wir zunächst die pädagogische Perspektive in den Blick: Der Lehrer (Sokrates) stößt den Schüler an, dass dieser in sich selbst nach der Wahrheit sucht. Weil aber nur der die Wahrheit erkennen kann, der ihr entspricht, muss die erkennende Seele zur Wahrheit bereits in Beziehung gestanden *haben,* wenn sie ihrer im jeweiligen Erkenntnisakt soll innewerden können. Deshalb ist Sokrates der Meinung – und er stößt seine Schüler im Prozess ihrer Selbsterkenntnis immer wieder auf dieses Problem –, dass *die Seele unsterblich* ist, dass sie bereits vor der Geburt da war und nach dem Tode weiter lebt, dass sie in Ewigkeit da ist. In ihrem Ewigkeits-Leben kann die Seele die *Ideen* anschauen, denen wiederum die *Begriffe* entsprechen, in denen sich die Wahrheit dem menschlichen Erkenntnisvermögen mitteilt. Im irdisch-menschlichen Lebenszusammenhang geben die Begriffe – als Abschattung der ewigen Ideen – die Möglichkeit, deren Macht und Wahrheit auch im irdischen Leben aufscheinen lassen. Deshalb gilt: alles menschliche Erkennen ist in Wahrheit ein Sich-Erinnern der Seele an ihr eigentliches ewiges Sein.

Es geht Kierkegaard nun zentral um dieses Problem: im platonisch-sokratischen Modell wird die Beziehung der Schüler zu ihrem Lehrer Sokrates ebenso unwesentlich, wie überhaupt der gesamte irdisch-menschliche Lebensvollzug gegenüber der eigentlichen Wahrheit der ewigen Ideen eine bloße Abschattung darstellt. Es muss nach dieser Konzeption deshalb das Ziel der menschlichen Seele sein, den Bereich des irdischen Lebens möglichst schnell zu

36. S. Kierkegaard, a. a. O., 15.

verlassen und in ihre eigentliche ewige Heimat zurückzukehren. Das ist das eine: im platonisch-sokratischen Modell verschwindet der Lehrer als Person in seiner Funktion als Anstoß-Gebender für die Selbsterkenntnis des lernenden Subjekts. In Hinblick auf das *Zeitverständnis* wird der *Augenblick,* in der die Seele sich ihrer Wahrheit erinnert, als kontingent-historischer Moment unwesentlich, da die Wahrheit das Sich-Auflösen der geschichtlichen Existenz in das ewige Leben der Seele ist. Der Augenblick verschwindet in der Ewigkeit, ebenso wie der Lehrer im Anstoß-Geben. Das menschliche Subjekt findet die Wahrheit als ihr eigentliches ewiges Sein in sich selbst, nämlich in der Seele.
Kierkegaard arbeitet die Andersartigkeit des *christlichen* Verständnisses signifikant heraus Hier bleibt der *Augenblick* der Widerfahrnis, der Begegnung, der Umwandlung entscheidend, die dem menschlichen Subjekt in der Konfrontation mit seinem Anderen widerfährt. Der einzigartige Augenblick verschwindet also nicht in der Ewigkeit. Und, mit Blick auf die Relevanz der zwischenmenschlichen Beziehung: Hier bleibt der Lehrer – nämlich Jesus – als Person, er verschwindet nicht im Anstoß-Geben.
Aber wie lässt sich dieser Zusammenhang denken? Nur so, dies ist die christologische Konsequenz Kierkegaards, dass Gott *Mensch* wird und doch Gott bleibt. Das überkommene christologische Symbol ist der einzige Weg, der Wahrheit des Lebens auf eine Weise innezuwerden, dass beides – das irdisch-menschliche Leben *und* sein begründendes, haltendes, zurechtstellendes und rettendes Anderes, nämlich Gott – in ihrem Aufeinanderbezogensein angenommen wird und unverkürzt zur Geltung kommt.
Von der Position des erkennenden menschlichen Subjekts aus – so muss man Kierkegaards Antwort auf unsere Frage, nämlich die *menschliche Wahrnehmungsmöglichkeit* des Geschehens der *Auferstehung* hören – ist der Augenblick der Begegnung mit dem Auferstandenen die Erfahrung des *Paradoxes,* der Grenze menschlichen Vermögens. Anders als im philosophischen sokratischen Modell gibt es keinen bruchlosen Übergang von der begrenzten, historisch und gesellschaftlich gebundenen menschlichen Existenz hin zum eigentlichen Sein durch Entsinnlichung und Versenkung. Der Auferstandene ist für das menschliche Denken der vollständig Andere, das Nicht-Selbstverständliche. Er kann nur so erkannt werden, dass er im Akt des Erkennens die Bedingung des Erkennens zugleich

gibt. Anders gesagt: Er kann nur darin erkannt werden, dass er den *Glauben* gibt, den das lernende, die Wahrheit suchende menschliche Subjekt aus sich selbst nicht erkennen könnte. Die Wahrheit ist *Begegnung,* das menschliche Individuum wird ihrer in einem kontingenten Augenblick inne. Und die Wahrheit ist an die *Person* des Lehrers gebunden, der nicht im Geben der Wahrheit und nicht im Augenblick dieser Mitteilung aufgeht, sondern sich selbst als Person, und zwar in jedem Augenblick als lebendig und so für das lernende Subjekt bleibend mächtig und bedeutungsvoll zeigt: Jesus Christus ist für den Glaubenden nicht als vergangenes historisches Ereignis bedeutsam, sondern hier und jetzt.

Die Unterscheidung von der gnostischen Erlösungshoffnung und von der philosophischen platonischen Lehre von der Ewigkeit der Seele und der bloßen Schattenhaftigkeit irdischen Lebens sind zwei der damals zeitgenössischen Lebens- und Glaubenshaltungen, von denen sich die Auferstehungshoffnung der frühen christlichen Gemeinden zu unterscheiden hatte. Sie sollen hier beispielhaft für viele andere religiöse und philosophische Orientierungen einstehen, die in dieser Zeit lebendig waren – beispielsweise in den Mysterienkulten oder auch in der philosophischen Schule der Stoa.

Im folgenden soll eine Dimension hervorgehoben werden, die für die christliche Auferstehungshoffnung eigentümlich ist: nämlich ihre *eschatologische Zeit,* die wiederum eine Macht über die Menschen entfaltet, die angemessen als *energetisch* verstanden werden muss.[37] Auferstehung, diese Überlegung möchte ich im folgenden entfalten, wirkt in christlichem Verständnis als *Eintreten eschatologischer Zeit mit energetischer Macht.* Die *eschatologische Zeit* der Auferstehung ist ein wichtiger Hinweis darauf, dass die Lebens- und Glaubensweisen der frühen christlichen Gemeinden zwar durchaus von vielen Umwelteinflüssen tangiert wurden, die in der hellenistischen Kultur des frühen römischen Kaiserreiches lebendig waren[38], dass aber die eigentlich prägende Gestaltvorgabe in den jüdischen Traditionen und im Ersten Testament liegt. Ich

37. Ich verdanke in dieser Sicht der Dinge vieles dem Ansatz bei M. Josuttis, Segenskräfte. Potentiale einer energetischen Seelsorge, Gütersloh 2000.
38. Vgl. für diese Interpretationsperspektive vor allem: H. Köster, Einführung in das Neue Testament im Rahmen der Religionsgeschichte der hellenistischen und römischen Zeit, Berlin/New York 1980.

möchte mein Verständnis in Anknüpfung, aber auch einigen Einwänden gegenüber einem Bild von der Entwicklung eines eschatologischen Zeitverständnisses in Israel entwickeln, wie es vor einem Menschenalter von Gerhard von Rad vorgetragen wurde[39]; trotz seiner für die Umschlagsgeschwindigkeit wissenschaftlicher Meinungen lang zurückliegenden Abfassungszeit kommt diesem Text m.E. noch immer eine erhebliche Erklärungskraft zu.

Im zweiten Band seiner »Theologie des Alten Testaments« hebt von Rad hervor, dass im *Alten* Israel »Zeit« im Sinne einer unendlichen, abstrakten, nach vorn offenen Linie eine unbekannte Vorstellung ist. Zeit ist immer gefüllt, ist immer an *dieses* konkrete Ereignis, an diesen umrissenen Handlungszusammenhang gebunden. »Zeit« heißt dann soviel wie: Zeitpunkt, Zeitabschnitt. Es gibt eine Zeit des Gebärens (Micha 5,2), des Vieheintreibens (1. Mose 29,7), eine Zeit, den Tempel neu zu bauen (Haggai 1,2). Dieses Zeitverständnis wird verdichtet in Psalm 31,16 ausgesprochen: »meine Zeiten stehen in deinen Händen«.

Dieses Zeitverständnis ist, so meint von Rad, »extrem uneschatologisch«. Eine Folge von konkreten lebensvollen Zeiten charakteristisch unterschiedenen Gefülltseins wird aneinandergereiht. Zugleich ist die Abfolge der Zeiten geordnet, und zwar zuallererst *rhythmisch* geordnet. Zentral für diese Zeit-Erfahrung ist die ritu-

39. G. von Rad, Theologie des Alten Testaments, Band 2: Die Theologie der prophetischen Überlieferungen Israels, 1960, München ^{9}1987, 108 ff. Gegenüber diesem Bild vom Zeit- und Geschichtsverständnis Israels sind Differenzierungen angebracht. Ich nenne zwei wirksam gewordene Einwände: R. Rendtorff (»Wo warst du, als ich die Erde gründete?« Schöpfung und Heilsgeschichte, in: ders., Kanon und Theologie. Vorarbeiten zu einer Theologie des Alten Testaments, Neukirchen 1991, 94–112) hat auf die Zeitgebundenheit der Zeit-Analyse von Rads selbst aufmerksam gemacht. Hebt er in den 30er, noch bis in die 50er Jahre hinein (dies ist die Entstehungszeit der »Theologie des Alten Testaments«) die Einbindung und Abhängigkeit der schöpfungstheologischen Aussagen von den geschichtstheologischen Aussagen des AT hervor (insbesondere mit Hinweis auf die Geschichtstheologie des Deuterojesaja), und steht diese Orientierung in deutlichem Zusammenhang mit der Abwehr *Karl Barths* gegenüber der schöpfungstheologischen Herrschaftsbegründung bei den Deutschen Christen, so wandelt sich das Bild in den späten Texten, insbesondere in von Rads Weisheits-Buch in den 70er Jahren. Hier werden solche schöpfungstheologischen Texte wie Psalm 136, aber auch

Psalm 19 als Lobpreis der ganzen Schöpfung gegenüber ihrem Schöpfer, als Hinweis auf die Einbindung der menschheitlichen Geschichte, auch der Heilsgeschichte in den Lebenszusammenhang der ganzen Schöpfung wahrgenommen. Auf diese Weise erfährt die Schöpfungstheologie eine entschlossen positive Würdigung. Rendtorff führt dies darauf zurück, dass sich die Perspektive mit dem vorherrschenden Lebensgefühl gewandelt hat: jetzt geht es nicht mehr um den Abweis der nationalsozialistischen Selbstlegitimierung durch schöpfungstheologische Versatzstücke, sondern um die theologische Arbeit an der symbolischen Ordnung, die durch die ökologische Problematik, die Missachtung der Lebensbedürfnisse der Lebensumwelt durch menschlich-technisches Handeln, schließlich durch die in dieser Lebensfeindlichkeit durchscheinenden Missachtung Gottes als des Schöpfers herausgefordert wird.

Ein zweiter Einwand: H. Gese hat herausgearbeitet (Geschichtliches Denken im Alten Orient und im Alten Testament. Hier zit. nach: ders., Vom Sinai zum Zion. Alttestamentliche Beiträge zur biblischen Theologie, BevTh Band 64, München, 3. Aufl. 1990, 81 ff.), dass die These von der zyklischen Zeitauffassung der Israel umgebenden altorientalischen Kulturen keineswegs allein für deren Zeit- und Geschichtsverständnis charakteristisch ist. Sondern mit Hinweis auf Tempelstiftungstexte aus dem mesopotamischen Bereich (Sumer und Akkad, der sumerisch-babylonische Kulturkreis als – anders als Israel-Kanaan – einheitlicher Kulturkreis) kann er zeigen, dass hier bereits mit Listen, mit in gewisser Weise linearen Zeitabschnitts-Bestimmungen gearbeitet wird. Das Geschichtsverständnis wandelt sich hier von einer alten Konzeption, die von der Abfolge gefüllter Zeiten ausgeht (die ihrerseits durch das kontingente Handeln von Göttern bestimmt sind, also z. B. Phasen von guten Jahren und schlechten Jahren benennen) zu einer Geschichte, die mit der Folge schlechter bzw. guter Ereignisse auf schlechtes bzw. gutes menschliches Handeln rechnet. Ein Tun-Ergehen-Zusammenhang, der aber nicht kalkulatorisch das eine aus dem anderen folgert, sondern: das schlechte Handeln und das schlechte Ergehen sind eines, werden z. T. mit dem gleichen Wort benannt. Hier, in diesem Feld, nimmt Israel also direkt Elemente aus der umgebenden Kultur auf; ebenso wie mit der Vorschaltung einer Urgeschichte vor die durch den Tun-Ergehen-Zusammenhang als je inhaltlich qualifizierte gute und schlechte Zeiten konzipierte Geschichtsschreibung der Richter- und Königszeit. Allerdings versteht der als Vorlage dienende sumerische Text die Urgeschichte nicht, wie Israel, als Geschichte des Überhandnehmens der Sünde, sondern als Königszeit mit langen Zeitzyklen, im Einklang mit den Göttern und der natürlichen Lebensumwelt. Aber auch hier wird eine Periodisierung vorgenommen: Urgeschichte; Urflut; dann Götterkampf (Besiegen der Urschlange Tiamat durch Marduk und seine Streitmacht, Gründung der bewohnbaren Welt gegen das Chaos).

elle Begehung von *Festen.* Nicht die Zeit überhaupt, nicht die alltägliche profane Zeit, sondern die Feste sind die *wirkliche* Zeit, insofern sie heilige Zeit sind. Der Sabbat beispielsweise ist ein objektiv geheiligter, für JHWH ausgesonderter Tag, an dem die Gemeinde an der Ruhe Gottes Anteil hat (2. Mose 20,8; 5. Mose 5,12 ff.). Oder das Fest der ungesäuerten Brote, das Fest der Ernte, das Fest der Lese (2. Mose 23,14 ff.) : immer handelt es sich um gegenüber alltäglichem Leben ausgegrenzte, von JHWH geschenkte Freudenzeit.

Dieses Verständnis von Zeit als gefüllter Zeit des Augenblicks, die im Fest begehbar ist und – so könnte man formulieren – die alltäglich-profane Zeit entwertet, teilt das alte Israel mit vielen alten Gesellschaften. Der rumänisch-französische Religionswissenschaftler Mircea Eliade hat eben hierin das Charakteristische des Zeitverstehens alter (archaischer, »primitiver«, wie er sich auszudrücken beliebt) Gesellschaften überhaupt gesehen[40]: Ziel des gesellschaftlichen Lebens ist, die profane Zeit und damit die vergängliche Zeit zum *Verschwinden* zu bringen und die *Zeit des Festes* als die eigentliche, die wirkliche, eben: die *heilige* Zeit zu setzen. In jedem Gründungsakt – im Bau eines Hauses oder der Einfriedung einer Stadt, mit jeder Aussaat und in jeder Vereinigung zwischen Mann und Frau, in jedem Opfer ereignet sich *hier und jetzt* wieder, was die Götter am Anfang der Zeit zur Bannung des Chaos durch Schöpfung getan haben. Wenn menschliches Handeln rituell gefestigt und im Fest »begangen« wird – Handeln, durch das der Bereich menschlicher Ordnung (als Arbeit, als Form sozialen Zusammenlebens, als Hervorbringung neuen Lebens) gegenüber dem Ungeordneten, Unbeherrschten, Chaotisch-Lebendig-Lebensgefährdenden der nicht-menschlichen Lebensumwelt ausgeweitet wird –, ereignet sich Schöpfung wie am ersten Tag.

Der Rhythmus der großen Feste im alten Israel orientiert sich ursprünglich am natürlichen Zyklus des palästinischen Jahres. Im Festzyklus lebt zunächst, so von Rad, eine bäuerliche Religion, in der die Vorgänge des Säens und Erntens selbst als sakrale Vollzüge gelten. Im Fortgang der Geschichte Israels – und dies ist von Rads zentrale These – sind diese Feste *historisiert* worden. Sie werden

40. M. Eliade, Die Religionen und das Heilige. Elemente der Religionsgeschichte, 1949, Frankfurt/M. 1998, 447 ff.

als Zeiten und Orte der Vergegenwärtigung der Heilsgeschichte JHWHs mit seinem Volk verstanden. So wird Mazzot, das Fest zu Beginn der Gerstenernte, gemeinsam mit dem Passa zum Fest, an dem der *Auszug aus Ägypten vergegenwärtigt* wird (2. Mose 23,15). Das große Herbst- und Weinlesefest wird zur Erinnerung an die Wüstenzeit, in dem Israel in Laubhütten gewohnt hat, zum Laubhüttenfest: »sieben Tage sollt ihr in Laubhütten wohnen« (3. Mose 23,42 f.). Die Historisierung beinhaltet nicht die Vorstellung von Vergänglichkeit und Relativierung, die für eine moderne Perspektive charakteristisch wäre. Sondern die Feste *bleiben* absolute, eigentlich wirkliche Zeit, der gegenüber die profanen Zeiten *verschwinden.*

Die Umprägung der agrarischen Feste zu Festen, in denen Israel seine Heilsgeschichte vergegenwärtigt, ist aber nur eine erste Phase in einem Prozess, in dem Israel seine Existenz zunehmend als geschichtlich versteht. Aus der Aneinanderreihung gefüllter Zeiten entsteht eine *Zeitstrecke:* In sogenannten »Summarien« werden eine ganze Reihe geschichtlicher Ereignisse zusammengefasst, die in ihrer Vollzahl die Existenz Israels begründen. »Wenn dich nun dein Sohn morgen fragen wird: Was sind das für Vermahnungen, Gebote und Rechte, die euch der HERR, unser Gott, geboten hat?, so sollst du deinem Sohn sagen: Wir waren Knechte des Pharao in Ägypten, und der HERR führte uns aus Ägypten mit mächtiger Hand; und der HERR tat große und furchtbare Zeichen und Wunder an Ägypten und am Pharao und an seinem ganzen Hause vor unsern Augen und führte uns von dort weg, um uns hineinzubringen und uns das Land zu geben, wie er unsern Vätern geschworen hatte« (5. Mose 6,20 ff.; vgl. 3. Mose 25,38 ff.)

Wie verhält sich dieses Geschichtsverständnis zur zyklischen Zeitstruktur der Feste? Die Zeit des Kultes – die Gleichzeitigkeit mit dem ursprünglichen Handeln Gottes in der Gründung der Schöpfung und in der Bannung von Chaos – ist seinem Wesen nach antihistorisch, will nämlich Geschichte als vergehende, vergängliche Zeit gerade ausschließen. Eine Zeitlang bestehen, so von Rad, beide Zeitverständnisse, das zyklische und das gerichtete Zeitverständnis, *nebeneinander,* sind auf unterschiedliche soziale Trägergruppen aufgeteilt. Zunehmend differenziert sich das heilsgeschichtliche Verstehen aus dem sakralen Raum kultischer Vergegenwärtigung, aus der Zeiterfahrung zyklischer Wiederkehr aus.

Von Rad betont, dass sich damit auch die Unterscheidung zwischen Israel und den umgebenden Völkern verstärkt: in ihren Schöpfungsmythen oder z. B. auch im Mythos der Heiligen Hochzeit bleibt dort das sakrale Zeitverständnis geschichtslos. Die Feste, in deren Rituale solche Mythen begangen werden, wollen die profane Geschichte, ja sie wollen Vergänglichkeit gerade auslöschen. –

Israels Zeitverständnis wird insbesondere in der Verkündigung der Propheten lebendig. Gegenüber den Geschichtsbüchern des Alten Testaments, aber auch gegenüber der historischen Umwelt des Gottesvolkes liegt das Neue der prophetischen Theologie in der entschlossenen Hinwendung zur Zukunft; die Weise dieser Hinwendung muss jedoch genau verstanden werden. Nicht jede Zukunftsorientierung ist per se eschatologisch bestimmt. Eschatologische Zeit ist gefüllt durch das *Kommen Gottes selbst,* der sein Volk und schließlich alle Welt in seinem Reich aufnimmt. Das ist zugleich die radikale Krise, ein vollständiges Neuwerden alles Bestehenden. Alle Kontinuitäten werden abgebrochen. Was war, ist nicht mehr, alles wird neu. Alle menschlichen Vorstellungen von diesem Geschehen bleiben per definitionem unzureichend. Ich stimme deshalb von Rad darin zu, dass man sich dem besonderen Charakter der *eschatologischen Zeit* nicht zuerst so annähern kann, dass man nach einem zusammenhängenden inhaltlichen Vorstellungskomplex von kosmisch-mythologischen Erwartungselementen sucht, in denen das Weltende, der Untergang des Alten Äon ausgemalt wird.

In jedem Falle kann das Neue nicht mehr als Fortsetzung des Bisherigen verstanden werden. Das Verhältnis zwischen »alt« und »neu« in der prophetischen Verkündigung ist ausgesprochen kompliziert, und es ist auch durch von Rads Ausführungen nicht vollständig erhellt. Auf der einen Seite ist das neue Handeln JHWHs durch sein bisheriges Heilshandeln in der Geschichte mit Israel vorgebildet. Auf der anderen Seite ist es neu einsetzendes Handeln: auf die Gültigkeit der bisherigen Verheißungen kann sich Israel jedenfalls, so die immer wiederkehrende Mahnung der Propheten, nicht mehr umstandslos verlassen. Und vor allem: das Volk kann sich durch die Erinnerung an JHWHs vorgängige Taten nicht gegenüber der prophetischen Unheilspredigt und Gerichtsansage absichern. Der bisherige Geschichtsgang, auch die bisherigen

Erwählungen JHWHS, wie sie in den Erzählzusammenhängen des Exodus, der Sinai- und der Jerusalem-David-Tradition mitgeteilt werden, werden durch die prophetische Ansage in ihrer Kontinuität aufgekündigt. Auf der anderen Seite stehen aber auch die Propheten selbst in einer je spezifischen heilsgeschichtlichen Tradition: so Hosea in der Exodustradition, Jesaja in der David-Jerusalem-Tradition, Deuterojesaja in der Tradition der Erzählkomplexe von Schöpfung, Sintflut und Exodus. Das Neue, das die Propheten ansagen, ist deshalb nicht kontingent, sondern steht in einer Analogie zu bisherigem Heilshandeln Gottes – jetzt allerdings als neues und deshalb aus dem Vergangenen nicht ableitbares Handeln. Umgekehrt stehen auch die Unheilsweissagungen, z. B. der Traditionskomplex des »Tages JHWHs«, in einer spezifischen Tradition, z. B. der JHWH-Kriegs-Vorstellungen.

Ich trenne mich von der Interpretation von Rads an der Stelle, wo er das neu entstehende Zeitverständnis als lineare, *von der Vergangenheit in die Zukunft zulaufende Strecke* versteht. Ich denke, dass an dieser Stelle allzu stark *moderne* Zeit-Konzeptionen in von Rads biblische Interpretationen einfließen und das Spezifische der biblischen Zeit-Wahrnehmung gerade verstellen. In einer Annäherung an das hebräische, jüdische Verständnis von »Zeit« weist der Bochumer Alttestamentler Jürgen Ebach auf einen Text des von den Nazis gejagten und schließlich in den Tod getriebenen jüdischen Philosophen Walter Benjamin hin[41]. Benjamin interpretiert in einer seiner geschichtsphilosophischen Thesen ein Bild von Paul Klee, *Angelus Novus:* Ein Engel wird hinweggeweht, das Gesicht einem anwachsenden Trümmerhaufen zugewendet. Der Engel wird vom Wind (der Geschichte; des Fortschritts) *rückwärts* einer offenen Zukunft zugetrieben. »Seine Richtung (das Antlitz der Vergangenheit zugewendet, von einem Sturm vom Paradiese her unaufhaltsam in die Zukunft getrieben), muss er nicht einnehmen, indem er sich ... *umdreht.* Als hebräischem Engel ist ihm vielmehr diese Haltung gegenüber Vergangenheit und Zukunft die, wenn man das bei einem Engel sagen darf: normale.«[42] Dieses Bild Paul Klees und die

41. J. Ebach, »In deiner Hand meine Zeiten« (Psalm 31,16). Biblische Erinnerungen zur Zeit, in: ders., Biblische Erinnerungen. Theologische Reden zur Zeit, Bochum 1993, 184 ff.
42. Ebd., 191.

Interpretation Benjamins trifft, so meint Jürgen Ebach, präzise das hebräische und jüdische Zeitverständnis. In hebräischer Sprache ist *Vergangenheit* das, was einem vor Augen liegt (hebr. *lifne*); die *Zukunft* das, was im Rücken, also verborgen ist (*acharon, acharit*). Eingedenken, sich Erinnern ist für Israel nicht etwas, für das man sich umdrehen müsste, sondern vielmehr etwas, wofür man nur die Augen aufmachen muss. Die Augen geradeaus in die Zukunft gerichtet, die Erfolge im Rücken: das ist ein Zeitverständnis, das jedenfalls nicht das Israels ist. Der chassidische Rabbi Bunam sagt: *Erinnerung* ist das Geheimnis der Erlösung; dies ist, so Ebach, in jüdischer Sicht kein Gedenkspruch, sondern Lebenspraxis. Die Zeit kommt aus der Zukunft den Menschen und allem Leben entgegen, aus einer Zukunft, die die Zukunft Gottes ist.
Ich denke mit Jürgen Ebach: das Charakteristische an der Zeitwahrnehmung in Israel ist, dass die Zeit Gott gehört, der auf sein Volk und alles Leben *zukommt*. Geschichte wird hier nicht als finaler Prozess verstanden in dem Sinne, dass sie als zielgerichtete Entwicklung von der Vergangenheit auf die Zukunft zuläuft, sondern umgekehrt. Geschichte ist auf das Kommen der Zeit gerichtet insofern, als sie sich dem *Kommen Gottes öffnet*. Gott ist es, der zwischen der Vielzahl der Ereignisse Kontinuität herstellt. Die Zielstrebigkeit der Abfolge je besonderer, gefüllter Zeiten wird als auf das Volk Gottes zukommende Gabe JHWHs wahrgenommen. Sie weist auf das *Subjektsein Gottes*, der seine lebenserhaltende Macht an die Geschichte dieses einen Volkes bindet, und seine *Verheißung* – des Landes, der Nachkommenschaft – tatsächlich erfüllt.
Die Begegnungen der Freundinnen und Freunde Jesu mit dem Auferstandenen und der Glaube der entstehenden christlichen Gemeinden an die Auferstehung der Toten entwickeln sich im Wirkungsfeld der alttestamentlichen Eschatologie und insbesondere der prophetischen Verkündigung mit ihrer spezifischen Zeitansage des Kommens Gottes. Die Auferstehungswiderfahrnisse sind ohne dieses Umfeld nicht zu denken, sie geben ihm aber zugleich eine charakteristisch neue Gestalt. Sie entwickeln eine Macht, die nicht anders als *energetisch* verstanden werden kann: Die Begegnungen mit dem Auferstandenen teilen nicht allein ein neues Existenzverständnis mit, das den betroffenen Menschen helfen könnte, ihr bisheriges Leben anders zu *deuten* und in einem neuen Licht besser zu *verstehen*. Ich plädiere dafür, die neutestamentlichen Zeug-

nisse gerade in diesem Feld *nicht* als uneigentliche Rede anzusehen. Die Begegnungen mit dem Auferstandenen, vor allem aber auch zentrale Lebensvollzüge in den Gemeinden wie die Taufe und das Herrenmahl werden als Ein-Körperung, als Einverleibung in den Christusleib, in den Leib des Auferstandenen geglaubt, aber auch gedacht, existenziell vollzogen (Römer 6,3f; 12,4 ff.; 1. Korinther 8; 11,17–34; 12,12–31).

Das könnte für moderne Ohren einigermaßen fremd klingen; ich nehme Gerd Lüdemanns Auferstehungsdeutung als exemplarisch für diese Fremdheitserfahrung wahr. Es ist gerade der Impuls für Lüdemanns Bruch mit dem christlichen Auferstehungsglauben, dass er solche Formulierungen für dogmatische Konstruktionen hält, die dem Lebensgefühl moderner Menschen schlechterdings nicht mehr zu vermitteln sind. Bei näherem Zusehen ist die Zeitwahrnehmung als Eingekörpert-Werden aber auch unter den Bedingungen einer modernen Gesellschaftlichkeit geläufig.

Ich habe, um diesen komplizierten Zusammenhang zu verstehen, viel von der Debatte über das Verständnis von »Zeit« gelernt, wie sie von *phänomenologisch* orientierten Philosophen geführt wurde. Dazu ein paar kurze Überlegungen: Ähnlich wie Henri Bergson[43], so stellt auch Edmund Husserl[44] an den Anfang des Nachdenkens über das Zeit-Erleben die Wahrnehmung der *»Dauer«;* dabei handelt es sich um einen ununterbrochenen, unstrukturierten Zeit-Fluß, in dem einzelne Augenblicke und Erlebnisse nicht wohlunterschieden präsent sind, vielmehr in einem unkonturierten Strom immerwährender Gegenwärtigkeit da sind. Dies ist, bevor sich *etwas Bestimmtes ereignet,* die Grundform von Zeit, in die ein jeder Mensch eingebunden ist.

Aber was ist, wenn etwas Bestimmtes geschieht? Durch das Erleben im *Augenblick,* wenn etwas auf den Fluss der Dauer hinzustößt, kommt es zu einer Unterbrechung des ungestalteten Stromes, zugleich zu einem Hervorheben dieses je Besonderen, im Augenblick Geschehenden. Es kann als dieses Hervortretende vom Individuum aber nur darin *erlebt* werden, dass analoge Erlebnisse wachgerufen werden und ebenfalls aus dem strukturlosen Fluss

43. H. Bergson, Durée et simultanéité, Paris 1910.
44. E. Husserl, Vorlesungen zur Phänomenologie des inneren Zeitbewußtseins, 1928.

der »Dauer« Gestalt gewinnen (»Retention«). Zeit ist zusammengefaßt das Wechselspiel von Dauer, Augenblick und Retention.

Der Kieler Philosoph Hermann Schmitz macht darauf aufmerksam[45], dass das Erleben von »Dauer« im Sinne von Bergson oder Husserl zugleich grundlegend *sozial* bzw. sogar korporatorisch, nämlich einkörpernd zu verstehen ist: also *nicht* so, als verbänden sich die menschlichen Individuen, die in die Zeit-Erlebensformen der Dauer bzw. spontanen Retentionen verstrickt sind, erst *nachträglich* zu gemeinsamem Leben in einer lebensweltlichen Sozialität; sondern so, dass dieses soziale Eingebundensein, ja Einverleibtsein das Ursprüngliche, Grundlegende ist, die Individuation des Menschenkindes dagegen erst ein sich hieraus entwickelnder Prozess. Das Erleben von Zeit als Dauer repräsentiert die ursprüngliche Verwobenheit des Menschen in die Intimität der Beziehung. – Man kann sich die Plausibilität dieser Überlegung vergegenwärtigen, wenn man sich deutlich macht, wie Menschenkinder im Prozess ihrer Individuation sich erst nach und nach aus der allumfassenden Beziehung zur Mutter bzw. zur zentralen erwachsenen Bezugsperson herauslösen.

Entscheidend für das Verständnis eschatologischer Zeit ist nun diese Überlegung Hermann Schmitz': Das Verhältnis von Augenblick und Dauer, wie es in der alltäglichen Zeit-Wahrnehmung eingespielt ist, erfährt in der *Eschatologie* seine Umkehrung. Wenn man die Zeit-Form des »Augenblicks« im Sinne der phänomenologischen Interpretation als das plötzliche Herantreten von »Zukunft« an die einverleibende Dauer der Zeit versteht – dadurch wird eben dieser Zeitpunkt gegenüber allen anderen aus der Dauer hervorgehoben –, so stellt die eschatologische Zeit, also das *Ausbleiben von Zukunft* am Ende der Zeit umgekehrt *die einverleibende Dauer* in den Vordergrund der Zeit zurück: alles und alle werden gleich gegenwärtig. Denn eschatologische Zeit beinhaltet eine Wirklichkeit, die – im Gegensatz zur fortlaufenden Geschichte – gerade nicht so beschrieben werden kann: die zukünftige Zeit kommt auf die Gegenwart zu; sondern: *die Zukunft bleibt aus*. In theologischer Zuspitzung (was Schmitz als Philosoph ausdrücklich nicht tut) kann dies so formuliert werden: Mit Eintreten der eschatologischen Zeit kommt keine zukünftige Zeit mehr, und zwar ge-

45. Vgl. H. Schmitz, System der Philosophie. Erster Band: Die Gegenwart, Bonn 1964, 460 ff.

rade *aus dem Grunde, dass Gott selbst kommt.* Auch in einer nicht ausdrücklich theologisch orientierten, phänomenologisch-philosophischen Zeit-Analyse ist es sinnvoll, ja geradezu notwendig, die eschatologische Zeit als Ausbleiben, als *Nicht-Geschehen von Zukunft* im Sinne menschlicher Erwartungsmöglichkeiten und Zeitvorstellungen zu denken. In Wahrnehmung der spezifisch jüdisch-christlichen Tradition ist dies so zu denken: Das Ausbleiben von Zukunft (als zuinnerst eschatologisches Ereignis) fällt mit der Herstellung einer vollendeten Sozialität („Reich Gottes«) und der Re-Präsenz, der Wieder-Vergegenwärtigung alles und aller Lebenden in der *Auferstehung der Toten* zusammen.

Ich will eine Konsequenz dieser Sicht mindestens andeuten: Würde *diese* Zeit-Analyse als philosophisches Gegenüber theologischen Nachdenkens angenommen, so ließe sich auch das Verhältnis von »Eschatologie« und »Geschichte« in neuer Weise denken, anders als dies in der Tradition Rudolf Bultmanns in der theologischen Debatte immer noch weithin geläufig ist.[46] Eschatologische Existenz wäre dann nicht mehr als »Ruf« des einzelnen Menschen »in die Entscheidung« und in diesem Sinne als eine radikale *Individualisierung* zu verstehen, nämlich als *Heraustreten* des einzelnen aus seinen Lebenszusammenhängen als organisch gewordenen Ganzheiten oder auch aus mythischen Erzähltraditionen, in denen die eigentlich gemeinte individuelle Entscheidung gewissermaßen objektiviert wird. Sondern gerade anders: Eschatologische Existenz kann jetzt verstanden werden als Wahrnehmung der konstitutiven *Einverleibung* individuellen menschlichen Lebens *in die Sozialität mit anderen und mit der Lebensumwelt,* gelebt unter der Bedingung des noch ausstehenden Endes und damit eines unberechenbaren Vorrats an Zukunft.

Die Begegnungen der Jünger und Jüngerinnen des Jesus von Nazareth mit dem Auferstandenen, die sich im Auferstehungsglauben der christlichen Gemeinden und Kirchen fortsetzen, sind ein Geschehen der Einkörperung der Menschen, denen dies widerfährt, in eine gegenüber ihrem bisherigen Leben und seinen alltäglichen Vollzügen vollständig andere Sozialität im Leib Christi. Der Apostel

46. Vgl. R. Bultmann, Theologie des Neuen Testaments, Tübingen 7. Aufl. 1977, 2 ff., hier 8; und öfter in diesem und vielen weiteren Texten Bultmanns.

Paulus hat im 1. Korintherbrief darauf bestanden, dass dieses Geschehen alle konkreten menschlichen Vorstellungsmöglichkeiten übersteigt. Paulus formuliert mit Bedacht in Negationen, in Aufhebungen dessen, was uns als Menschen vertraut ist und insgesamt zum Bereich des menschlich-alltäglich Erlebbaren und Vorstellbaren gehört. Und dennoch besteht er auf der *Leiblichkeit* dieses Geschehens: es lässt sich (wie dies damals und bis heute in philosophischen Gesprächszusammenhängen weit verbreitet ist) nicht so begreifen, dass Körperlichkeit und Geistigkeit, oder auch Körper und Seele des Menschen getrennt würden und die Auferstehung nur für den geistig-seelischen Bereich im Menschen erwartet würde, während der Körper mit dem Tode dahin ist und verwest, also am Auferstehungsgeschehen keinen Anteil hätte. Auferstehung geschieht dem *ganzen Menschen,* als Leib und Geist, aber in einer mit menschlich-alltäglichen Möglichkeiten nicht vorstellbaren, sondern alles Vorstellbare und Denkbare aufhebenden Weise. Paulus formuliert (1. Korinther15,38 ff.): »Gott aber gibt ihm einen Leib, wie er will, einem jeden Samen seinen eigenen Leib. Nicht alles Fleisch ist das gleiche Fleisch, sondern ein anderes Fleisch haben die Menschen, ein anderes das Vieh, ein anderes die Vögel, ein anderes die Fische ... So auch die Auferstehung der Toten. Es wird gesät verweslich und wird auferstehen unverweslich. Es wird gesät in Niedrigkeit und wird auferstehen in Herrlichkeit. Es wird gesät in Armseligkeit und wird auferstehen in Kraft. Es wird gesät ein natürlicher Leib und wird auferstehen ein geistlicher Leib.«

Es geht offensichtlich um eine Verwandlung, um eine vollständige Aufhebung aller bekannten und vorstellbaren Formen menschlicher Körperlichkeit – Paulus gebraucht dafür den Ausdruck »natürlicher Leib«. Der biologische Körper des Menschen wird mit dem Tod dem Prozess der Verwesung übergeben, genauso wie seine soziale, wirtschaftliche, politische und kulturelle Existenz – nach einer Phase des Erinnerns im kulturellen Gedächtnis der vertrauten Menschen[47] – im Regelfall an Konturiertheit und Deutlich-

47. J. Assmann hat die Unterscheidung von kommunikativem und kulturellem Gedächtnis vorgeschlagen: Stützt sich das kommunikative Gedächtnis auf alltägliche Interaktion und reicht nicht weiter als 80–100 Jahre zurück, so gewinnt das kulturelle Gedächtnis zentralen Stellenwert für die Vergewisserung sozialer Kontinuität. Die kulturelle Erinnerung gewinnt sakralen Charakter; so »schafft sich das kulturelle Gedächtnis ei-

keit verlieren und im Laufe der Zeit verblassen wird. Aber genauso wichtig ist dem Paulus: Auferstehung ist keine Aufhebung im Sinne des Verschwinden-Lassens der Leiblichkeit des Menschen. Die Verwandlung geschieht nicht nur einem wie auch immer gedachten »Innern« des Menschen, das man sich als Geist oder Seele oder anders vorstellen kann, sondern die Verwandlung geschieht dem ganzen Menschen in seiner Einheit von Leib, Seele und Geist. Um das Neue und Verwandelte zu bezeichnen, spricht Paulus jetzt vom »geistlichen Leib« des Menschen. Damit ist nicht eine entkörperlichte, quasi sphärische oder ätherische Existenz gemeint, sondern vielmehr ein *Subjektwechsel,* der zugleich als *Machtwechsel* beschrieben werden muss: Der Geist Gottes als die dem menschlichen Leben zugewandte, es ergreifende und ihm begegnende Seinsweise Gottes, nicht mehr die Selbstreflexion und Selbsttätigkeit des menschlichen Individuums ist Subjekt des durch Auferstehung verwandelten »geistlichen Leibes«.
In späteren dogmatischen Reflexionen, die in der Kirchengeschichte ihren Höhepunkt im 4./5. Jahrhundert nach Christus finden, wird man in aller Begrenztheit menschlicher Denkmöglichkeiten die Gleichursprünglichkeit und gleiche Macht der in ewiger wechselseitiger Kommunikation einander zugewandten Seinsweisen Gottes als Vater, Sohn und Geist herausarbeiten. Dass all dies die Grenzen der Möglichkeiten menschlicher Reflexion grundlegend übersteigt, hat nicht gehindert, dass es über die Weise, wie diese Zueinanderordnung gedacht werden kann, in der Geschichte der Kirche immer wieder erbitterte Auseinandersetzungen und wechselseitige Verwerfungen zwischen verschiedenen Parteien gegeben hat. Als Paulus versucht hat, dem Geschehen der Auferstehung eine angemessene sprachliche Form zu geben, war daran noch nicht zu denken. Es handelt sich bei diesen Sprechbemühungen um eine gegenüber den späteren dogmatischen Entscheidungen noch verhältnismäßig wenig ausdifferenzierte, aber dennoch

nen eigenen Kommunikationsraum ...: die zeremonielle Kommunikation.« J. Assmann, Der zweidimensionale Mensch. Das Fest als Medium des kollektiven Gedächtnisses, in: J. Assmann/Th. Sundermeier (Hg.), Das Fest und das Heilige. Religiöse Kontrapunkte zur Alltagswelt, Gütersloh 1991, 24. Vgl. auch ders., Das kulturelle Gedächtnis. Schrift, Erinnerung und politische Identität in frühen Hochkulturen, München 1999.

im Entscheidenden genügend deutliche Redeweise: Entscheidend für die Wahrnehmung des Auferstehungsleibes des Menschen ist der Subjektwechsel und Machtwechsel. Der auferstandene Mensch wird in Gott sein, wird in einer Intimität mit Gott stehen, die alles menschliche Fassungsvermögen übersteigt. Was Paulus aber offenbar unbedingt festhalten will ist, dass Gott – in seiner Seinsweise des Geistes – und nicht der Mensch Subjekt in dieser intimen, innigen Verbindung ist.
Die Jünger und Jüngerinnen des Jesus von Nazareth, die dem Auferstandenen begegnen, aber auch die Christen, die sich in späteren Jahrhunderten taufen lassen und Abendmahl feiern und ihr Leben vom Glauben an den Gekreuzigten und Auferstandenen bestimmen lassen, gewinnen selbst Anteil am Auferstandenen. Um die vollendete Intimität, ja Ein-Körperung der Christen in diese Beziehung zur Sprache zu bringen, hat Paulus immer wieder von der Gemeinschaft der Christen als dem »Leib Christi« gesprochen, beispielsweise im 1. Korintherbrief im 12. Kapitel: »Denn wie der Leib einer ist und doch viele Glieder hat, alle Glieder des Leibes aber, obwohl sie viele sind, doch ein Leib sind: so auch Christus. Denn wir sind durch einen Geist alle zu einem Leib getauft, wir seien Juden oder Griechen, Sklaven oder Freie, und sind alle mit einem Geist getränkt« (V. 12 ff.). Der Machtbereich, in den die Christen eintreten und an dem sie durch die Taufe, durch das Abendmahl und im ganzen Lebensvollzug des Glaubens Anteil gewinnen, ist von einer solch durchdringenden Kraft, dass alle Ordnungen und Grenzen entmächtigt werden, die das soziale Alltagsleben der Christen bestimmen – und die ja auch durch die Zugehörigkeit zur christlichen Gemeinde als dem Leib Christi nicht einfach aufgehoben sind: solange sie leben, *bleiben* die Christen in ihrem Geschlecht, ihrem sozialen Status, in ihrer Nationalität in die jeweils existierenden sozialen Ordnungen eingebunden.
Ich hatte das Stichwort der »energetischen Macht« gebraucht, um zu vergegenwärtigen, auf welche Weise die Einkörperung in den Auferstehungsleib wahrgenommen werden muss. Damit soll bezeichnet werden, dass der Glaube an den Auferstandenen mehr und etwas anderes bewirkt als eine Veränderung in der Gestimmtheit, in der Selbstreflexion oder in der Lebensdeutung der Glaubenden. Der Glaube an den Auferstandenen – und die rituellen Schritte, in den Bereich des Glaubens einzutreten (in der Taufe) und die Zugehörig-

keit zum Leib Christi und die Verbundenheit mit den anderen Gliedern dieses Leibes zu feiern (im Abendmahl) – bringt Menschen in Kontakt, ja zu einer Vereinigung mit der heilsamen Macht Gottes, durch die alles Leben geworden ist und die im Reich Gottes alles Leben in sich aufnehmen wird. Alle Machtbeziehungen und Differenzierungen innerhalb der geschichtlich-sozialen Wirklichkeit, aber auch alle Differenzierungen in der biologischen Verfasstheit des Lebens werden durch die Zugehörigkeit zu *dieser* Macht in ihrer eigenen lebensbestimmenden Macht *entmächtigt* – auch die biologische Grenze zwischen Leben und Tod.

Eine ausdrücklich *theologische* Problematik soll in diesem Zusammenhang schließlich überlegt werden: Das neutestamentliche Verständnis von *Taufe als Übergang vom Tod zum Leben* hat in der Alten Kirche, aber auch in der Reformation (und bis heute z. B. in der syrischen Kirche) eine Gestalt gefunden, diesen Transitus rituell und lebensgeschichtlich zu begehen.[48] Welche Konsequenzen hätte es, wenn diese Anschauung von der Taufe heute *nicht* als *uneigentliche Rede* interpretiert, sondern als *Neubestimmung der Grenze* zwischen Leben und Tod ernsthaft realisiert würde? Dies schlösse ebenfalls ein zu realisieren, dass durch die Taufe eine Grenze zwischen Leben und Tod gezogen wird, die *quer zu den eingespielten biologischen und sozialen Vorstellungen von dieser Grenze* verläuft. Wer getauft wird, geht über die Grenze vom Tod zum Leben (Römer 6,4 f.) und wird in eine Sozialität inkorporiert, die gegenüber allen *alltäglichen* Sozialitäten vollständig anders ist, in denen Menschen ihre Rollen zu spielen haben – in familialen und lebensweltlichen face-to-face-Beziehungen, aber auch in ökonomischen und politischen Systemen. Wenn Menschen getauft werden, werden sie in den Leib Christi inkorporiert. Und weil sie zugleich, solange sie leben, *in* ihren alltäglichen Rollen *bleiben* – als Vater oder Computertechnikerin, Bäcker oder Friseurin, Bundeskanzler oder Sozialhilfeempfänger –, werden alltägliche Sozialitäten von der Sozialität des Leibes Christi nicht aufgehoben, sondern durchdrungen: sie werden in ihren Machtansprüchen re-

48. Einen guten Überblick zur Entwicklung des Taufgottesdienstes gibt A. Jilek, Art. Taufe, in: H.-Ch. Lauber/K.-H. Bieritz (Hg.), Handbuch der Liturgik. Liturgiewissenschaft in Theologie und Praxis der Kirche, Göttingen 1995, 294–332.

lativiert und durch den Kommunikationsfluss der neuen Sozialität in heilsamer Weise verändert.

Dieser gegenüber alltäglichen Lebenswelten und Systemen *anderen* Sozialität des Leibes Christi gehören Lebende *und* Tote an. Aus der »Gemeinschaft der Heiligen« wird nicht ausgeschlossen, wer die biologische Todesgrenze überschreitet. Alltägliche Differenzierungen verlieren ihren totalisierenden Geltungs- und Machtanspruch. In der späthellenistischen Welt, in der Paulus seine Missionsreisen unternommen hat, waren vor allem die sozialen Differenzierungen zwischen Juden und Griechen, Sklaven und Freien, Männern und Frauen im Blick (Galater 3,28). Aber es ging Paulus auch zuinnerst um eine Entmächtigung der biologischen Todesgrenze: durch die neue Grenzziehung zwischen Leben und Tod, die mit der Zugehörigkeit zum Leib Christi in Geltung ist, gehören auch die bereits Verstorbenen weiterhin zur neuen Sozialität hinzu (1. Thessalonicher 4,15 f.). Für Lebende und Tote gilt die Zusage: »So seid ihr nun nicht mehr Gäste und Fremdlinge, sondern Mitbürger der Heiligen und Gottes Hausgenossen« (Epheser 2,19).

»Leib Christi«, die »Gemeinschaft der Heiligen«, der »Tempel« bzw. das »Haus Gottes«: es sind bereits auf der Sprachebene der neutestamentlichen Texte *symbolische* Gestalten, in denen die gegenüber allen alltäglichen Bezügen *andere* und deshalb mit deren sprachlichen Kompetenzen prinzipiell *unsagbare* Sozialität wahrgenommen wird. Die Einsicht in den symbolischen Charakter ihrer Vergegenwärtigung muss allerdings keinesfalls eine Derealisierungsstrategie einschließen. Gerade im Nachdenken über die Wirksamkeit von Symbolen sind in praktisch-theologischen und religionspädagogischen Gesprächszusammenhängen Überlegungen wirksam, die in diesem Sinne als Derealisierung wirken können.

Es erscheint in der spätmodernen Gesellschaft plausibel, dass sich Menschen im Verlauf ihrer lebensgeschichtlichen Entwicklung von magischen Deutungsmustern, rituellen Verpflichtungen und der fraglosen Geltung religiöser Symbole verabschieden und sich zu stärker selbstreflexiven Orientierungen entwickeln. »Wahrhaftigkeit« und »Selbstvertrautheit« sind Stichworte, die für dieses Lebensgefühl einstehen. In der theoretischen Deutung, aber auch praktisch-theologischen (und insbesondere religionspädagogischen) Würdigung beanspruchen gegenwärtig Theoriemodelle große Plausibilität, die mit einer stufenförmigen Entwicklung moralischer bzw. religiöser Kompetenzen rechnen.[49] Die »erste Naivität« der Kindheit soll lebensgeschichtlich in eine »zweite Naivität« überführt werden, in der erwachsen gewordene Menschen – jetzt aber als Ergebnis bewusster Entscheidungsprozesse – der religiösen symbolischen Ordnung auch für ihr Leben wieder etwas abgewinnen können. Symbole und Rituale werden jetzt mit begrifflicher Reflexion und selbstreflexiver Deutung verbunden.[50] Dies betrifft nicht zuletzt die Wahrnehmung der Verbindlichkeit kirchlicher Angebote und insbesondere gottesdienstlicher Rituale. Die lebensgeschichtliche Entwicklung legt sich als Distanzierung von kirchlicher Verbundenheit aus, erlebt als zunehmende individuelle Befreiung von der Enge des kirchlichen Milieus und von der Entfremdung durch religiöse Deutungsmuster individueller Konflikte; die Rückkehr in dieses Milieu wäre dann – als Ausdruck einer »zweiten Naivität« – ein bewusster und reflektierter Akt, mit der Wirkung von Ritualen und der Bedeutung von Symbolen zu rechnen, an deren *fraglose* Gültigkeit man seit dem Ende der Kindheit nicht mehr glaubt.[51] Gerade in einer individualisierten Gesellschaft beanspruchen solche Deutungsmuster, die Geltung religiöser Symbole auch unter den Bedingungen ihrer faktischen Entmächtigung zu wahren. Ich

49. Bei allen Unterschieden im einzelnen liegt hierin das gemeinsame Konstruktionsprinzip bei Theorieentwürfen von L. Kohlberg; E.H. Erikson; Oser/Gmünder; und J.W. Fowler. Vgl. z.B. L. Kohlberg, Zur kognitiven Entwicklung des Kindes Frankfurt/M. 1974; E.H. Erikson, Identität und Lebenszyklus, Frankfurt/M. 1973; F. Oser/P. Gmünder, Der Mensch – Stufen seiner religiösen Entwicklung. Ein strukturgenetischer Ansatz, Zürich/Köln 1984; J. W. Fowler, Becoming Adult, Becoming Christian. Adult Development and Christian Faith, San Francisco 1984. Es geht in dem Postulat einer Abfolge von Entwicklungs-»Stufen« nicht nur um die Behauptung einer (nach oben fortschreitenden) *Entwicklung,* sondern auch um die These, diese Stufenfolge sei irreversibel und kohärent, d.h. eine Stufe folge notwendig aus der vorhergehenden, und keine Stufe könne »übersprungen« werden.
50. P. Ricoeurs Stichwort von der »zweiten Naivität« ist im praktisch-theologischen Gesprächszusammenhang vor allem von P. Biehl fruchtbar gemacht worden. Vgl. beispielsweise P. Biehl u.a., Symbole geben zu lernen, Bd. 2. Zum Beispiel: Brot, Wasser und Kreuz, Neukirchen 1993, 238.
51. Besonders wirkungsvoll ist in diesem Zusammenhang ein Buch geworden: T. Moser, Gottesvergiftung, Frankfurt/M. 1976.

möchte die Plausibilität dieser Überlegungen nicht rundweg bestreiten, allerdings ihren Geltungsanspruch stärker relativieren, als dies in ihrer praktisch-theologischen Rezeption oft geschieht.[52] Denn unter *beiden* Bedingungen, also bei Annahme der Plausibilität *und* bei Annahme fehlender Plausibilität der Entwicklungskonzeptionen individueller Religiosität, ist die Aufgabe von Seelsorger/innen, Trauerbegleiter/innen und der Leiter/innen von Bestattungsgottesdiensten *die gleiche*. Sie sollen möglichst konturiert die biblische Erzähltradition und die rituellen und symbolischen Ordnungen weitererzählen und inszenieren. Im Falle *fehlender* Plausibilität religiöser Entwicklungstheorien wird so den

52. Zwei m. E. wichtige Einwände: Hier werden Evolutionsvorstellungen beerbt, die die biologische, soziologische, philosophische, theologische usw. Diskussion insbesondere des 19. Jahrhunderts beherrscht haben. In nahezu allen diesen Wissenschaftsbereichen ist das Evolutionsparadigma mittlerweile fragwürdig geworden. Es ist außerhalb des wissenschaftlichen Gespräches im Politischen noch einmal wiederbelebt worden, nämlich in der Meinung, die »unterentwickelten Länder« könnten durch »Entwicklungsprogramme« an den »Entwicklungsstandard« der »entwickelten« (nämlich reichen und im Weltmaßstab mächtigen Länder) herangeführt werden. In Hinblick auf die Lebensgeschichte des Individuums sollen Evolutionskonzepte weiterhin Geltung beanspruchen können.
Der zweite und m. E. gewichtigere Einwand ist, dass in solchen Konzeptionen den zerstörerischen Aspekten einer individualisierten Gesellschaft nicht wirklich entgangen werden kann. Die zentrifugalen Prozesse, die in der Auflösung von lebensweltlich-vertrauten Nahgruppen in Familien, Nachbarschaften und Milieus im Zusammenhang einer ungebremsten Durchsetzung des »Marktes« ihre zerstörerische Kraft entfalten – im Verhältnis zwischen den Menschen ebenso wie zu der von ihnen beherrschten/bearbeiteten natürlichen Lebensumwelt – werden in den Stufenkonzepten vielmehr ins Positive umgedeutet.
Man hat zudem bereits gegen Piaget und Kohlberg selbst eingewendet, dass die »höchste« Entwicklungsstufe einer universalistischen, prinzipiengeleiteten ethischen Orientierung ein eurozentriertes, bzw. auf die nordamerikanische Kultur zentriertes Konstrukt ist und auch hier von einem großen Teil der Bevölkerung nie erreicht wird. Verpflichtete Lebenszusammenhänge in der Beziehung zwischen Menschen, aber auch zwischen Mensch und Lebensumwelt (z. B. bei der Weitergeltung einer verpflichtenden Gabenaustausch-Ökonomie) werden als »niedere Stufen« der Entwicklung des moralischen Bewußtseins disqualifiziert. Damit werden ethische Orientierung in traditionalen Gesellschaften ebenso ent-

wertet wie in unserer Gesellschaft die auf die Bedürfnisse dieser und dieser konkreten Menschen orientierten Familienarbeit, die weitgehend den Frauen zugeschrieben wird.
Empirisch kann gezeigt werden, dass tribale Völker, die in einer »Ökonomie der Verpflichtung« zu den Mitgliedern der Sozialität, aber auch zur natürlichen Lebensumwelt stehen, die »höchste« Stufe der Entwicklungskonzeptionen nicht erreichen. Eine ehemalige Mitarbeiterin von L. Kohlberg, Carol Gilligan (Die andere Stimme. Lebenskonflikte und Moral der Frau, 5. Aufl. München 1991) zeigt Ähnliches für die Beziehungsarbeit von Frauen: die moralische Orientierung findet hier eine Gestalt, die von Kohlberg auf der zweiten oder dritten Stufe der Entwicklung angesiedelt würde (Verpflichtung gegenüber den Ansprüchen der Gemeinschaft steht über der Durchsetzung je-individueller Selbsttätigkeit). Dagegen setzt die »prinzipiengeleitete«, »universelle« Orientierung (die höchste Stufe Kohlbergs) eine Freisetzung gegenüber der familialen, vorbürgerlichen, »feudalen« Beziehungsstruktur voraus, die allen intimen Gemeinschaftsformen eignet. Die universelle Stufe hat einen hohen gesellschaftlichen Entwicklungsgrad von Rationalität, aber auch in der Aufspaltung von Öffentlichkeit und Privatheit zur Voraussetzung. In einer Gesellschaft, die gerade in ökonomischen Krisenzeiten Frauen aus dem Bereich der Öffentlichkeit (Erwerbsarbeit und politische Macht) verdrängt, heißt dies: die höchste Stufe der moralischen Entwicklung hat ein Geschlecht, nämlich das des Mannes – nicht gerade der Typus eines Unternehmers, der eher ökonomischen Interessen als einem moralischem Universalismus verpflichtet ist, wohl aber der Typus eines skrupolösen, moralisch aufgeladenen intellektuellen Schreibtischtäters, z. B. eines Theologieprofessoren.
Damit ist der empirische Fall nicht ausgeschlossen, dass auch Frauen diese Stufe erreichen. Die diskriminierende Funktion der Stufenmodelle könnte auch nicht dadurch beseitigt werden, dass nunmehr die Beziehungsarbeit von Frauen zum Leitbild der moralischen und religiösen Entwicklung geriete (wofür übrigens die Alltäglichkeit gerade des volkskirchlichen Vereinswesens den empirischen Beleg durchaus liefern würde: wer bekocht und bebackt den Kirchenchor, wer besorgt die Plätzchen für die Kirchenvorstandssitzung, wer gestaltet die Seniorenarbeit?). Sie könnte vielmehr dadurch beseitigt werden, dass der Typus des »völlig losgelösten«, von konkreten verpflichtenden Beziehungen befreiten Mannes gesellschaftlich nicht mehr privilegiert würde. Dies könnte ja, denke ich, für die beteiligten Männer durchaus positiv sein: wenn berufliche Zeitstrukturen und Karrieremuster auch den Männern die Zeit zur Mitarbeit im Verpflichtungszusammenhang der »Beziehungen« zwischen Liebenden und Eltern/Kindern ließen – dies als Voraussetzung der Veränderung von kulturellen Mustern und Vor-Bildern von Männern *und* Frauen.

Menschen, die in der Kirche Begleitung suchen (z.B. in einem Trauerfall), ein bergender und befreiender Raum gewährt, in den sie sich ohne eigenes Zutun und fraglos hineinbegeben können (»erste Naivität«). Im Falle *gegebener* Plausibilität der Entwicklungskonzeptionen wird Menschen, deren vertraute Welt- und Selbstdeutungsmuster in solchen Krisensituationen zerbrochen sind, ein konturiertes Gegenüber von gebundenen Sprachmustern und ordnenden Ritualen angeboten; sie können all dies für die notwendige Neustrukturierung ihrer eigenen Selbst- und Weltdeutung gebrauchen und *werden* dies auch brauchen: weil gerade in der Situation der Krise die Ressourcen begrenzt sind, alles aus sich selbst zu schöpfen (»zweite Naivität«).

So oder so ist *Deutlichkeit* gefragt in der Wahrnehmung der symbolischen Ordnung – im hier diskutierten Zusammenhang des *Umgangs mit Sterben und Tod* vor allem in den rituellen Begehungen von Taufe und Abendmahl, im Weitererzählen von Passion und Auferstehung. Diejenigen, die hier zu handeln haben, sollen diese Wirklichkeit *realisieren* (»Glauben«) und in Wahrnehmung und Respekt, aber auch in aller Deutlichkeit gegenüber anderen Sinnsystemen vertreten (»Klärungen«). Pfarrer/innen und andere Mitarbeitende in der Kirche, aber auch andere Christenmenschen, die in diesen Feldern tätig sind – in der Seelsorge von Trauernden, in der Begleitung von Sterbenden und in der Gestaltung von Trauerfeiern und Bestattungsgottesdiensten – würden dann mit erheblich erweiterter Kompetenz arbeiten. Und sie würden vermutlich von den Menschen, die ihre Begleitung brauchen, stärker als Hilfe erfahren. Nicht zuletzt wäre der Passageritus, den die evangelische Kirche zur Begleitung des Statuswechsels vom Leben zum Tod – und für die Hinterbliebenen hin zu einem neuen Leben ohne alltägliche Interaktion mit der/dem Verstorbenen – anbietet, machtvoller, tröstlicher und plausibler: die evangelische Bestattung.

Gerade unter den Bedingungen einer individualisierten und religiös pluralen Gesellschaft ist die Kirche gefordert, das, was sie zu erzählen und zu feiern hat, *deutlich* zu tun; Konturiertheit im Eigenen muss sich mit Respekt vor Anderem verbinden, aber der Hinweis darauf, dass es vieles andere *auch* gibt, bzw. dass die Menschen mit dem, was man selber zu sagen hat, nicht bereits vertraut sind, ist kein Argument dafür, das Eigene nicht bzw. nur auf dem vermuteten Erwartungsniveau zu artikulieren. Ohnehin

sind diese Probleme nicht so neu; sie stellen sich vergleichbar unter Bedingungen, die mit heutigem Blick als erheblich weniger pluralisiert und entkirchlicht wahrgenommen werden. In Martin Luthers »Taufbüchlein« findet sich beispielsweise eine bemerkenswerte Passage: »Sondern da siehe auf, dass Du im rechten Glauben dastehest, Gottes Wort hörest und ernstlich mitbetest. ... Auch sollen seines Gebets Wort mit ihm zu Gott im Herzen sprechen alle Paten und die umbher stehen. Darumb soll der Priester diese Gebet fein deutlich und langsam sprechen, dass es die Paten hören und vernehmen künnden und die Paten auch einmütiglich im Herzen mit dem Priester beten, des Kindleins Not aufs allerernstlichst fur Gott tragen, sich mit ganzem Vermügen für das Kind wider den Teufel setzen und sich stellen, dass sie es ein Ernst lassen sein, das dem Teufel kein Schimpf ist ... Derhalben es auch wohl billich und recht ist, dass man nicht trunken und rohe Pfaffen täufen lasse, auch nicht lose Leute zu Gevattern nehme, sondern feine, sittige, ernste, fromme Priester und Gevattern, zu den man sich versehe, dass sie die Sach mit Ernst und rechtem Glauben handeln, damit man nicht dem Teufel das hohe Sakrament zum Spott setze und Gott verunehre, der darinnen so überschwenglichen und grundlosen Reichtum seiner Gnaden über uns schüttet, das er selbst ein ›neue Gepurt‹ heißt, damit wir aller Tyrannei des Teufels ledig, von Sunden, Tod und Helle los, Kinder des Leben und Erben aller Güter Gottes und Gottes selbs Kinder und Christus‘ Brüder werden.«[53]
Unter den Bedingungen einer Gesellschaftlichkeit, die gemeinhin nicht als Inbegriff einer individualisierten Religionskultur wahrgenommen wird, am Beginn der Neuzeit also hat bereits der Reformator Martin Luther die Notwendigkeit gesehen, den Teilnehmer/innen an einer Taufe einzuschärfen, das Geschehen des Grenzüberschritts vom Tod zum Leben *ernsthaft zu realisieren;* umgekehrt kann man formulieren: die Notwendigkeit, Deutlichkeit und Ernsthaftigkeit bei der Inszenierung und Deutung der symbolischen Ordnung *einfordern* zu müssen (»zweite Naivität«) und nicht einfach mit der fraglosen Geltung rechnen zu können (»erste Naivität«), ist keinesfalls erst das Problem der heute zeitgenössischen spätmodernen Gesellschaft.

53. M. Luther, Das Taufbüchlein verdeutscht und aufs neu zugericht, BSLK 537, 9 ff.

4. Die Wiederkehr des Verdrängten

4.1 Mit den Toten leben

Eine junge Frau trauert um ihren Liebsten. Nur wenige Tage vor der geplanten Hochzeit ist er bei einem Autounfall ums Leben gekommen. Obwohl der Abschied schon bald ein Jahr zurückliegt, ist die Beziehung immer noch sehr lebendig. Die Frau spricht mit dem Verstorbenen, und manchmal sind die Begegnungen so intensiv, dass sie den Eindruck hat, ihn wirklich als Gegenüber zu hören und wiederzusehen. Die Familie und die Freunde machen sich Sorgen um die psychische Gesundheit der Frau. Aber für sie selbst sind diese Begegnungen mit dem Toten eher ein Kraftreservoir. Er bleibt Teil ihres Lebens. Sie wünscht sich allerdings, dass sie von diesen Begegnungen nicht »überfallen« wird, sondern dass sie dann eintreten, wenn sie das selbst möchte.

Diese Geschichte ist kein Einzelfall; allein im Prozess der Vorbereitung dieses Buches in universitären Lehrveranstaltungen ist sie mir in ähnlicher Weise einige Male wieder begegnet. Dass Menschen die Beziehung zu ihren Verstorbenen in der einen oder anderen Weise weiterführen, kann tatsächlich zu einer Bedrohung für ihre seelische Stabilität und ihre übrigen Beziehungen werden – dann nämlich, wenn die Toten sie nicht »in Ruhe lassen« und ihr eigenes Leben leben lassen, das nach dem Tod eines geliebten Menschen (aber auch gerade nach dem Tode eines ungeliebten, aber im eigenen Lebenszusammenhang wichtigen Menschen) sich neu strukturieren muss. In solchen Fällen ist psychotherapeutische Hilfe nötig. Aber es gibt auch Möglichkeiten, die Beziehung zum Toten in begrenzter (z.B. auf bestimmte Orte und Zeiten begrenzter) Weise weiter zu leben, so dass sie nicht ängstigt, nicht stört und übrige Beziehungen chaotisiert, sondern den Fluss des energetischen und kommunikativen Austauschs in der einen oder anderen Weise weiter fließen lässt. Ich bin beispielsweise neben einem dörflichen Friedhof groß geworden und habe immer wieder erlebt, wie gerade alte Menschen Stunden am Grab zugebracht haben. Sie haben nicht nur die Blumen gepflegt und Unkraut gezupft. Sie haben am Grab gesessen, manchmal wie in sich versunken, manchmal auch im Gespräch mit dem/der Toten. Als Kind war mir dies Bild vertraut, als Jugendlicher fand ich dies Verhalten absonderlich; mittlerweile denke ich, dass diese Menschen eine gute Zeit-Raum-Gestalt entwickelt haben, die Beziehung zu ihren Toten weiterzuleben.

Solche Beziehungsmuster dürfen nicht – medizinisch-psychotherapeutisch gesprochen – pathologisiert werden; und sie dürfen auch nicht – aus der Perspektive eines spezifisch protestantischen Verständnisses der Beziehung zwischen Lebenden und Toten – theologisch disqualifiziert werden. Darum geht es mir in diesem Kapitel.

Es geht in der Beziehung zwischen Lebenden und Toten übrigens nicht nur um individuelle Beziehungsgestalten – zum verstorbenen Vater, zur Liebsten, zum Freund oder Arbeitskollegen. Schon Emile Durkheim hat seine ausdrücklich über individuelle Lebensvollzüge hinausgreifende These, dass das *Heilige* in der verbindenden wie in der erschreckenden Seite seiner Ambivalenz die rituell dargestellte *Präsenz der Gesellschaft selber* sei, u. a. an *Trauerriten* (im Falle seiner Untersuchung: der australischen Ureinwohner) entwickelt.[1] Die fortdauernde Kommunikation mit den Toten kann auch einer Gesellschaft bzw. einer gesellschaftlichen Lebenswelt Kräfte zuführen, die ihre Kohärenz stärken.

Ich gebe ein Beispiel: Als im thüringischen Kühndorf (bei Meiningen) zu DDR-Zeiten die baufällig gewordene spätgotische Friedhofskapelle abgerissen werden soll, regt sich Widerstand im Dorf. Auf private Initiative eines Bewohners widmen LPG-Angehörige einen erheblichen Teil ihrer freien Zeit, das Gotteshaus zu renovieren, aber auch den verfallenden Friedhof selber in Schuss zu bringen. Da in den siebziger und achtziger Jahren Baumaterialien in der DDR nur schwer zu beschaffen sind, entsteht ein teilweise über weite Distanzen funktionierendes Gabentausch-System *unterhalb* der »offiziellen« Ökonomie: Ziegelsteine gegen Selbstgebrannten, aber beispielsweise auch Benzin, das aus Tanks von Panzern der russischen Besatzungsmacht, die auf dem *Dolmar* (einem die Gegend beherrschenden Berg) stationiert sind, schwarz abgezapft wird und für den Kompressor bei der Friedhofsarbeit gebraucht wird, gegen Schlachtereiprodukte aus dem ortsansässigen *Thüringer Hof*. Das Projekt wird über die Jahre durchgehalten; in der Friedhofskapelle entsteht nach und nach ein Museum

1. E. Durkheim, Die elementaren Formen des religiösen Lebens, Frankfurt/M. 1981, 523 ff.

mit Grabinschriften, Bildern und – als besonders eindrückliche Ausstellungsstücke aus dem 19. Jahrundert – kleinen verglasten Holzkästen mit Abschiedsbriefen und Spielsachen, die Eltern ihren verstorbenen Kindern aufbewahrt haben.

Auch als nach 1989 die inoffiziellen Tauschökonomien sich gegenüber der jetzt alles beherrschenden Marktlogik wesentlich weniger resistent zeigen als gegenüber der »realsozialistischen« Planwirtschaft, und als viele verwandtschaftliche und freundschaftliche Bande im Dorf angesichts der bis dato unwichtigen Frage zerfallen, wem nun was gehört, bleibt die freiwillige Arbeit für den Friedhof und für das Kapellenmuseum ein Residuum einer verpflichteten Ökonomie – und Ort von Begegnungen, von Austausch, Kommunikation in einem Ausmaß, dass Beteiligte berichten, wenigstens an diesem Ort sei so etwas wie »Dorfgemeinschaft« spürbar. Die Sorge um den Friedhof als Ort der Kommunikation mit den Toten stiftet und stärkt verbindliche face-to-face-Beziehungen zwischen den Lebenden – gegen die Zumutungen ideologisch-politischer Gleichschaltungsversuche zu DDR-Zeiten, aber auch gegen die totalisierende Logik der nach 1989 durchgesetzten Marktökonomie.

Gerade in der protestantischen Frömmigkeits- und Theologietradition hat es immer wieder Mühe gemacht, die Kommunikation zwischen Lebenden und Toten positiv zu würdigen oder zumindest nicht zu diskriminieren. Ein wichtiges Argument in diesem Zusammenhang ist die Exklusivitätsthese, die in jüngerer Zeit besonders wirkungsvoll von Eberhard Jüngel in seinem Buch »Tod« reformuliert worden ist. »Lebt der christliche Glaube wirklich von der Hoffnung auf eine Auferstehung der Toten? Sieht man genauer hin, so kann man doch wohl nur sagen, dass der christliche Glaube *von der Auferstehung Jesu Christi* lebt ..., also vom Glauben an den *einen* (Herv. HMG) durch die Auferstehung von den Toten als Sohn Gottes und als unser Herr definierten Menschen Jesus von Nazareth.«[2] Es geht Jüngel nicht darum, die Wirkung des Glaubens an die Auferstehung Jesu Christi auf die Wahrnehmung *des Todes* zu bestreiten – auch in seiner Sicht der Dinge wird der Tod relativiert und entmächtigt. »Leben und Tod sind also nicht

2. E. Jüngel, Tod. Themen der Theologie Band 8, Hg. H.-J. Schultz, Stuttgart-Berlin 1971, 54.

mehr Kriterium für das Gottesverhältnis des Menschen. Einziges Kriterium des Gottesverhältnisses ist vielmehr Jesus Christus und der Glaube an ihn.«[3] Der Tod wird insofern neu qualifiziert, als er nicht mehr letzte Konsequenz eines »Dranges in die Verhältnislosigkeit«[4] und damit – im paulinischen Sinne – als Fazit der Sünde gelten muss (Römer 6,23). Aber das *über den Tod hinaus bleibende Verhältnis* bleibt in der Sicht Jüngels streng auf die *Aktivität Gottes* und auf die Gott-Mensch-Beziehung begrenzt. »Gottes schöpferisches Verhältnis zum Menschen schließt den Abbruch dieses Verhältnisses aus, nicht aber das Ende des menschlichen Lebens.«[5]

Ein Problem sehe ich *nicht* darin, dass Jüngel fordert, der Glaube an die Auferstehung Jesu Christi müsse mit der menschlichen Einsicht verbunden bleiben, dass sie sterben müssen. Verleugnung an dieser Stelle würde Größenphantasien befördern, die heute allerdings weniger je persönliche Lebensgewissheit bedrohen, als sie großtechnologische Projekte beflügeln mögen, insbesondere im Feld gentechnologischer Eingriffe. Das Problematische an Jüngels Position liegt darin, dass er die Kommunikation zwischen Lebenden und Toten ausschließen möchte. Grundlegend ist hier seine basale Definition: »Das Wesen des Todes ist Verhältnislosigkeit«.[6] Mit dieser Auffassung werden nicht nur Lebenspraxen von Menschen verleugnet bzw. disqualifiziert, die heute (und stärker noch in früheren Epochen) mit einer grundlegend veränderten, aber dennoch bestehen bleibenden Beziehungsmöglichkeit zwischen Lebenden und Toten rechnen. Sondern es werden auch die im Neuen Testament, aber auch durch die Kirchengeschichte hin ebenfalls aufweisbaren Möglichkeiten ignoriert, die Auferstehung Jesu Christi nicht exklusiv, sondern inklusiv zu denken und zu glauben.

Eberhard Jüngels Überlegungen nehmen eine im Protestantismus weit verbreitete Auffassung auf. Die Bestimmung des Todes als einer grundlegenden und unübersteigbaren *Verhältnislosigkeit* schließt eine direkte Beziehung zwischen Lebenden und Toten aus, und zwar sowohl als *einseitige* Beziehung (z. B. einer Gabe der Lebenden an die Toten) und erst recht als wechselseitige, reziproke

3. Ebd., 106.
4. Ebd., 112.
5. Ebd., 115.
6. Ebd., 171 u. ö.

Beziehung. Die Toten sind *in Gott.* Sie haben eine Grenze überschritten, die von den Lebenden her eine unübersteigbare Grenze ist. Hier liegt im wesentlichen der theologische Grund für die Ablehnung der traditionellen Beziehungsaufnahme zu den Toten, die gerade die Reformatoren in ihrer Ablehnung der Totenmessen vollziehen: die Lebenden können nichts für die Toten tun. Sieht man allerdings genauer zu, verändert sich das Bild.
Martin Luther hat in dem in dieser Thematik wohl berühmtesten Text, in den 95 Thesen eine *spezifische* Beziehungsgestalt zwischen Lebenden und Toten abgewehrt. Luther schreibt in der 27. und 28. These: »Die predigen Menschenlehre, die da sagen: Sobald das Geld im Kasten klingt, die Seele aus dem Fegefeuer springt. Das ist gewiss, sobald das Geld im Kasten klingt, können Gewinn und Habgier zunehmen; über die Fürbitte der Kirche aber entscheidet Gott allein.«[7] Luther will ausschließen, dass die Kommunikation zwischen Lebenden und Toten durch das Geld-Medium vermittelt und in Leistungsdenken einbezogen wird (»gute Werke«). Er destruiert die Größenphantasie, dass Lebende mit den Toten in dem Sinne kommunizieren können, dass sie durch Geld und »Werke« auf sie einwirken können. Hier zeigen sich genau die Abgrenzungen, die Luther auch in anderer Perspektive immer wieder einfordert: Im Verkehr zwischen Mensch und Gott, aber analog dazu auch im Verkehr zwischen den Menschen untereinander wirken Kommunikationsformen zerstörerisch, die eine Beziehung an Gewinn und Verlust (Geldökonomie) und an Kategorien messen wollten, die (wie die Leistung) gegenüber dem besonderen Gesicht dieser Beziehung abstrakt sind und die einzelnen vom lebendigen Fluss zwischen mir und dem anderen weg auf die Kalkulation eigenen Vermögens verweisen (»homo in se incurvatus«). Dies heißt aber auch: Von Luthers Argumentation ausgehend ist nicht *die* Kommunikation zwischen den Lebenden und den Toten ausgeschlossen, sondern spezifische Kommunikationsformen, die *auch in anderen Beziehungen* (zwischen den Lebenden, aber auch zwischen Menschen und Gott) zerstörerisch werden können. Andere Beziehungsgestalten – beispielsweise die

7. WA 1, 234; hier zit. nach: H. Beintker (Hg.), Martin Luther, Die reformatorischen Grundschriften in vier Bänden. Band 1: Gottes Werke und Menschenwerke, Darmstadt 1983, 18.

Fürbitte – bleiben dagegen auch in Luthers Perspektive ausdrücklich möglich.

Wenn die Exklusivität der Auferstehung des einen Menschen Jesus von Nazareth betont wird, so dient dies vor allem auch dem Ziel, die unübersteigbare Unterschiedenheit von Gott und Mensch zu wahren. Vor dem Hintergrund des dritten Kapitels dieser Untersuchung ist aber gerade die Inklusivität, die *Einbeziehung* der Menschen in das Geschehen von Kreuz und Auferstehung durch Taufe und Abendmahl und im Glauben zentral. Dass dennoch der »unendliche qualitative Unterschied« zur Geschichte Jesu Christi gewahrt wird, dafür finden sich in der Geschichte der protestantischen Theologie und insbesondere bei Martin Luther selber taugliche Reflexionsfiguren: das Kommen, aber noch nicht Vollendet-Sein des Reiches Gottes; der Status des glaubenden und getauften Menschen, von Gott angenommen zu sein und doch faktisch immer wieder gegen diese Beziehung zu leben (simul iustus et peccator); oder bereits bei Paulus: »Wir sehen jetzt durch einen Spiegel ein dunkles Bild, dann aber von Angesicht zu Angesicht« (1. Korinther 13,12). All diese Formulierungen setzen die Einbeziehung der Menschen in das Christusgeschehen voraus, wahren zugleich Nähe und Distanz, Einbeziehung und Eigenständigkeit, Einswerden und Unterschiedensein zwischen Gott und Mensch.

Entscheidend scheint mir jedenfalls, dass eine evangelisch-theologische Stellungnahme zum Leben mit den Toten nicht die gesellschaftlichen Tendenzen bloß verstärkt oder reflexiv verdoppelt, die in Richtung einer Ausgrenzung der Toten aus der gesellschaftlichen Kommunikation wirken. Der französische Sozialphilosoph Jean Baudrillard hat die Überlegung geäußert, dass der Ausschluss der Toten aus dem gesellschaftlichen Verkehr als Grunddatum einer immer unaufhaltsameren Entwicklung angesehen werden muss, durch die nach und nach alles Leben entleert wird. Mit dem Ausschluss der Toten aus dem gesellschaftlichen Verkehr ist das Modell für alle späteren gesellschaftlichen Ausgrenzungsprozesse gegeben – in sozialer Perspektive der Ausschluss der Armen und Irren[8], aber auch die Verbannung der Feste, der ekstatischen Zeiten, der Heiligen und der Märchengestalten, die Verdrängung letztlich auch der

8. Vgl. dazu auch: E. Köhler, Arme und Irre. Die liberale Fürsorgepolitik des Bürgertums, Berlin 1977.

ökonomisch überflüssigen rituellen und symbolischen Lebenspraxen der Religion, mit einem Wort: die Verbannung des ganzen symbolischen Reichtums einer Gesellschaft. In Baudrillards Sicht ist der Ausschluss der Toten aus dem gesellschaftlichen Verkehr der *Sündenfall* für eine gesellschaftliche Entwicklung, durch die mehr und mehr der gesellschaftliche Austausch zwischen den Menschen vielmehr als Austausch zwischen *Dingen* erscheint. Die Verbannung der Toten führt letztendlich dazu, dass der Tod allgegenwärtig wird: »Die Entwicklung von den Gesellschaften der Wilden zu den modernen Gesellschaften ist irreversibel: nach und nach *hören die Toten auf zu existieren.* Sie sind aus der symbolischen Zirkulation in der Gruppe ausgeschlossen. Sie sind nicht mehr besondere Wesen oder zum Austausch geeignete Partner, und das macht man ihnen deutlich, indem man sie mehr und mehr aus der Gruppe der Lebenden verbannt: von der häuslichen Intimität zum Friedhof (ein erster Sammelplatz noch im Herzen des Dorfes oder der Stadt), dann mehr und mehr aus den Zentren an die Peripherie verdrängt (ein erstes Ghetto als Vorwegnahme aller künftigen Ghettos) und schließlich ein Nirgendwo, wie in den neuen Städten oder den gegenwärtigen Metropolen, in denen für die Toten nichts mehr vorgesehen ist, weder im physischen noch im geistigen Raum. Selbst die Wahnsinnigen, die Kriminellen oder die Anormalen können in den neuen Städten, das heißt in der Rationalität einer modernen Gesellschaft, eine Aufnahmestruktur finden – allein die Todes-Funktion kann dort weder programmiert noch lokalisiert werden. ... Den Toten ist weder ein Ort noch eine Raum/Zeit zugewiesen ... Wir aber wissen, was diese unauffindbaren Orte bedeuten, denn wenn die Fabrik nicht mehr existiert, so ist die Arbeit überall ... Wenn der Friedhof nicht mehr existiert, so deshalb, weil die modernen Städte als Ganze diese Funktion übernommen haben: sie sind tote Städte und Städte des Todes. Und wenn die große, operationale Metropole die vollendete Form einer ganzen Kultur ist, so ist die unsere ganz einfach eine Kultur des Todes ...«[9] – Möglicherweise formuliert Baudrillard etwas drastisch, er denkt Tendenzen zum bitteren Ende, die sich erst andeuten. Aber radikales, an die Wurzeln greifendes Denken ist angesichts von Verdrängung notwendig. Es treibt auf

9. J. Baudrillard, Der symbolische Tausch und der Tod, Paris 1976/München 1991, 195.197 f.

die Spitze, was, von vielen immer wieder verleugnet, dennoch der Fall ist.

Der Widerspruch und Widerstand gegen die Allgegenwärtigkeit und allgemeine Macht des Todes ist *das* Grunddatum des Christentum: Ostern, die Auferstehung der Toten und zuerst des einen Toten, der uns als Bruder und Freund vorangegangen ist im Leben und Sterben (als »Exemplum«), und in den wir durch die Taufe und im Glauben als Gemeinschaft der Heiligen, als Sein Leib in ihn inkorporiert sind (»Sacramentum«). Es liegt fast alles daran, dass das keine leere Forderung, kein moralisches Programm, kein letztlich hilfloses Aufbäumen wider besseres Wissen ist, sondern – wenn man nur genau genug hinsieht – in vieler Hinsicht bereits lebendige Praxis der Kirche – dies wird Gegenstand des fünften Kapitels sein. Zunächst soll die notwendige Unterscheidung zwischen theologischer und historisch-gesellschaftlicher Perspektive unterstrichen werden.

4.2 Die Ausgrenzung der Toten und die Wiederkehr des Verdrängten

In der theologischen Behauptung, Tod sei Verhältnislosigkeit und eine Beziehung zwischen Lebenden und Toten sei um der Einzigartigkeit Gottes willen unmöglich, könnte eine Verwechslung vorliegen: zwischen einem theologisch notwendigen Urteil und einer Plausibilitätsstruktur, die bei Licht besehen nichts anderes ist als ein Reflex auf einen historisch-gesellschaftlichen Sachverhalt in theologischer Sprache. Dies ist nun allerdings ein entscheidender, und zwar um der theologischen Klarheit willen zentraler Unterschied. Denn gerade in der Perspektive einer reformatorischen Theologie wäre es fatal, wenn die *theologische* Argumentation nichts anderes wäre als eine unbegriffene Verdoppelung *gesellschaftlicher* Entwicklungen. Diese lassen sich zusammenfassend so charakterisieren: Einem Prozess gesellschaftlicher Zentralisierung entspricht in vielen Gesellschaften auch ein Prozess religiöser Zentralisierung. In einem frühen Zustand ihrer Entwicklung hat der wechselseitige Austausch zwischen Gesellschaftsmitgliedern, aber auch mit den Lebewesen der Natur zugleich auch *einen Austausch mit den Toten* eingeschlossen. Die Toten werden verehrt, sie werden

in Dank und Bitte angesprochen, ihnen gelten die Opfer, also die Gaben des Clans, der Sippe oder auch der kleineren verwandtschaftlichen Einheit, z.B. eines Hauses in einer landwirtschaftlich bestimmten Gesellschaft. Durch den Austausch mit den Toten erhoffen sich die Lebenden Segen für alles Lebendige – für die Menschen, aber auch für die Tiere und Pflanzen, von denen das menschliche Leben abhängt. Der Austausch mit den Toten gewährt *Segen* im Sinne einer Steigerung von Lebensmacht[10] mit allem, was dazu gehört: Gesundheit, Frieden, Gerechtigkeit, »Heil« im Vollsinn des Wortes – um ein Wort zu verwenden, das in der Nazizeit zu Tode entwertet wurde und dennoch zur Beschreibung und Anrufung dieses Zustandes erfüllender Lebensmacht kaum ersetzbar ist.
Im Prozess der gesellschaftlichen Zentralisierung wird nun der *religiöse Austausch,* um diese Wechselseitigkeit mit den Toten mit dem Ziel einer Lebenssteigerung für die Lebenden mit einem modernen Stichwort[11] zu bezeichnen, ebenfalls zentralisiert. Die Toten werden aus dem gesellschaftlichen Austausch ausgeschlossen. Religiöser Austausch ist nur noch mit Gott bzw. der Gottheit möglich, im rituellen Opfer und in der Anbetung, aber auch in der gesellschaftlichen Solidarität mit den Armen.[12] Die Toten werden aus dem Austausch der Lebenden verbannt in dem Maße, wie der Austausch auf den *einen Gott,* die eine Gottheit begrenzt wird. Obwohl es für diesen Prozess in den verschiedensten Kulturen auch die unterschiedlichsten *theologischen* Begründungen gegeben hat, erscheint mir die Wahrnehmung wichtig, dass es sich zuinnerst um einen *gesellschaftlichen Prozess* handelt. Er wird wirksam auf der

10. Vgl. dazu C. Westermann, Der Segen in der Bibel und im Handeln der Kirche, München, 2. Aufl. 1992; sowie: M. L. Frettlöh, Theologie des Segens. Biblische und dogmatische Wahrnehmungen, Gütersloh 1998.
11. Diese Ausdrucksweise ist darin »modern« und für alte Gesellschaften nicht recht angemessen, dass diese eine eindeutige Differenzierung zwischen den Systemen von Ökonomie, Verwandtschaft und Religion nicht kennen, wie sie für die Moderne geläufig sind. Vgl. M. Godelier, Natur, Arbeit, Geschichte. Zu einer universalgeschichtlichen Theorie der Wirtschaftsformen, Hamburg 1990.
12. M. Mauss hat die verpflichtende Gabe an die Armen und damit den Inbegriff gesellschaftlicher Solidarität als Entsprechung für die Gabe an den/die Gott/Götter als den/die Geber des Lebens in verschiedenen Opfer-Gesellschaften gezeigt. Vgl. M. Mauss, Die Gabe, a. a. O., 30 ff.

Ebene der profanen Zentralisierung (in ihren wirtschaftlichen, politischen, sozialen und kulturellen Dimensionen) und damit – als einer ihrer Dimensionen – auf der Ebene der religiösen Zentralisierung. Es geht bei Licht besehen um verschiedene Aspekte des *einen* gesellschaftlichen Zentralisierungsprozesses.
Es handelt sich hier um eine Entwicklung, die sich in Gesellschaften mit ganz unterschiedlicher religiöser oder gar theologisch geprägter Gestalt zeigen lässt. Der Prozess gesellschaftlicher Zentralisierung einerseits schließt religiöse Zentralisierung andererseits ein – vielleicht lässt sich sinnvoller formulieren: die gesellschaftliche Zentralisierung beinhaltet die Zentralisierung der symbolischen Ordnung. Symbolischer Austausch ist nicht mehr mit den Vielen – den Lebewesen in der natürlichen Lebenswelt, aber auch den Toten (Ahnen) – sondern nur noch mit dem einen Gott zugelassen, andere Adressaten des symbolischen Austausches werden verdrängt, und ihre Verdrängung wird sanktioniert.
Da es sich bei diesem Buch nicht um eine ethnologisch-historische Studie handelt, sollen einige Hinweise genügen, um diese Überlegung zumindest anschaulich zu machen. Immer lässt sich eine Verdrängung des Austausches mit den Toten im Prozess gesellschaftlicher Zentralisierung aufweisen. Und zugleich lässt sich zeigen, dass der Ausschluss der Toten aus der Kommunikation der Lebenden niemals vollständig gelingt: die Verdrängung mündet entweder – wie in den folgenden Beispielen aus Russland und Mexiko – in eine Wiederkehr der rituellen Begegnungsmöglichkeiten in anderer Gestalt, oder aber – und dies scheint in Mitteleuropa eine realistische Gefahr – in eine zumindest tendenziell wirksame Realisierung der bösen Vorahnungen Baudrillards: Wo die Toten aus dem gesellschaftlichen Austausch ausgeschlossen werden, wird der Tod ubiquitär, er entfaltet seine Macht überall.

1. Catherine Merridale hat in ihrer Untersuchung zu Leiden und Sterben in Russland[13] ein monumentales Bild von der Leidensgeschichte der russischen Bevölkerung im Jahrhundert der Revolution, der stalinistischen Säuberungen und des Vernichtungskrieges

13. C. Merridale, Steinerne Nächte. Leiden und Sterben in Russland. Aus dem Englischen von E. Heinemann, K. Schuler und K. Miedler, München 2001.

der Nazis entwickelt. Durch Hungersnöte, Massaker und Terror sterben Millionen, nicht nur einmal, nein immer wieder: im ersten Weltkrieg und im Bürgerkrieg nach der Revolution, im Zusammenhang der rigorosen Kollektivierung der Bauernschaft und der Massenmorde an großen Teilen der russischen Intelligenz durch die stalinistische Diktatur, in den Feldzügen verbrannter Erde durch Wehrmacht und SS. Die Kapitelüberschriften dieser akribischen, durch zahlreiche Interviews mit Überlebenden gestützten Untersuchung spiegeln die Grenzenlosigkeit des Sterbens: »Das große Schweigen«; »Steinerne Nächte«; »Ein Knochenberg«; »Die Stimmen der Toten.«
Nach 1917 hat die Durchformung der russischen Gesellschaft nach dem Bild des Sowjetmenschen über weite Teile des Landes erfolgreich die religiösen Traditionen zerstört. Die Sowjetunion hat einen Prozess rigider Enttraditionalisierung durch die Zentrale gesellschaftlicher Macht erlebt, und die Zerstörung und Entwertung ritueller und symbolischer Überlieferungen, von gottesdienstlichem Leben und Frömmigkeitskultur war über Jahrzehnte in beängstigendem Maße erfolgreich. Dies schließt auch die traditionellen Begegnungsmöglichkeiten mit den Toten ein. Vor der Revolution war die Orthodoxie der offizielle Glaube von etwa 94% der ethnischen Russen. Merridale untersucht Bilder und Handbücher, die bis ins Detail die orthodoxe Sicht auf Leben und Tod wiedergeben. Ein signifikanter Text ist das Werk des Mönches Mitrofan, »Leben nach dem Tod. Wie die Sterbenden leben und wie auch wir durch den Tod leben werden«, veröffentlicht 1897 in Petersburg. Merridale fasst den Inhalt zusammen: Ostern, nicht Weihnachten ist das wichtigste Fest in der Orthodoxie. »Der Sieg über den Tod hat Bestand in Ewigkeit, und menschliche Seelen werden als Teile des Göttlichen daran teilhaben, wenn sie der Verdammung entkommen ... Der Tod ist in diesem Gesamtplan nicht das Ende des Lebens, sondern ein Übergang, fast eine Wiedergeburt ...«[14] Die Toten beginnen eine Reise, die am Beginn durch furchtbare Prüfungen hindurch zu bestehen ist. Mitrofan erläutert die einzelnen Stationen der Seelenreise: Die Seelen bleiben nach dem Tod drei Tage und Nächte auf der Erde und besuchen noch einmal die Orte, an denen sie die meiste Zeit ihres Lebens verbracht haben. Sie werden

14. Ebd., 39.

von einer himmlischen Gestalt begleitet, die sie nicht schützt, sondern konfrontiert: den staunenden Seelen wird die wahre Bedeutung ihrer Entscheidungen und Taten zu Lebzeiten enthüllt. Am dritten Tag nach dem Tod steigen die Seelen in den Himmel, um Gott zu schauen. Es folgen weitere Offenbarungen: nach einem sechs Tage andauernden Blick auf den Himmel betrachten die Toten die Hölle mit ihren schrecklichen Martern. Den furchtbarsten Moment erleben sie dann 40 Tage nach ihrem Tod. Dies ist der Tag des individuellen Gerichts, die Toten werden mit den Konsequenzen ihrer Handlungen konfrontiert, und als Folter müssen sie die Wirklichkeit ihres Lebens realisieren, die sie zu Lebzeiten gern verdrängt hätten. Dennoch ist dieser Moment des nach-todlichen Lebens nicht ohne Hoffnung. »Die Heiligen und Märtyrer können sich für sie einsetzen, aber auch die Lebenden, weshalb sie nicht nur die Pflicht haben, für den Toten zu beten, die regelmäßigen Feiertage einzuhalten, an denen sie sich an sie erinnern, und auch das Schicksal der einzelnen Seelen zu verfolgen, sondern auch zu den zum Gedenken gesprochenen Gebeten am neunten und vierzigsten Tag nach dem Tod und an jedem Jahrestag.«[15]

Die Kommunikation zwischen den Lebenden und den Toten hat eine rituelle Gestalt, in der sich hochkirchliche Traditionen der Orthodoxie immer wieder mit volkskulturellen Sitten vermischen. Die Seele des Toten, so wird angenommen, kehrt – verdammt oder errettet – ganz sicher auf die Erde zurück. Die Toten behalten eine materielle Verbindung zum Erdboden und insbesondere zu ihrem Grab. »Einige sagen, dass die Seelen an bestimmten Tagen zurückkommen, unter anderem am Ostersonntag, an Raduniza (dem zweiten Dienstag nach Ostern), am Dreifaltigkeitssonntag und an Allerseelen. Andere ergänzen, dass die Seele sich bei diesen Besuchen materialisiert (es ist wichtig, dass der Körper als ganzer beigesetzt und nicht verbrannt wird, denn dies würde den Vorgang der fleischlichen Auferstehung stören), dass sie wäscht, isst und trinkt, und dass ihre Familie und Freunde sich mit ihr unterhalten, ihr Botschaften an früher Verstorbene auftragen oder einfach ihre Anwesenheit als eine Gelegenheit zum Gebet nutzen können.«[16] Merridale konstatiert, dass diese Vorstellungen in der

15. Ebd., 41.
16. Ebd.

Volksfrömmigkeit weit verbreitet waren in einem Ausmaße, dass sie in vielen Quellentexten gar nicht mehr ausdrücklich thematisiert, sondern unausgesprochen vorausgesetzt werden.
In den vier Generationen zwischen der bolschewistischen Revolution bis zum Zusammenbruch der Sowjetunion sind solche Glaubensvorstellungen und vor allem auch rituelle Praktiken, in denen sie Gestalt gewinnen, verdrängt, verfolgt, verschüttet und weithin vergessen worden. Sie können nicht mehr gelebt werden und verschwinden weithin aus dem kollektiven Gedächtnis. Aber eben nur weithin. Die überraschende Entdeckung, dass Reste dieser Vorstellungen und Lebenspraxen immer noch lebendig sind, macht Catherine Merridale, als sie an einer Gedenkfeier an einem gerade entdeckten Massengrab aus der Zeit stalinistischen Terrors teilnimmt. Wegen der Eindrücklichkeit der Szene gebe ich den Bericht ausführlich wieder[17]: »Die Trauergäste von Medweschegorsk brachten ihre Andenken meist selber mit. Das einzige, was die Organisatoren der Zusammenkunft an jenem Tag zur Verfügung stellten, war ein zufälliges Arrangement hölzerner Pfähle, die jeweils von einem schrägen Dach überragt wurden ... Niemand war der Meinung, dass diese Pfosten wirkliche Gräber kennzeichnen sollten ..., aber die Menschen brauchen offenbar ein Stück Erde. Ihre Aneignung kann unendlich kreativ sein. Gegen Ende dieses Frosttages waren alle Pfosten geschmückt, meist mit Blumen und einer Kerze. Fast alle trugen ein Foto ... Einige Menschen hatten Fotokopien von Prozessakten oder Urteilen an die Pfosten geheftet, andere Kopien der offiziellen Benachrichtigungen, in denen man sie, nach 50 Jahren, davon in Kenntnis gesetzt hatte, dass ihr Vater, ihre Mutter, ihr Ehemann ermordet worden war ... In Russland war es schon immer Tradition, das Essen mit den Toten zu teilen, und so lagen Kuchen, Brot und Äpfel überall im Wald verstreut. An einigen Gedenkpfeilern hingen Süßigkeiten, einer oder zwei hüteten sogar Marmeladengläser ...«

2. Die Wiederkehr verschütteter und verdrängter Formen des Lebens mit den Toten, wie sie in diesem Bericht aus der russischen Stadt Medweschegorsk mitgeteilt wird, hat eine erstaunliche Nähe zu einer rituellen Tradition an einem ganz anderen Ende der Erde,

17. Ebd., 16.

nämlich im modernen Mexiko. Ein Bewohner des Ortes Mizquic beschreibt das Totenfest, wie es überall im Lande am 1. und 2. November stattfindet; festzuhalten ist dabei, dass es nicht »den« Totenkult in Mexiko gibt, sondern vielfache Varianten des einen Themas: den Besuch der Toten bei ihren Verwandten.[18] »Jeder Tote wird in ein Haus eingeladen. Die Toten bekommen nur für einen Tag Urlaub aus dem Jenseits, um sich hier mit den Lebenden zu vergnügen. Da können sie ja nicht überall herumlaufen! Sie haben einen weiten Weg und wollen sich ausruhen. Deshalb bauen wir die Ofrendas auf; als Einladung und Stärkung für die Toten. Sie brauchen Wasser und etwas zu essen; Kerzen und Weihrauch, um sich zu erfreuen. Und die gelben Blumen, um uns überhaupt zu finden. Die Toten können nur gelb sehen ... – deshalb hängen wir ihnen auch eine Laterne vor das Hoftor. Essen können sie nicht; sie nehmen alles durch den Geruch auf. Man sagt, anschließend sind die Nahrungsmittel ganz kraftlos; früher hat man sie weggeworfen oder den Armen gegeben. Das tun wir nicht mehr ...«

Die Verantwortlichen für die Ausstellung im *Übersee Museum Bremen* überlegen, wie der Status der *Ofrenda* zu interpretieren ist. Auf einem Tisch werden Lebensmittel, Kerzen, Blumen, ein essbarer Totenkopf aus Süßem drapiert. »Opfer« wäre eine falsche Übersetzung; es handelt sich nicht um eine kultische Handlung, denn das alltägliche Leben, das Essen und Schlafen geht rings um die Ofrenda seinen gewohnten Gang. Die Toten wollen in das alltägliche Leben mit einbezogen werden. Die Ofrenda ist Zentrum eines umfassenden, Lebende und Tote einbeziehenden Gabenaustausches in einer Intensität, dass sich gerade arme Familien für Monate dafür verausgaben. »Man besucht sich während des Festes; die Gäste müssen bewirtet werden. Der Tote muss neu eingekleidet werden. Die Ofrenda wird zum Anlass für Haushaltseinkäufe. Auch wenn all die Teller, Tassen, Kleidungsstücke so gekauft werden, dass sie später weiter verwendet werden können, der Geldbeutel wird arg strapaziert! Dennoch werden auf dem Lande in beinahe jedem Haus die Toten eingeladen.«[19] Der ganze Ort ist in das Totenfest einbezogen; ein wichtiger Impuls für viele Berufszweige der lokalen Ökonomie.

18. Zit. nach: Übersee Museum Bremen Hg., Lebende Tote. Totenkult in Mexiko, Frankfurt/M. 1986, 23.
19. Ebd.

Das Totenfest ist kein Fest der Trauer, eher ein Fest der Lebensfreude, an dem die Toten für die Zeit ihres »Urlaubs« einbezogen werden. Nur der Abschied ist eine traurige Zeremonie. Er muss vor Mitternacht auf dem Friedhof vollzogen werden, weil, wie es heißt, die Toten danach die Grenze in ihre Welt nicht mehr überschreiten können. Der Friedhof wird von den Familien für diesen Anlass gesäubert und geschmückt. Der Besuch ist vorbei, das Fest ist aus, Abschied für ein Jahr ist nötig, bis zum nächsten Totenfest.

Das Totenfest in Mexiko ist ein synkretistisches Ritual. Die katholische Kirche ist in unterschiedlicher Weise einbezogen; dies hängt von der Präsenz des Priesters in der Gemeinde ab. An manchen Orten feiern die Leute in der Kirche den Allerseelengottesdienst und begehen dann die *Ofrenda* ohne kirchliche Beteiligung; an anderen Orten ist selbst der Bischof der jeweiligen Diözese integriert. Vor allem in Hinblick auf die *Entstehungsgeschichte* des modernen Totenkults ist eine Zusammenstellung unterschiedlicher religiöser Traditionen wahrzunehmen – in analoger Weise zu den Ritualen, wie sie Catherine Merridale für das nachsowjetische Russland beschrieben hat.

Im 19. Jahrhundert kommt es in Mexiko zur Rückbesinnung auf die vorspanischen Wurzeln der mexikanischen Kultur. Wichtige Impulse kommen auch aus der bildenden Kunst: der Künstler Posada (1851–1913) malte Ende des 19. Jahrhunderts als erster wieder Skelette (*Calaveras*) im alten Sinne als Zeichen der Verbundenheit der Lebenden mit den Toten. Die Skelette sind freundliche Begleiter der Lebenden und keine Schreckensgestalten. Solche Calaverasfiguren schmücken die Ofrendas (Totenaltäre am Totenfest) und begleiten die Menschen während des Totenfestes. Im Zusammenhang der neuen Wertschätzung vorspanischer kultureller und religiöser Traditionen entwickelt sich der heutige mexikanische Totenkult mit seinen Symbolen; hier leben vorspanische Todesvorstellungen im christlichen Gewand weiter.[20] Die Azteken zur Zeit der *Conquista* glaubten, dass der Mensch je nach seiner Todesart – nicht aufgrund seiner Lebensführung! – in einem To-

20. Ich danke Frank Radtke für seinen Beitrag in meinem Seminar »Leben mit den Toten«, Universität Paderborn, Wintersemester 2000/2001. Vgl. M. León-Portilla, Die Vorstellung vom Tode im Alten Mexiko. In: Lebende Tote, a. a. O., 117 ff.

tenreich weiterlebt. Das erstrebenswerteste Leben nach dem Tod haben die, die vier Jahre lang die Sonne auf ihrem Weg begleiten und ihr helfen, ihre Kraft zu erhalten; nach dieser Zeit werden sie in einen Sonnenvogel verwandelt. Dieses Totenleben ist nur für die erreichbar, die ihr Herz der Sonne opfern, im Krieg oder als Kind sterben. Ein zweites Totenreich (*Tlalocan*) ist das Haus des Regengottes *Tláloc*. Dort leben die Toten ähnlich wie in christlichen Paradiesvorstellungen in einem blühenden Garten im Überfluss und ohne jede Sorge. Dieses Totenreich ist denen bestimmt, die an Naturkatastrophen und Seuchen sterben.
Alle anderen Todesweisen führen den Menschen in das Totenland *Mictlan*. Der vierjährige Weg dorthin ist mühevoll und gefährlich. Während des Weges wird dem Toten das Fleisch von den Knochen gerissen. Das letzte Hindernis ist ein Fluss, den der Tote nur mit Hilfe eines Hundes überqueren kann. Deshalb wurde den Toten immer ein Hund mit in das Grab gegeben. In *Mictlan* ruhen dann die Gebeine des Toten bis zum nächsten Weltzeitalter, um dann als Baustoff zur Schöpfung neuen Lebens verwendet zu werden.
Entscheidend ist, dass nach den Vorstellungen der Azteken die Toten trotz ihrer eigenen Reiche *nicht von den Lebenden getrennt* sind. Die Toten regenerieren mit ihrem Tod die Sonne und können deshalb Dankbarkeit beanspruchen. Sie bleiben Eigentümer ihres Landes und haben Anspruch auf ihren Teil der Erträge. Sie können die Lebenden besuchen, werden von ihnen bewirtet und können deren Leben zum Guten wie zum Schlechten beeinflussen.
Die Religion und der Alltag der Azteken war voller Symbolisierungen für die Verbundenheit der Lebenden und der Toten. Sehr viele Alltagsgegenstände waren mit Totenköpfen, Skeletten bzw. Halb-Mensch-halb-Skelett-Figuren geschmückt. Den Menschenopfern wurde das Herz als Zeichen der Vereinigung herausgerissen; dies galt als ehrenhaftes, positives Sterben. Möglich ist, dass gelegentlich im kultischen Rahmen Leichenteile gegessen wurden, um eine besondere Verbundenheit mit dem Toten herzustellen. Die Priester zogen sich die Haut der Opfer über, um so mit dem Toten verbunden, der Sonne nahe zu sein.
All diese Symbolisierungen – insbesondere die Allgegenwärtigkeit von Totenköpfen und Skeletten im Alltag – drücken eine Verbindung der Lebenden mit den Toten aus und nicht – wie im europä-

ischen Raum – den Schrecken vor dem Tod. Da die Spanier Totenköpfe und Skelette zwar kannten, aber ganz anders verstanden, verurteilten sie die Azteken als blutrünstig, grausam und unmenschlich. Der Totenkopf stand für die Spanier als Symbol des Todes im Sinne einer abstrakten und bedrohlichen Macht und nicht als Symbol, das eine Verbindung zu den Toten darstellt. Das Skelett galt ihnen als Symbol des Endes des menschlichen Lebens und nicht als Zeichen für ein Leben über den Tod hinaus. Der Tod ist der Feind, der durch Jesus Christus besiegt worden ist. Nur im Blick auf Christus und im Festhalten am Glauben an ihn ist angesichts der Bedrohung durch den Tod Hoffnung auf Erlösung möglich.

Eine klassische »Vergegnung« also, wobei die Spanier der *Conquista*-Epoche in Verbindung mit der christlichen Mission ihre Vorstellung auf bisweilen grausame Weise durchsetzten. Die Spanier verstehen die von Todessymbolen beherrschte Welt der Azteken als einen Hort der Grausamkeit; umgekehrt wird die Niederlage gegen die Spanier von der aztekischen Theologie als Tod der alten Götter gedeutet. Die europäischen Eroberer zerstören die überkommenen religiösen, kulturellen und politischen Strukturen, dennoch leben insbesondere die vorspanischen Totenvorstellungen in den Köpfen der Menschen weiter.

Das moderne *mexikanische* Totenfest ist auf der einen Seite eine Rückkehr verdrängter und verfemter religiöser Traditionen, auf der anderen Seite ihre erneute Akkulturation an die symbolische Ordnung der römischen Kirche, die ja auch schon seit Jahrhunderten im Lande und in der Volksfrömmigkeit tief verwurzelt ist. Die ausdrücklich christlichen Todesvorstellungen, die die Spanier der *Conquista*-Epoche bei der Verdrängung und Unterwerfung der autochthonen indianischen Kulturen beseelen, sind aber selbst kein überhistorisch feststehender Vorstellungszusammenhang. Blickt man auf die *biblische Tradition,* so lässt sich bereits hier eine Entwicklung feststellen, in der die Eingrenzung des religiösen Austausches auf die Beziehung zum Einen Gott sich offenbar erst nach und nach herausbildet. Und auch in der europäischen Kirchengeschichte hat es Epochen gegeben, in der die Einbeziehung der Toten in den symbolischen Austausch der Gesellschaft selbstverständlich war. Auf beide Sachverhalte soll ein knapper Blick geworfen werden.

3. Die Kultzentralisation in Israel unter dem judäischen König Josia am Ende des siebten Jahrhunderts v. Chr. bildet einen tiefen Einschnitt in der Religionsgeschichte Israels; in der deutschen alttestamentlichen Exegese und Theologie war es vor allem Julius Wellhausen, der dies bereits vor anderthalb Jahrhunderten hervorgehoben hat.[21] Wellhausen nimmt für die frühe Zeit der Sesshaftwerdung israelitischer Sippen eine quasi-verwandtschaftliche Beziehung zwischen Menschen und Göttern an. Der Kultus findet seinen Mittelpunkt in einer gemeinsamen Mahlzeit, an der die Opfernden ebenso teilnehmen wie ihr Gott. In dieser frühen Zeit hat es eine zentrale Kultstätte nicht gegeben; die religiöse Struktur entspricht der dezentralen politischen Struktur.[22] Kultstätten gibt es an jedem Ort.[23] Nach diesem Frühstadium entwickelt sich die Beziehung zwischen Gott und Gottesvolk, so Wellhausen, im Sinne einer zunehmenden *Zentralisierung* der Begegnungsmöglichkeit; dies ist mit einer zunehmenden *Abstrahierung* und *einem Verlust an Nähe und Lebendigkeit* verbunden. Die ursprüngliche dichte, nahe und gute Beziehung zwischen Gottesvolk und JHWH wird im Verlauf des Zentralisierungsprozesses zunehmend abstrakt, fern und unnahbar. Sie verliert ihre ursprüngliche Lebendigkeit.[24]

Wellhausen beschreibt drei Stufen der Kultzentralisierung: Die erste Zentralisierungsstufe ist politisch motiviert, um die Zentralisierung im Königtum zu stützen, bewirkt aber noch keine Beseitigung der herkömmlichen Kulte auf den »Höhen«. Bereits zur Zeit des salomonischen Königtums zeigt sich eine Entsprechung zwischen politischer und religiöser Zentralisierung, genauer: Die politisch notwendige Zentralisierung zum Königtum im Vielvölkerstaat bedient sich eines zentralisierten Kultus als eines geeigneten

21. J. Wellhausen, Prolegomena zur Geschichte Israels, a. a. O., 4. Aufl. 1895. Nach dieser Auflage wird zitiert; die 6. Auflage erschien 1927.
22. Ebd., 5.
23. Ebd., 19.
24. Wellhausen sieht mehrere Stadien, in denen sich dieser Zentralisierungsprozess vollzieht: Noch über König Salomo werde ganz unproblematisch erzählt, dass er im Anfang seiner Regierungszeit und auch noch später auf einer »Höhe« geopfert habe. Erst mit dem Bau eines Zentraltempels (1. Könige 3,2) wird diese zunächst überall verbreitete dezentrale Form des Gottesdienstes als problematisch angesehen; ebd., 20.

Mittels zum politischen Zweck. Die zweite und wesentlich einschneidendere Stufe stellt die Kultreform unter Josia dar. Aber auch hier bleiben die Verbindung des zentralen Kultus mit der Volksfrömmigkeit und der überkommenen Tradition zu stark, als dass die Kultzentralisation faktisch überall total und wirkungsvoll hätte durchgesetzt werden können. Dies gilt, obwohl Josia ausgesprochen gewalttätig operiert (vgl. 2 Könige 23).[25] Gesamtgesellschaftlich wird schließlich die Kultzentralisation erst in einer dritten Stufe *nach dem Exil* wirksam.[26]

Wellhausen beschreibt die Geschichte des Gottesdienstes in Israel im Sinne eines *Abstraktionsprozesses*. Werden die Opfergaben zunächst in den Sippen/Familien dargebracht, und ist hier das Ziel die Begegnung mit Gott in der gemeinsamen Mahlzeit, so werden später Mahlzeit und Gabe immer stärker voneinander separiert. Die Sühnevorstellung, die dem Opfer zunächst fremd ist, tritt in sein Zentrum.[27] Diese Evolutionshypothese ist umgekehrt die Utopie von einem guten Anfang: »Früher«, vor der Zentralisierung von Macht mit ihren Begleiterscheinungen der Abstraktion und Rationalisierung, war eine intime Gemeinschaft zwischen Gott und Gottesvolk möglich, die sich als gemeinsame Mahlzeit, als Austausch von Gaben, als vertraute face-to-face-Kommunikation dargestellt hat.

Solche Konstruktionen sind natürlich immer problematisch. Geschichte verläuft niemals einlinig, und die Vorstellung von der »guten alten Zeit« ist sicher ebenso ideologisch wie die, dass sich die Geschichte insgesamt als ein Prozess verstehen lasse, in dem alles immer besser wird.

In einem Punkt finde ich Wellhausens Geschichtskonstruktion allerdings interessant und erhellend für das Thema »Leben mit den Toten«: in seiner Meinung nämlich, dass in der frühe Phase des Kultus in Israel, dem Opfer auf den »Höhen« nämlich, eine familiale, ja fast intime Beziehung zwischen der feiernden (und op-

25. »Welche Lebenskraft hatten doch noch immer die großen Bäume auf den hohen Bergen! Sie wurden auch jetzt nur gekappt und nicht entwurzelt. Nach Josias Tod sehen wir Bamoth allenthalben, nicht bloß in der Landschaft, sondern auch in der Hauptstadt selber wieder auftauchen; so viel Städte, so viel Altäre in Juda, muss Jeremia klagen«; ebd., 26.
26. Ebd., 28.
27. Ebd., 54 ff.

fernden) Gemeinschaft und denen vorgeherrscht habe, denen das Opfer dargebracht wurde. Ich finde hier eine Entsprechung zu einer Bewegung, wie sie in einer aktuellen und insgesamt sehr zuverlässigen Untersuchung nachgezeichnet wird, nämlich in Rainer Albertz' »Religionsgeschichte Israels in alttestamentlicher Zeit«.[28]

In der frühen Phase der Geschichte des Gottesdienstes in Israel wird immer wieder von Altarbauten der Väter berichtet, wenn sie sich an einem Ort niedergelassen haben (z. B. Gen 13,18; 33,20); daneben errichten sie Kultsteine (*masseben* Gen 28,18) und pflanzen heilige Bäume (Gen 21,33). Sowohl die bäuerlichen wie die nomadischen frühisraelitischen Familien werden in ihren Häusern bzw. Zelten Opferhandlungen ausgeführt, aber auch die bestehenden kanaanäischen Heiligtümer genutzt haben.

Eine wichtige Rolle spielten in diesen kultischen Begehungen wahrscheinlich die sogenannten *Teraphim*, von denen eine Rahel ihrem Vater Laban stiehlt und in ihrer Kamel-Satteltasche verstecken kann (1. Mose 31, 19.34 f.). Solche Götterfiguren dienten »der Sicherung der familialen Kontinuität und Solidarität von einer Generation zur nächsten.«[29] Im Richterbuch (Richter 17,5; 18,14.17 f. 20) gehören Teraphim zur Grundausstattung des Hauskultes. Als Repräsentanten der Ahnen, der Toten konnten Teraphim – ähnlich wie Ephod oder Losorakel – befragt werden und wie ein Wahrsager Auskunft erteilen; aus anderen Texten spricht wiederum, dass ihnen heilende Funktion zugemessen wurde (1. Samuel 19, 13.16). Albertz schließt: »Wenn bei all diesen Belegen mit Teraphim die gleichen Kultobjekte bezeichnet sind, was nicht über jeden Zweifel erhaben ist, dann müssen wir annehmen, dass ursprünglich innerhalb der Familien verwendete Götterfiguren auch in den offiziellen Kult Aufnahme fanden, bis sie der dtr. (deuteronomistischen) Fremdgötterpolemik anheimfielen.«[30]

Albertz selber äußert sich vorsichtig gegenüber der in der alttestamentlichen Debatte bisweilen ausdrücklich vertretenen These, dass es in Israel einen *ausgestalteten Ahnenkult* gegeben habe. Darauf

28. R. Albertz, Religionsgeschichte Israels in alttestamentlicher Zeit. Zwei Bände, 1992, 2. Aufl. Göttingen 1996/97, hier 63 ff.
29. Ebd., 63.
30. Ebd., 64.

liegt auch in meiner Sicht der Dinge nicht der Schwerpunkt der Aufmerksamkeit. Sondern vielmehr in folgendem Punkt: Es hat von der vorstaatlichen Zeit in Israel bis weit in die Zeit des Königtums hinein Kultformen gegeben, die nicht an ein zentrales Heiligtum gebunden waren. Ein in diesem Zusammenhang wichtiger Heiligtumstyp ist die sogenannte »Höhe« (Bama), ein Heiligtum unter freiem Himmel außerhalb einer Ortschaft, oft auf einem Berg. »Der heilige Ort war hier noch nicht durch hohe Mauern abgeschirmt, Gott noch nicht im Dunkel des Tempels eingeschlossen. Hier konnte die ganze Ortsgemeinde zu den großen Jahresfesten zusammenkommen oder einzelne Familien ihre Gemeinschaftsopfer vollziehen (1. Samuel 9 f.)«, wobei ein vor Ort lebender oder für eine Saison engagierter Priester die Leitung innehatte. Zudem hat es neben den »Höhen« aller Wahrscheinlichkeit nach auch private Hauskulte gegeben. Dies spiegelt sich in einer Textform, die im Ersten Testament als zentraler Bestandteil der gottesdienstlichen Liturgie tradiert wird: Die Symbolwelt von Klagegebet und Heilsorakel orientiert sich immer wieder an familialen Beziehungsmustern (Kind-Mutter; intime Beziehung gegen die feindliche Außenwelt u. ä. m.).
All diese frühen Gottesdienstformen in Israel geben in einer spezifischen Weise Zeugnis von einem intensiven symbolischen Austausch zwischen den Lebenden und den Toten: Selbst wenn der Kult nicht den Ahnen direkt gegolten hat, so sind doch – und dies erscheint mir der eigentlich entscheidende Punkt – die Toten als Mitglieder der Familie bzw. des Clans in den Gottesdienst auf eine Weise und in einer Intensität einbezogen worden, dass sie wie in einer lebendigen Beziehung präsent waren. Albrecht Alt, ein wichtiger, im ersten Viertel des 20. Jahrhunderts lehrender Alttestamentler, hat in einem berühmten Aufsatz mit dem Titel »Der Gott der Väter«[31] darauf hingewiesen: in dieser Zeit, in der der Gottesdienst noch nicht zentralisiert war, ist der Gottesname an die *Gestalt der Vorfahren* gebunden – »der Gott Abrahams, Isaaks und Jacobs«. Wenn im Gottesdienst der Gott des Vaters bzw. der Väter angerufen wird, wird durch diese Anrufung auch die Gestalt der Toten hier und jetzt präsent gemacht.

31. A. Alt, Der Gott der Väter. BzWANT III. Folge, Heft 12, Stuttgart 1929. Hier zit. nach: ders., Kleine Schriften zur Geschichte des Volkes Israel, I. Buch, München 1953, 1 ff.

Die wachsende Sensibilität gegenüber einer patriarchalen Deformation der Bibellektüre hat seit einigen Jahrzehnten feministisch-theologischer Arbeit die Aufmerksamkeit dafür geschärft, dass die biblischen Erzählungen gerade im Ersten Buch Mose nicht nur von den Erzvätern erzählen, sondern auch von »Erzmüttern«, die nicht nur als Objekte männlicher Handlungen auftreten, sondern selbst aktiv handeln: Sara und Hagar, Rebekka und Rahel stehen als Handlungssubjekte ebenfalls im Mittelpunkt der Ereignisse. Man sollte deshalb besser von den Erzelternerzählungen als von den Erzvätererzählungen sprechen.[32]
Es scheint naheliegend, aus dieser Beobachtung Schlüsse auf die Beziehungsmöglichkeiten zwischen den Lebenden und den Toten in der frühen Zeit des Gottesdienstes in Israel zu ziehen. Lebende und Tote sind in der symbolischen Wirklichkeit des Gottesdienstes gleichermaßen präsent. Die Lebenden sprechen in ihren Gebeten und Anrufungen den Namen der Toten aus und machen sie so hier und jetzt gegenwärtig.
Diese Form des Gottesdienstes geht nach und nach verloren; dies wird verstehbar im Zusammenhang der Entwicklung zentraler staatlicher Strukturen, der Gründung von zentralen Tempeln in Jerusalem und Samaria, der Kultzentralisierung schließlich nur in Jerusalem. Ausschlaggebend sind weiterhin die religionspolitische Durchsetzung eines zentralisierten Kultes in der späten Zeit des judäischen Königtums und schließlich wieder, nach dem Exil, die Notwendigkeit, mit dem Wegfallen einer staatlichen Zentrale eine *zentrale religiöse Struktur* mit dem Tempel in Jerusalem zu schaffen.[33] All dies sind politisch und religionspolitisch, auch menta-

32. Vg. z.B.: I. Fischer, Genesis 12-50. Die Ursprungsgeschichte Israels als Frauengeschichte, in: L. Schottroff/M.-T. Wacker (Hg.), Kompendium feministische Bibelauslegung, Gütersloh 1998, 12 ff.
33. Eine direkte Kommunikation zwischen Lebenden und Toten bleibt im Alten wie im Neuen Testament eine problematische, aber nicht vollständig ausgeschlossene Möglichkeit. Sie ist in jedem Falle – wie in der Begegnung des König Saul mit der Totenbeschwörerin in En-Dor – dann mit Verbot belegt, wenn sie sich mit politisch-militärischem Kalkül verbindet (1. Samuel 28,3–25). Auf der anderen Seite wird in der neutestamentlichen Erzählung vom reichen Mann und dem armen Lazarus (Lukas 16,9–31) zwar festgehalten: »Und überdies besteht zwischen uns und euch eine große Kluft, dass niemand, der von hier zu euch hinüber will,

litätsgeschichtlich nachvollziehbare Entwicklungen und Entscheidungen. Sie jedoch als *normativ* für das Nachdenken über die Beziehung zwischen Lebenden und Toten in einer *evangelischen Theologieperspektive* zu übernehmen, hieße nicht zuletzt, eine Grundregel gerade der evangelischen Theologietraditionen zu verletzen: Zwischen theologischem Urteil und gesellschaftlicher Entwicklung muss auf einer Differenz bestanden werden, die nichts weniger ist als eine Unterscheidung ums Ganze – die Unterscheidung nämlich zwischen Gott und Mensch, die um des Leben- und Sterbenkönnens von Menschen willen als *heilsame Unterscheidung* geachtet werden muss.

4. In der zweitausendjährigen Geschichte der christlichen Kirchen gibt es keine einlinige Entwicklung, auch nicht in der Kommunikation zwischen den Lebenden und den Toten. Ein hervorzuhebendes Beispiel *intensiven Austausches ist der monumentale Totentanz im deutschsprachigen Raum.*[34] Reiner Sörries hat in seiner Untersuchung herausgearbeitet[35], dass der *monumentale* Totentanz des 15. Jahrhunderts – das sind großflächige bildliche Darstellungen vor allem an Friedhofswänden und Beinhäusern, auf denen gezeigt wird, wie Tote (Skelette) mit Menschen unterschiedlichen Geschlechts und Alters, zudem ganz unterschiedlicher sozialer Stellung und beruflichen Standes einen Reigen tanzen – als das *Vorbild* von *graphischen* Totentanzdarstellungen (in Innenwandbemalungen oder Büchern) gewertet werden muss, aber auch als *ursprünglich* gegenüber Bildnissen, in denen Tote mit lebenden Menschen verkehren, nicht jedoch mit ihnen tanzen. Der monumentale Totentanz an den Orten, *an denen die To-*

dorthin kommen kann und auch niemand von dort zu uns herüber« (V 26); auf der anderen Seite wird aber damit gerechnet, dass zwischen verschiedenen Bereichen in der Welt der Toten (der reiche Mann in der Hölle, Lazarus in »Abrahams Schoß«) eine Beziehungsmöglichkeit besteht – und damit auch zwischen den Toten selber. Die Lebenden werden in diese Kommunikation mindestens dadurch einbezogen, dass ihnen diese Geschichte erzählt wird.

34. Zentralinstitut und Museum für Sepulkralkultur Hg., Tanz der Toten – Todestanz. Der monumentale Totentanz im deutschsprachigen Raum, Kassel 1998.
35. R. Sörries, Der monumentale Totentanz, in: ebd., 9 ff.

ten tatsächlich zu Hause sind, ist ursprünglich gegenüber anderen ikonographischen Darstellungen der Begegnung zwischen Lebenden und Toten. Und vor allem ist der monumentale Totentanz ursprünglich gegenüber seinen *literarischen* Reflektionsmustern, wie sie in theologischen Traktaten der *Kunst heilsamen Sterbens (memento mori)* oder in *vado-mori*-Gedichten aufscheinen. Die kirchlichen, oft mit moralisch-didaktischem Ton gehaltenen Hinweise für ein heilsames Sterben sind, dies ist Sörries Ergebnis, *Reflexe* auf eine *volkskulturelle* Lebenspraxis. Die kirchliche Todesliteratur ist Antwort auf den Volksglauben, nicht umgekehrt; allerdings sind populärkulturelle Erzählungen wie die von Begegnungen zwischen Lebenden und Toten, bei denen die Toten den Lebenden helfen, als Vorlage für die Ikonographie zu werten.[36]
Es gibt keinerlei Hinweise, dass die monumentalen Totentänze auf besondere hervorgehobene Ereignisse reflektieren – beispielsweise auf Pest, Krieg oder auf Hungersnöte. Der »Sitz im Leben« muss anderswo gesucht werden. Wie aber ist die Tatsache zu interpretieren, dass der monumentale Totentanz sich vornehmlich an Friedhofsmauern und an den Wänden von Beinhäusern findet? »Totentänze werden also zunächst und vermutlich ausschließlich dort angebracht, wo auch bestattet wird. Und genau an jenem Ort befindet sich der ›Lebensraum‹ der Toten, dort erheben sie sich zumindest zeitweise aus ihren Gräbern, treten den in Not Geratenen hilfreich zur Seite oder tanzen ihren Tanz. Dieser scheinbar lapidare Sachverhalt wurde bisher kaum berücksichtigt, vielleicht auch aufgrund seiner Banalität nicht für eigens erwähnenswert gehalten. Aber gerade diese Beziehung zwischen tatsächlich getanztem und gemaltem Tanz bindet die gemalten Totentänze in eine Funktionalität ein, ohne die sie nicht verstanden werden können. Totentanz und Grab gehören zusammen.«[37]
Es ist die *funktionale Interpretation* der Ikonographie des Totentanzes, auf der der Skopus der Argumentation von Sörries liegt. Die monumentalen Totentanzdarstellungen werden von der Raum-Zeit-Gestalt des »Lebensortes« der Toten und der hier erlebten Begegnungsmöglichkeiten bestimmt. Eine *symbolische Ordnung,* für

36. Ebd., 18 ff.
37. Ebd., 29.

die die Unterscheidung zwischen Fiktionalität und Realität in modernem Sinne unangemessen ist.[38] In den volkskulturellen Erzählungen finden sich *diese* Wahrnehmungsmuster immer wieder, z. B.: »›Einmal schaute der Malser (sc. Mals, Ortschaft in Südtirol) Türmer um Mitternacht auf den Friedhof hinab. Da sah er, dass die Toten aus den Gräbern gestiegen waren und allerlei Tänze aufführten ...‹ Oder: ›... führte bei der Kreuzkirche bei Neustadt ein ziemlich schmutziger und morastiger Weg vorüber, und niemand ist dort in der Nacht gegangen, wenn er nicht musste. Das ist aber daher gekommen, dass man in der Mitternachtsstunde die Kirche oft erleuchtet gesehen hat, und viele, die dort zu jener Zeit vorbeigegangen sind, haben bemerkt, dass die Toten, welche aus ihren Gräbern gestiegen waren, um die Kirche herumtanzten.‹ Praktisch überall finden sich solche Sagen und Legenden, denen wir ... – im mittelalterlichen Sinn – die *Qualität von Beobachtungen* zugemessen haben (Herv. HMG)«[39]

Die Begegnungen zwischen Lebenden und Toten in solchen populärkulturellen Erzähltraditionen, aber auch in den monumentalen Totentanzdarstellungen sind Zeugnis eines symbolischen Austausches, dessen sinnliche Plausibilität in den folgenden Jahrhunderten offenbar immer weiter zurückgeht. In späteren Totentanzdarstellungen, die vor allem in der Barockzeit eine Blüte erleben, aber bis ins zwanzigste Jahrhundert aufgewiesen werden können, besteht die enge funktionale Verbindung zwischen dem »Lebens«ort der Toten und der bildlichen Darstellung nicht mehr, und der moralische Gestus der Darstellungen dominiert gegenüber dem Skopus auf der sinnlichen Plausibilität, wie er in den monumentalen Darstellungen des 15. Jahrhunderts, aber auch in populärkulturellen Erzähltraditionen dieser Epoche vorherrschend ist.[40] Reformation

38. Vgl. zur theoretischen Reflexion dieses Problems J. Baudrillard, Der symbolische Tausch und der Tod, a. a. O., 209 ff. Baudrillard weist darauf hin, dass die moderne Unterscheidung zwischen den Dimensionen des Symbolischen, Realen und Imaginären für alte Gesellschaften unangemessen ist.
39. R. Sörries, a. a. O., 23.
40. Eine ähnliche Skopusverschiebung findet sich auch in anderen populärkulturellen Erzähltraditionen. Vgl. nur: D. Richter, Schlaraffenland. Geschichte einer populären Phantasie, Köln 1984. – Das umfangreiche Material, das H.-P. Hasenfratz in seiner Untersuchung zum »Leben mit den

und Aufklärung haben zur Entplausibilisierung solcher Wirklichkeitswahrnehmungen ebenso beigetragen wie weitere Dimensionen des »Prozesses der Zivilisation«.[41] Unsere heutigen Wahrnehmungs- und Interpretationsperspektiven sind ohne diese historische Veränderung nicht denkbar und können sie auch nicht rückgängig machen. Und dennoch zeigen nicht zuletzt die in diesem Kapitel zusammengetragenen Hinweise, dass die historische Entwicklung keinesfalls einlinig ist. Immer wieder kommt es zu einer Wiederkehr des Verdrängten.[42] Die Begegnung zwischen Lebenden und Toten ist durch den gesellschaftlichen und geistesgeschichtlichen Prozess von »Aufklärung« und »Zivilisation« nicht erledigt – genauso wenig wie ihre Wahrnehmung im Bereich protestantischer Theologie verboten ist.

Toten« darbietet, wird leider zu wenig historisch verortet; darunter leidet die Überzeugungskraft dieser imposanten Sammelarbeit leider erheblich. Vgl.: H.-P. Hasenfratz, Leben mit den Toten. Eine Kultur- und Religionsgeschichte der anderen Art, Freiburg – Basel – Wien 1998.

41. Zu den Überlegungen von N. Elias vgl. Kap. 1

42. Vgl. dazu auch das in der hervorragenden Studie von B. Lang zusammengetragene Material, beispielsweise im 18. Jahrhundert die »Himmelsreisen« des schwedischen Bergwerksdirektors Emanuel Swedenborg, die immer neu die Begegnung zwischen Lebenden und Toten thematisieren. Vgl. B. Lang/C. McDannell, Der Himmel. Eine Kulturgeschichte des ewigen Lebens, Frankfurt/M. 1990.

5. Den anderen Weg gehen

Die Beziehung zwischen den Lebenden und den Toten ist gegenwärtig Gegenstand von populärkulturellen Inszenierungen wie im Film »The Sixth Sense« oder in den Cartoons des Zeichners der Berliner Tageszeitung *Tom,* in denen verunsicherte Verstorbene von einem Buchhalter-Teufelchen belehrt werden, woran sie jetzt sind. Die Beziehung zwischen den Lebenden und den Toten wird in christlichen Kulturen anderer Weltgegenden und Zeiten – wie im *mexikanischen Totenfest*[1] oder im *deutschen monumentalen Totentanz*[2] – rituell begangen und künstlerisch gestaltet, bisweilen auch in Zentraleuropa visionär erfahren wie im 18. Jahrhundert in den Himmelsreisen Emanuel Swedenborgs. Heute sozialpsychologisch tendenziell pathologisiert, ethnologisch interessant und religionsgeschichtlich als »Ahnenkult« Epochen zugewiesen, die gesellschaftlich weniger zentralisiert und im vorherrschenden menschlichen Charaktertypus weniger verinnerlicht waren, findet die Beziehung zwischen den Lebenden und den Toten ihre Gestalt gegenwärtig vor allem in der intimen Pietät der Grabpflege, im evangelischen Kirchenjahr am Ewigkeitssonntag, an dem Züge des *Ahnenkultes* theologisch eher problematisiert und verdrängt als wahrgenommen und geachtet werden.

Ich plädiere hier nachdrücklich für eine theologische Besinnung und Neuorientierung. Die Gnade Gottes, die wir allem Volk verkünden sollen, ist überschüssig gegenüber allen menschlichen Ordnungen und überströmend auch gegenüber der biologischen Todesgrenze (vgl. z.B. Psalm 63,4). Jesus von Nazareth beendet das Gespräch über die Auferstehung (Matthäus 22,23–33), in dem er seine jüdischen Glaubensgeschwister darauf hinweist, dass im Himmel nicht geheiratet wird – verwandtschaftliche Ordnungsmuster verlieren hier allemal ihre Gültigkeit – mit dem Satz: »Gott ist nicht ein Gott der Toten, sondern der Lebenden« (V. 32). Die Begründung dieses Satzes, im selben Atemzug vorgetragen, ist eine Vergegenwärtigung der Schrift (2. Mose 3,6): »Habt ihr denn nicht gelesen von der Auferstehung der Toten, was euch gesagt ist von

1. Vgl., Lebende Tote. Totenkult in Mexiko. Übersee Museum Bremen, »die andere Ausstellung«, Frankfurt/M. 1986.
2. Vgl. Zentralinstitut und Museum für Sepulkralkultur. Tanz der Toten – Todestanz. Der monumentale Totentanz im deutschsprachigen Raum, Kassel 1998.

Gott, der da spricht: Ich bin der Gott Abrahams und der Gott Isaaks und der Gott Jakobs?« – Alle am Gespräch Beteiligten wissen, dass die Väter gestorben sind. Und deshalb – und dagegen: »Gott ist nicht ein Gott der Toten, sondern der Lebenden.«

In diesem letzten Kapitel sind kirchliche Handlungsfelder im Blick, in denen vor allem der Austausch zwischen Lebenden und Toten im Zentrum steht. Ziel ist nicht in erster Linie, Neues zu fordern oder Reformen einzuklagen. In vielen Handlungsfeldern sind in diesem Bereich heute haupt- und ehrenamtliche kirchliche Mitarbeiter/innen engagiert, und insbesondere in der Trauerbegleitung wird an vielen Orten hochgradig kompetent gearbeitet. Mein Ziel ist eher eine größere Sensibilität für Aspekte im seelsorgerlichen und gottesdienstlichen Handeln der Kirche, in denen der Austausch zwischen den Lebenden und den Toten bereits präsent ist; solche Handlungsmöglichkeiten können vertieft und mit größerer Selbstverständlichkeit wahrgenommen werden.

Meditation IV

Zu Johannes 11,1–3.17–27

I.
Ein Mann tanzt selbstvergessen an der Küste Kretas. Je schneller die Musik wird, umso gelöster und ausdrucksvoller werden seine Bewegungen. Schließlich, nach einem fast rauschartigen Höhepunkt, bricht er ab. Er liegt im Sand, schwer atmend, aber gelöst und glücklich.
Sorbas, so heißt der Mann, hat gerade eine schlimme Enttäuschung hinter sich. Einen ganzen Sommer lang hat er in elend mühevoller Arbeit versucht, an einem steilen Berghang am Meer eine Seilbahn aufzubauen. Mit ihrer Hilfe sollten Baumstämme vom Berg zur Küste transportiert werden. Das sollte Sorbas und seinem amerikanischen Freund viel Geld einbringen, ein Leben ohne Sorge und voller Lebenslust. Und diese Seilbahn ist gerade zusammengebrochen, Pfeiler für Pfeiler. Anmutig und majestätisch sah das aus. Ein großes Chaos ist zurückgeblieben von einem Jahr harter Arbeit. – Die Antwort des Sorbas auf diese Erfahrung ist sein Tanz und die Frage an den Freund: Haben Sie schon einmal erlebt, dass etwas so bildschön zusammenkracht?
Sorbas steht für eine schwer erfüllbare Sehnsucht, für eine Sehnsucht, die ich teilen kann. Erfolg oder Misserfolg, Gelingen oder Versagen, in letzter Konsequenz: Leben oder Sterben soll nicht die Alternative sein, an der sich das Leben entscheidet. Das ist die Sehnsucht nach einem Leben, in dem die Angst vor dem Scheitern und dem Sterben nicht das Wichtigste bleibt. Es ist die Sehnsucht danach, das Leben nicht krampfhaft festhalten zu müssen, sondern es loslassen zu können: trauern zu können.

II.
Die wenigsten Menschen können aus diesem Lebensgefühl heraus leben. Auch Martha nicht. Sie hat gerade einen schweren Verlust hinnehmen müssen. Ihr Bruder ist gestorben: Lazarus, den sie liebt. Sie will diesen Tod nicht wahrhaben. Es klingt vorwurfsvoll und doch im-

mer noch voller Hoffnung, als sie Jesus anspricht: »Herr, wärst Du hier gewesen, mein Bruder wäre nicht gestorben. Aber auch jetzt noch weiß ich, dass Dir Gott geben wird, was immer Du Gott bittest.« – Das ist eine maßlose Erwartung. Jesus, der den Lazarus lieb hat, soll ihn aus dem Grab zurückholen. Lazarus ist seit vier Tagen tot und bereits in Verwesung übergegangen, wie Martha später selbst feststellt. Seit vier Tagen schon ist eine große Trauergesellschaft versammelt, die Maria und Martha in ihrem Kummer um Lazarus beisteht. Aber trotzdem ist der Tod des Bruders für Martha noch nicht wirklich geworden. Er hat ihr Gefühl noch nicht erreicht. Sie kann den Bruder noch nicht gehen lassen.
Vielleicht kennen das Menschen, die sich von einem geliebten Menschen haben trennen müssen, aus der ersten Zeit der Trauer. Wenn der Sarg versinkt und der Hügel aus Erde das Grab verschließt, ist da immer noch dieser hilflose Wunsch gegen alles bessere Wissen: das alles möchte gar nicht wahr sein. Es möchte einer ans Grab treten und uns den Toten, die Tote lebendig wiedergeben. Eine hoffnungslose Hoffnung, die uns die eigene Vernunft und die Erfahrung aller Welt verbietet. Mit dieser hoffnungslosen Hoffnung klammert sich Martha an Jesus. Jesus antwortet mit einem Versprechen, das Martha enttäuscht: »Dein Bruder wird auferstehen«. Und Martha erwidert: »Ich weiß wohl, dass er auferstehen wird in der Auferstehung am jüngsten Tage.« – Ich weiß wohl. Martha kennt den Glauben ihres Volkes: Am Ende der Tage soll auch nicht einer vergessen sein. Alle Toten werden auferstehen als neue Menschen. Es wird keinen Schmerz und keine Tränen mehr geben. Martha kennt diese großartige Hoffnung ihrer Religion. Aber sie tröstet sie nicht in ihrem Schmerz über den Tod dieses einen Menschen Lazarus.

III.

An dieser Stelle nimmt das Gespräch eine überraschende Wendung. Jesus sagt: »Ich bin die Auferstehung und das Leben. Wer an mich glaubt, wird leben, wenn er auch stirbt, und jeder, der lebt und an mich glaubt, wird in Ewigkeit nicht sterben.« – Das ist wirklich ein Versprechen, das die Hoffnung der Martha überbietet. Das ist die Erfüllung der großen Sehnsucht: Das Sterben hat seinen Schrecken verloren. Das Sterbenmüssen ist nicht mehr die Grenze des Lebens. – Martha kann das so hören: Ich muss mir nicht krampfhaft meinen toten Bruder zurückwünschen. – Ist das wirklich wahr? Kann ich ihn ge-

hen lassen? Und Martha erfährt in der Begegnung mit Jesus: ja, es ist wahr. Ich kann mich darauf verlassen.
Wir gewinnen unser Leben in der lebendigen Beziehung mit diesem Menschen Jesus, in dem Gott begegnet. Jesus sagt: nicht irgendwer oder irgendwas, ich bin die Auferstehung und das Leben. Nicht irgendwann, sondern jetzt: ich bins.
Der Tod hat seine Macht verloren. Leben wird jetzt möglich, und das Sterbenmüssen ist nicht mehr die Grenze dieses Lebens. – Martha kann das so hören: Jetzt kann ich Lazarus loslassen ohne Angst, ihn für immer zu verlieren. In der Gemeinschaft mit Jesus wird auch zu ihm eine neue Beziehung möglich sein – anders, als ich mir das je vorstellen kann. So kann ich um ihn trauern.
Ein solches Versprechen gewinnt keine Kraft, wenn man nur davon träumt oder darüber nachdenkt. Wirklich wird das für Martha, weil sie es erfährt. Jesus fragt sie: »Glaubst du das?« und Martha antwortet: »Ja, Herr, ich habe den Glauben gewonnen, dass Du der Christus bist.« – Es gibt keine Fragen mehr in dieser Begegnung mit Jesus. Martha verlässt sich auf sein Versprechen. Sie verlässt sich auf die Erfahrung, dass in der Beziehung zu Jesus die Angst vor dem Tod keine Macht mehr hat. Und auch die wirre Hoffnung wird unnötig, er möchte nicht geschehen sein. Neues, anderes, unvorstellbares Leben wird möglich. »Ja, Herr, ich habe den Glauben gewonnen, dass Du der Christus bist, der Sohn Gottes, der in die Welt gekommen ist.«
Hier könnte der Text zuende sein. Die Frau Martha spricht das Bekenntnis aus, das im Neuen Testament sonst nur der Mann Petrus sagt: Du bist der Christus, der Sohn Gottes. Martha könnte jetzt tanzen, gelöst wie der Mann am Strand von Kreta: sie ist davon befreit, sich an dem Leben festzuklammern, das gewesen ist: weil ihr das Leben in der Begegnung mit Jesus geschenkt wurde. Oder die Geschichte könnte auch so weitererzählt werden: Martha kehrt zur Trauergesellschaft zurück und berichtet von dem, was ihr widerfahren ist. Die Trauergäste kehren zu ihrem Alltag zurück und leben ein neues Leben. Sie wissen jetzt: entscheidend ist nicht, dass Lazarus gestorben ist. Entscheidend ist, dass wir in der Beziehung zu Jesus das Leben finden. Aber nichts von alledem geschieht.

IV.

Erzählt wird das Wunder von der Auferweckung des seit vier Tagen toten Lazarus. Jesus bittet den Vater um die Erhörung des Gebets. Er

ruft Lazarus aus dem Grab heraus. Lazarus werden die Totenbinden abgenommen. Die anwesenden Zuschauer/innen glauben an Jesus. Die religiösen Autoritäten beschließen später den Tod Jesu, weil ihm wegen dieses Wunders so viele Menschen hinterherlaufen.
Was soll das: Warum wird diese wunderbare Auferweckung des toten Lazarus erzählt, eine vorläufige Auferweckung bis zum nächsten Sterben? Wo doch das eigentlich Wichtige schon geschehen ist, das Bekenntnis der Martha: »Ich habe den Glauben gewonnen, dass Du der Christus bist, der Sohn Gottes, der in die Welt gekommen ist?« – Das Wunder antwortet auf eine alltägliche Lebenserfahrung: Lebenshöhepunkte sind schnell vorbei. Der selbstvergessene Tanz des Mannes an der Küste Kretas, die Begegnung der Martha mit Jesus: das sind Augenblicke, verdichtete Höhepunkte des Lebens. Sie werden das Leben verändern – aber dafür ist Zeit nötig. Alltägliche Zeit, in der dieser Höhepunkt eine Resonanz, eine Möglichkeit findet, wirksam zu werden. Dafür steht das Wunder ein. Jesus bittet Gott um die Auferweckung des Lazarus. Und Gott gibt Lazarus Zeit bis zum nächsten Sterben. Gott, der die Toten auferweckt, gibt Zeit für ein neues Leben.
Im Mittelalter, vor einigen hundert Jahren, hat man sich die Geschichte von Martha, Maria und Lazarus so weitererzählt: die drei werden als Christen verfolgt und müssen mit einem Floß fliehen. Auf dem Meer geraten sie in Seenot. Sie werden an die Küste Frankreichs verschlagen und verbreiten überall die Gute Botschaft. – Das Wunder von der Totenauferweckung bis zum nächsten Sterben ist nötig, weil man sich die Geschichte des Lazarus jetzt weitererzählen kann. Weil Gott Zeit gibt, dass das Geschenk des neuen Lebens im Alltag eine Resonanz findet.
Wir leben auch heute nur aus diesem Wunder Gottes, der Tote auferweckt. Nur durch dieses Wunder gewinnen wir die Zeit, dass wir unsere Geschichte weitererzählen können: die Geschichte unserer Stadt, unseres Landes, ja unserer Erde. Es hat mit unserer Vernunft nach der Erfahrung aller Welt wenig zu tun, dass wir morgens immer noch aufwachen und atmen und unsere Liebsten um uns haben. Das ist das Wunder Gottes, der die Toten auferweckt. Dass unsere Welt noch nicht an den größenwahnsinnigen Herrschaftsphantasien von Menschen gegenüber der natürlichen Lebensumwelt und gegenüber dem eigenen Leben zerbrochen ist. Dass unsere Welt nicht von einem Augenblick zum anderen durch irgendeinen Computerfehler in ein unvorstellbares, brennendes Chaos verwandelt wurde. So ist uns Zeit ge-

schenkt, aus dem gewohnten Trott zu fallen. Die Beziehung zum Lebendigen, die neues Leben und neue Beziehung zu den Toten eröffnet, kann unseren Alltag neu machen. Das Bekenntnis der Martha wird uns frei machen: »Du bist der Christus, der Sohn Gottes.«
Ein Mann tanzt selbstvergessen an der Küste Kretas. Erfolg, Leistung, Beherrschung sind nicht das wichtigste im Leben. Der Mann bricht angesichts des Verlustes und der Enttäuschung nicht zusammen. Er kann loslassen, er ist fähig zu trauern. Haben Sie schon einmal erlebt, dass etwas so bildschön zusammenkracht? – Gott, der die Toten auferweckt, schenkt uns Zeit, dass diese Haltung den Alltag verändern kann.

5.1 Trauerbegleitung in evangelischer Perspektive

Trauerbegleitung ist ein Arbeitsfeld, auf dem heute viele kirchliche Mitarbeiter/innen tätig sind. Das Angebot an Trauer-Literatur und an Fortbildungskursen zur Trauerbegleitung ist groß und zunehmend unübersehbar. Es wäre deshalb überflüssig, in diesem Feld ein stärkeres Engagement einzufordern. Sondern es sollen in Anknüpfung und Unterscheidung zu einem heute besonders wirksamen Konzept der Trauerbegleitung evangelische Perspektiven unterstrichen werden.

Der griechische Psychotherapeut, Ethnologe und Sänger Jorgos Canacakis führt seit etwa zwanzig Jahren Seminare für Trauerbegleitung durch; durch sein Essener Institut sind viele Menschen ausgebildet worden, die in Kirchengemeinden, Beratungsstellen oder als freies Angebot Trauerprozesse begleiten. Canacakis hat in seinem 1987 zuerst erschienenen, seitdem bereits in 16 Auflagen erschienenen Buch »Ich sehe deine Tränen«[3] ein Verständnis von Trauer und Trauerbegleitung entwickelt, das in vieler Hinsicht als tragfähig erscheint. Charakteristisch ist, wie hier ethnologische Feldforschungen, biographische Selbstreflexion und psychotherapeutische Kenntnisse in einem Konzept von Trauerarbeit zusammengebunden werden.

Canacakis hat in seiner griechischen Heimat eine ethnologische Untersuchung zu den *Klagegesängen* durchgeführt, wie sie in einigen Gegenden – und insbesondere im Gebiet von Mesa-Mani, dem südlichsten Teil der Peloponnes – beheimatet waren. Diese »Myroloja« sind als lebendige Volkssitte mittlerweile vom Aussterben bedroht. Es handelt sich um eine mündlich tradierte, durch Sängerinnen oft spontan inszenierte rituelle Form des Klagegesanges, deren Ursprünge bis ins 14. Jahrhundert zurückreichen. Myroloja sind rituell, also regelgebunden, und zugleich leben sie von dem spontanen Erfindungsreichtum der Sängerin. In einer Myroloja wird das ganze Leben eines Verstorbenen in den Blick genommen, herausragende Ereignisse, die liebenswerten genauso wie die dunklen Seiten in der Ambivalenz einer Persönlichkeit. Es wird nichts

3. J. Canacakis, Ich sehe deine Tränen. Trauern, Klagen, Leben können, 1987, 16. Aufl. Stuttgart 2000.

schöngeredet, die ganze Lebendigkeit des Lebens hat Raum. Und die Sängerinnen sparen bisweilen auch nicht mit Spott. Im Zentrum steht das Leben eines verstorbenen Menschen, aber in den Myroloja, die oft mehrere Stunden andauern, wird zudem das gesamte soziale Umfeld in den Blick genommen: die Familie, die Menschen, die dem Verstorbenen in Liebe, in Arbeit und geschäftlichen Beziehungen, aber auch im Streit verbunden waren. Das besondere Gesicht eines Ortes, einer lebendigen Sozialität wird auf eine Weise besungen, dass diejenigen, die am Trauerritual als Besucher/innen teilnehmen, unmittelbar einbezogen werden: Der Abschied vom Verstorbenen gibt Gelegenheit, das weitere Lebendigsein des sozialen und regionalen Umfeldes als bergende und tröstliche Heimat hier und jetzt zu inszenieren.[4]

Die ethnologischen Untersuchungen sind ein Ansatzpunkt für das Trauer-Konzept von Canacakis; es wäre aber nicht denkbar ohne intensive lebensgeschichtliche Erfahrungen, die der Autor nicht nur erlitten, sondern auch durchgearbeitet und als Lebenskrise ernstgenommen hat. Sein Sohn ist als Folge einer pränatalen Gehirnverletzung bei einer Fruchtwasserentnahme seit Geburt schwer behindert. Canacakis beschreibt seine Trauer darüber zugleich als Lernprozess, sich der Lebendigkeit und dem Reichtum dieses Lebens dennoch öffnen zu können. »Niko wurde schwer geschädigt und erlitt eine schwere und mehrfache Behinderung. Er wird die Welt niemals mit seinen eigenen Augen in ihrer Schönheit und Farbenpracht sehen, er wird nie laufen und spielen können, er wird am ganzen Körper gelähmt sein, nie sprechen können, sich geistig niemals weiter entwickeln als ein Baby von sechs Monaten ... Dann folgten noch schrecklichere Vorstellungen, die mir, wenn ich ehrlich bin, anfangs auch Schuldgefühle bereitet haben ... Erst tauchte der Wunsch auf, dass er bald stirbt, um nicht zu lange zu leiden. ... Ich weigerte mich, Abschied zu nehmen von der Vorstellung eines gesunden Jungen. ... Ich ließ mich in eine besondere Gymnastik einweisen, weil sie eine Hilfe für kleine Kinder mit spastischen Symptomen sein sollte. Ich würde diese Gymnastik eher mit Folter vergleichen. Der Kleine muss uns für verrückt gehalten haben. Wir dressierten ihn mit Übungen bis zur Schmerzschwelle, um dann wieder lieb zu ihm zu sein und ihn zu beruhigen ... Endlich brach

4. Ebd., 89 ff.

die Zeit der Trauer über uns herein ... Es war nicht abzustreiten, dass Niko selbst ein glückliches Kind war. Wir entdeckten an ihm noch viel Gesundes und Beachtenswertes. Er konnte sehr gut hören, viel mehr hören als wir. Er konnte fühlen und diese Gefühle durch seine Stimme ausdrücken. Der Kleine entdeckte bald, dass er, wenn er lachte, auch Bewegungen machen konnte, die er an sich als Gelähmter nicht machen würde. Sein Lachen war spontan und laut ... Sein Lachen wirkte auf die Menschen seiner Umgebung ansteckend ... Wir wissen, dass Niko ein zufriedener Junge ist. Er hat keine Probleme mit seiner Behinderung, außer seinen Anfällen. Er wird getragen, gestreichelt, geküsst, gefüttert, mit Klängen und Gesängen unterhalten. Er wird überall mitgenommen, darf abends aufbleiben, wenn wir eingeladen sind ... Wer ist hier eigentlich behindert? Niko, ich möchte Dir etwas sagen. Wir sogenannten Gesunden haben Behinderungen, die auf ihre Art schwerwiegender sind, weil sie unsichtbar bleiben ... Niko ist mein bester Lehrer in Sachen Trauer geworden.«[5]

Beide Dimensionen – die ethnologischen Untersuchungen zu den Klagegesängen in Mesa-Mani und die reflektierten biographischen Erfahrungen – fließen in Canacakis' therapeutisches Konzept der Trauerarbeit ein. In deutschen Großstädten – Canacakis arbeitet seit vielen Jahren in Essen, aber dies gilt für die urbane Kultur der westlichen Metropolen überhaupt – gibt es solche Trauerrituale wie in den abgelegenen ländlichen Regionen Griechenlands nicht mehr. Damit stellt sich die Frage nach dem Status von Canacakis' ethnologischen Untersuchungen: können sie für die moderne städtische Lebenswelt in der Bundesrepublik relevant werden?

Der Ritualverlust in sozial ausdifferenzierten, individualisierten Gesellschaften kann allerdings nicht im Sinne einer Trennungslinie zwischen *modernen und vormodernen* Gesellschaften zutreffend interpretiert werden. Wie die Ethnologin Mary Douglas gezeigt hat[6], gibt es durchaus auch alte Gesellschaften, in denen der soziale Zusammenhalt wenig entwickelt ist und die sich durch eine geringe Verbindlichkeit von Ritualen auszeichnen; dies ist bei-

5. Ebd., 64–67.
6. Mary Douglas, Ritual, Tabu und Körpersymbolik. Sozialanthropologische Studien in Industriegesellschaft und Stammeskultur, Fischer Wissenschaft, Frankfurt/M. 1986 (nach der 2. überarbeiteten Aufl. 1973).

spielsweise bei den in den Wäldern Ostafrikas lebenden Pygmäen der Fall. Umgekehrt gibt es moderne Gesellschaften oder Teilgesellschaften, in denen die Verbindlichkeit der »rituellen Observanz«, also der Geltung und Teilnahmeverpflichtung an Ritualen sehr hoch ist. Mary Douglas zeigt aber, dass die Verbindlichkeit von Ritualen in einer Gesellschaft in dem Maße schwindet, wie der *soziale Zusammenhalt* nachlässt. Dies wird beispielhaft in indianischen Gesellschaften deutlich, die durch Kontakt mit weißen Siedlern vollständig verändert wurden und schließlich untergegangen sind. Mary Douglas verdeutlicht dies z. B. am Stamm der nordamerikanischen Navajo-Indianer: hier lässt sich eine vollständige Umkehrung der vorherrschenden Orientierung von einem ritualorientierten hin zu einem verinnerlichten Vollzug im religiösen Leben (z. B. im Peyote-Kult) erkennen, und zwar zu dem Zeitpunkt und in dem Maße, wie die soziale Verpflichtung und Solidarität des Stammes durch den Angriff der Weißen zerfällt. Mary Douglas beschreibt aber auch analoge Fälle in der *zeitgenössischen Moderne*. So untersucht sie in London ein nach außen stark abgegrenztes, unterprivilegiertes Milieu. Der hier lebende irische Bevölkerungsteil (die sogenannten »Sumpf-Iren«) hält gegen die antiritualistischen Erziehungsversuche ihrer Kirchenoberen streng an der Freitags-Abstinenz fest: für das religiöse Erleben dieser Menschen entscheidet sich an der Frage, ob freitags kein Fleisch gegessen wird, ob man zur Kirche gehört, während ihre eher der individualisierten Hochkultur zugehörenden Priester ihnen beibringen wollen, dass es doch beispielsweise viel wichtiger sei, die Dogmen des katholischen Glaubens zu teilen. Mary Douglas schließt: ritualistisch orientierte Gesellschaften korrelieren mit einer verpflichteten, solidarischen, aber auch kontrollierenden Sozialität, in der der einzelne in den wechselseitigen Druck und die wechselseitige Unterstützung aller strikt einbezogen bleibt. Das Ritual ist Ausdruck gesellschaftlicher Solidarität; die Gottesvorstellungen, Mythen und Rituale der Religion sind streng auf die sozialen Positionen bezogen. Demgegenüber korrelieren ein verinnerlichter Antiritualismus und die Orientierung der Religion auf Innerlichkeit und Inbrunst mit einer individualisierten Sozialität, in der der Kontakt zwischen den Gesellschaftsmitgliedern tendenziell gering ist – und zwar unabhängig von der jeweiligen historischen Zuordnung zu Vormoderne, Moderne oder gar Postmoderne.

Lässt sich die Leistung des Rituals der Myroloja, der traditionellen griechischen Trauergesänge, in einer kulturellen Lebenswelt zur Wirksamkeit bringen, die – wie z.B. eine Großstadt in der Bundesrepublik Deutschland – durch einen weitgehenden Verlust von rituellen und symbolischen Traditionen und selbstverständlich vertrauter religiöser Lebenspraxen bestimmt ist? Wie können in einer Gesellschaft, in der die Verbindlichkeit von Ritualen verlorengegangen ist, gerade *Rituale* der Trauer für die Menschen hilfreich werden? Dies gelingt nur durch Lernen und Einüben; und zugleich wird man davon ausgehen müssen, dass die Menschen, die sich auf einen solchen Prozess einlassen, ein zunächst distanziertes und reflektiertes Verhältnis zu ihrem eigenen Teilnahmeverhalten am Ritual mitbringen. Entscheidend ist, dass solch distanzierende Haltungen im Prozess des Einübens nicht den Kontakt unterbrechen, und dass die Beteiligten sich nach und nach auf den Fluss des Rituals einlassen und verlassen können.

Für den therapeutischen Ansatz von Canacakis ist jedenfalls die *rituelle Perspektive* charakteristisch. »Die Trauer findet im Ritus ihre Expression ... (Trauerkrisen) bringen Chaos in sein (des Menschen) Denken, Handeln und Fühlen, in sein Leben, seinen Beruf. Sie stellen seine Vergangenheit in Frage und verdüstern seine Zukunft. Sein Leben verliert an Wert. Rituelles Handeln dagegen bringt in dieses gefährliche Chaos Ordnung und leuchtet den Weg aus durch die dunklen Pfade der trauernden Seele.«[7] Trauer ist ein Fluss-Prozess.[8]

Fluss-Prozesse korrespondieren mit seelischen Tiefenschichten von Menschen. Mittlerweile weiß man auch durch Ergebnisse der Hirnforschung, dass Tiefenstrukturen des menschlichen Bewusst-

7. J. Canacakis, a.a.O., 136.
8. Im Sinne der ethnologischen Untersuchungen zum Ritual, wie sie von Victor Turner durchgeführt und in der praktisch-theologischen Diskussion stark rezipiert worden sind, beinhalten Fluss-Prozesse diese Dimensionen: höchst gesteigerte körperliche und seelische Präsenz, Macht über die technischen und handwerklichen Abläufe, Verschwimmen der Subjektgrenzen, Selbstvergessenheit in dem Sinne, dass jede Selbstreflexion und Selbstthematisierung im Ablauf den Fluss unterbrechen würde, vgl. V. Turner, Das Liminale und das Liminoide in Spiel, ›Fluß‹ und Ritual. Ein Essay zur vergleichenden Symbologie, in: ders., Vom Ritual zum Theater. Der Ernst des menschlichen Spiels, Frankfurt/New York 1989, 28–95.

seins, die durch kognitive Operationen nicht berührt werden, dennoch durch die menschheitsgeschichtlich alten Formen der symbolischen und rituellen Sprache erreicht werden – dies ist vor allem relevant in lebensgeschichtlichen Krisensituationen wie beim Verlust eines geliebten Menschen, aber beispielsweise auch bei Krankheits- und Altersstadien, die durch den Verlust früherer Bewusstseinsleistungen bestimmt sind. Trauer soll als Fluss-Prozess Gestalt gewinnen: dazu gehören aber auch bewusste Leistungen der trauernden Menschen, die sich mit der symbolischen Sprache des Rituals verbinden und durch sie Gestalt gewinnen können. Erster und zentraler Schritt ist das Wahrnehmen und Annehmen *des Verlustes.* Dazu gehört akzeptieren zu lernen, dass dem, was ich als Mensch durch Leistung und Selbstdurchsetzung, durch die aktiven Anteile meiner Lebenstätigkeit erreichen kann, unübersteigbar Grenzen gesetzt sind. Im Fluss-Prozess der Trauer lernen Menschen, die passive Seite ihres Lebens annehmen zu können.[9]
Jorgos Canacakis unternimmt es, unter den Bedingungen der Moderne ein neues Ritual zu inszenieren, das für die Beteiligten eine Wirksamkeit entfalten kann, die den traditionellen Klagegesängen von Mesa-Mani zumindest nahe kommt. Das Ritual eröffnet einen Weg, den die Trauernden und zunächst die Trauerbegleiter/innen *lernen.* Rituale müssen inszeniert werden, um begangen werden zu können. Und zugleich müssen sie, um als Gestalt wirksam werden zu können, auf den Weg der Trauernden in ihrer Lebenskrise beziehbar sein. Um den Trauerprozess zu charakterisieren, spricht

9. Der Hamburger Praktische Theologe Fulbert Steffensky hat für diese Perspektive eine m. E. tragfähige Sprache gefunden, und er verbindet dies mit einem kritischen Blick auf die »Siegermentalität«, ohne die heute in wirtschaftlichen und politischen Lebenszusammenhängen Erfolg nicht möglich ist. »... Die Welt wird zur Beute, und so ist sie nicht länger Schwester, Trösterin und Schönheit ... In der Welt der Machenschaften geht die Tugend der Passivität verloren. Eine Aktivität aber, die die Kunst der Passivität nicht kennt, wird bedenkenlos, ziellos und erbarmungslos. Die passiven Stärken des Menschen gehen verloren: die Geduld, die Langsamkeit, die Stillefähigkeit, die Hörfähigkeit, das Wartenkönnen, das Lassen, die Gelassenheit; um zwei alte Worte zu nennen: die Ehrfurcht und die Demut. Wir sind zum Siegen verdammt: zu Siegen, die uns selber und die Welt unserer Kinder zerstören.« F. Steffensky, Wir siegen uns zu Tode, Hamburger Abendblatt, Ostern 2001.

Canacakis von einer Abfolge sogenannter »Trans-Zyklen« (»trans« im Sinne von *Überschreiten,* »Zyklen« im Sinne einer kreisförmigen, sich wiederholenden Struktur), die er folgendermaßen charakterisiert[10]: »Sie haben fließende und grenzüberschreitende Übergänge; sie wiederholen sich kreisförmig; oft fangen sie an oder enden willkürlich an einem Punkt des sich wiederholenden Kreislaufes; oft gibt es Sprünge von der Mitte des einen Zyklus zum Beispiel an das Ende des nächsten; die Wiederholungen ähneln sich mit der Zeit immer weniger und gleichen schließlich einer Spirale; zyklische Wiederholungen kommen auch bei den einzelnen Trans-Zyklen selber vor.«

Zentrum des ersten Trans-Zyklus ist die »Bewusstwerdung des inneren und äußeren Bewegtseins«. Die Ritualteilnehmer/innen werden in dieser Ritualphase Kontakt zu ihrer Lebenskrise aufnehmen und ihr Gefühlschaos annehmen: emotionale und körperliche Labilität, Verwirrung, Verzweiflung, Hilflosigkeit. Der/die Trauernde wird die verwirrenden, belastenden und dunklen Gefühle an sich heranlassen: Angst, Groll, Wut, Schuldgefühle, Protest, Klage, Verstummen, Gefühllosigkeit, aber auch eine erste Katharsis: ein erstes Loslassen-Können.

Der Kairos des zweiten Trans-Zyklus ist die »Zeit der Inspiration und des kreativen Sprungs.« Der/die Trauernde wird hier aufsteigende Phantasien, Tagträume, Szenen aus der Vergangenheit, auch Halluzinationen erleben, die sich zu Wahnbildern steigern können. Er/sie fühlt sich von innen überflutet und ist weitgehend interesselos gegenüber äußeren Lebensvollzügen. Er/sie versucht, Zeit zu gewinnen, hat den Wunsch, die Zeit zurückdrehen zu können. Er/sie führt innere Dialoge mit dem/der Toten, sucht nach dem Toten in der Vorstellung, verhandelt mit dem Tod, identifiziert sich vielleicht sogar mit dem Toten. Es handelt sich um eine Übergangsphase: es kann zu ersten kreativen und expressiven Handlungen kommen, zum Innewerden der Unausweichlichkeit des Todes und dessen, was geschehen ist. Erneut kann Verzweiflung aufkommen, sie kann aber in kreativer Expression eine Gestalt gewinnen und muss nicht mehr überfluten.

Den dritten Trans-Zyklus kennzeichnet Canacakis mit dem Stichwort »Selbstregulierung durch die Dynamik des schöpferischen

10. J. Canacakis, 140; zum folgenden ebd., 141 ff.

Tuns«. Es ist eine Wandlungsphase: der/die Trauernde ringt um eine Ausdrucksmöglichkeit, sucht nach einer Gestalt für die Trauer. Eine direkte Konfrontation mit dem Verlust wird immer mehr zur Möglichkeit, und das Energiepotential der Trauer kann in schöpferischen Produktionen Gestalt gewinnen. »Der Fluß der Trauer kanalisiert sich«: der Körper bleibt nicht länger überflutet und stumm, sondern kann in seinen Gebärden Gestaltungsaufgaben übernehmen. Der Trauernde geht tief in sein Gefühl der Trauer hinein, durchlebt möglicherweise Momente von »Trance« und »Ekstase«.
Der vierte Trans-Zyklus ist bestimmt durch »Stabilisierung und erneute Beziehung nach außen«. Es ist die Zeit, in der sich das seelische Gleichgewicht nach und nach stabilisiert. Der/die Trauernde findet Entspannung, vielleicht auch Ausdrucksmöglichkeiten für meditatives Verharren. Gute Erinnerungen fließen in den Vordergrund, Empfindungen der Erleichterung, der Annahme und des Verständnisses. Es werden »Kontaktfühler« ausgestreckt für die Beziehung nach draußen. Loslösung, Abschied wird möglich, Wege werden vorstellbar, das Leben ohne den Toten zu leben.
Der fünfte Trans-Zyklus – Canacakis gebraucht die Stichworte »Neuordnung, Neuanfangen, Neuorientieren« – öffnet den Blick nach vorn: die veränderte Situation kann mit Bewusstsein angenommen werden. Eine Hinwendung zum Alltäglichen wird wieder möglich. Neue Aufgaben können angenommen werden, die auch den Wunsch nach Selbstverwirklichung einschließen können. Neue Trauereinbrüche können mit weniger Angst zugelassen werden.
Canacakis schließt: »Die Zahl der Wiederholungen dieser Trauerzyklen hängt vom Grad der bisherigen gelungenen Verarbeitung ab. Die Zeitrhythmen variieren sehr stark. Es können innerhalb einer Stunde, eines Tages, eines Monats, eines Jahres mehrere Trauerzyklen nacheinander oder einzelne sich wiederholende Zyklen ablaufen. Das ist von der trauernden Person abhängig, von der Bedeutung des Verlusts und der Art der Beziehung zu dem Verstorbenen. Diese Trauerzyklen gelten mit wenigen Veränderungen auch für alle anderen Arten des Verlustes, der Trennung und des Abschiednehmens, auch in Fällen, in denen man ›im voraus‹ trauert, bei bevorstehender Erwartung des Todes in Situationen schwerer und unheilbarer Krankheit.«[11]

11. Ebd., 142.

Die Trauer-*Rituale* sollen nun auf die Trauer-Zyklen beziehbar sein und ihnen eine Gestalt geben. Diffuses Überschwemmtwerden von Emotionen soll ebenso im Fluss des Rituals verwandelt werden wie starres Blockiertsein oder regressive Selbstbezogenheit. Am Anfang stehen zwei vorbereitende Schritte: Wahrnehmungs- und Bewegungsübungen, aber auch die theoretische Auseinandersetzung mit Trauer-Konzeptionen; und eine Phase des Übens und Experimentierens: die eigenen Sinne sollen mobilisiert und Gefühle erspürt werden. Es wird nach eigenen Ressourcen (Kräften, Fähigkeiten) und den stützenden und nährenden Anteilen im sozialen Netz gefragt. Rituale der Solidaritätsbekundung, aber auch Experimentieren mit Rhythmen und Klängen haben hier ihren Ort. Das dritte Stadium der Trauerbegleitung ist bestimmt durch kreative Dramatisierung und Expression der Trauer. Das innere Trauer-Drama soll nach draußen geholt werden: durch Musik, Malen, Töne und verdichtete Worte – Briefe, Märchen, dramatische Spiele, Phantasiereisen und Tagträume. »Trauerenergie wird in kreative Energie umgewandelt. Das Chaos des Trauerschmerzes kann unter dem Schutz der Kunst zur Metamorphose gelangen.«[12]
Das vierte Stadium der Trauerbegleitung ist charakterisiert als »Stufe der Konfrontation und Entscheidungen«. Der Schmerz über den Verlust kann zugelassen werden, der/die Trauernde steht vor der Entscheidung, den Toten gehen zu lassen. Wenn man sich für die Wahl entscheidet: *ich will jetzt noch nicht Abschied nehmen,* dann muss man die Verantwortung dafür übernehmen; wenn man sich entscheidet: *ich will den/die Verstorbene jetzt loslassen,* dann wird der Weg der Trennungsrituale begonnen: Abschiedsübungen, Phantasieren der Lebensquelle, Abschied von verbindenden Dingen und Orten. Jetzt haben Rituale der *Reinigung/Trennung* ihre Zeit, aber auch Rituale der *Umwandlung* von Trauerenergie in Zuwendungsenergie und *Segens*-Rituale. Das fünfte Stadium – »Abschluss durch symbolische Handlungen« – gilt als Übergangsstadium. In einer symbolischen Handlung wird Energie »verteilt« und die Gemeinschaft als Kraftquelle erfahren. Ein *Tanzritual* symbolisiert den Tanz hinaus ins Leben. Es folgen Rituale der Einverleibung und Distanzierung: Trinkritual, Wiedervereinigung, Bilanz, Zukunftsorientierung. Das Gesamtritual wird in einem sechsten

12. J. Canacakis, a.a.O., 144.

Stadium mit einem Gedächtnis-Treffen abgeschlossen, bei dem Begehungsmöglichkeiten für ein *Nachtrauern* angeboten werden: Das Treffen dient dazu, Fortschritte im Trauerprozess zu bestätigen, nachzusehen, wie es anderen geht, und für »Trauerreste« eine Ausdrucksgestalt zu finden. In dieser Phase entstehen oft Freundschaften zwischen den Teilnehmer/innen des Seminars; diese Phasen eröffnen eine Beziehungsmöglichkeit, in der weitere Schritte der Trauer auch im Alltag der Trauernden, die jetzt die gemeinsame Trauer-Gruppe verlassen müssen, ihren Ort haben werden.

Das Seminar erstreckt sich über einen Zeitraum von sechs Tagen, danach besteht für die Teilnehmer/innen eine Möglichkeit, sich in Selbsthilfegruppen zusammenzuschließen. Das Gedächtnistreffen wird nach etwa sechs Monaten angeboten. »Das Wichtigste ist, Zeit einzuräumen ...«[13] –

Der Ansatz von Canacakis unterscheidet sich in charakteristischer Weise gegenüber anderen gegenwärtig wirkmächtigen Vorstellungen vom Prozess der Trauer und ihrer seelsorgerlichen Begleitung. Trauerarbeit und -begleitung im Sinne von Canacakis hat eine kreisförmig-prozesshafte Struktur, keine linear und evolutionär zu beschreibende Entwicklungsrichtung, wie dies beispielsweise in Yorick Spiegels »Prozess des Trauerns« angenommen wurde[14] – einem Konzept, das gerade in der kirchlichen Trauerarbeit in jüngerer Zeit sehr einflussreich wurde. In diesem und in ähnlich gelagerten Verstehensmodellen[15] gilt Trauerarbeit als ein Prozess, der in der Regel verschiedene Phasen *in linearer Abfolge* durchläuft.[16] In unserer Kultur werden im Gegensatz zu anderen Gesellschaften nur emotional zurückhaltende Formen eines Trauerverhaltens gesellschaftlich als normal anerkannt, während extreme, mit körperlicher Expressivität verbundene Formen – Schreien, Weinen, Ausbrüche von Hass oder überschwäng-

13. Ebd., 147
14. Y. Spiegel, Der Prozess des Trauerns. Analyse und Beratung, München, 7. Aufl. 1989.
15. V. Kast, Trauern. Phasen und Chancen des psychischen Prozesses, Stuttgart 1982.
16. Vergleiche zum folgenden auch: M. Josuttis, Der Vollzug der Beerdigung – Ritual oder Kerygma? In: ders. Die Praxis des Evangeliums zwischen Politik und Religion. Grundprobleme der Praktischen Theologie, 1974, München 3. Aufl. 1988, 188 ff.

licher Liebe – früher als Ausdruck von Unglauben und heute eher als gesellschaftlich ungehörig und als Folge psychischer Störung angesehen werden. In den Trauer-Konzepten von Yorick Spiegel und ähnlich gelagerten Modellen wird angenommen: Wer trauert, wird in seiner Trauer linear und evolutionär aufeinander aufbauende Stadien durchlaufen. Ziel der Trauerarbeit ist hier eine psychische Ablösung vom Verstorbenen, indem einerseits die Endgültigkeit des Todes anerkannt, auf der anderen Seite die eigene Identität der Hinterbliebenen neu strukturiert wird, nachdem ein wesentlicher Bezugspunkt für das eigene Ich verlorengegangen ist.

Dabei erleichtert das Modell Spiegels durchaus, bei sich selbst und anderen Trauernden Verhaltensformen auszuhalten, die sonst beängstigend wirken könnten. Wie die Lebensbeziehung zum Toten immer eine ambivalente Mischung von Liebe und Hass gewesen sein wird, so sind die Gefühle des Hinterbliebenen gegenüber dem Toten auch ambivalent, durchsetzt von Liebe und Furcht. Am Anfang des Prozesses der Trauer kann die Hoffnung stehen, die alte Beziehung wie durch ein Wunder fortsetzen zu können; dies kann so weit gehen, dass die Realität des Todes überhaupt verleugnet wird. In einer nächsten Phase können die aggressiven Gefühle, der Hass gegen denjenigen oder diejenige zum Tragen kommen, die mich alleine gelassen hat. Vielleicht fürchtet sich der Hinterbliebene auch vor einer Wiederkehr des Verstorbenen und seiner Rache angesichts seiner Versäumnisse, die er sich rückblickend vorzuwerfen hat. Nach und nach – und dieser Prozess kann einen sehr langen Zeitraum einnehmen – kommt es zu einer neuen Strukturierung sowohl im Hinblick auf das Verhältnis des Trauernden zu sich selbst wie auch im Hinblick auf die Neustrukturierung der sozialen Gemeinschaft, in der der Platz des Verstorbenen oder der Verstorbenen in den alltäglichen Kommunikationen jetzt leer bleibt.

Die Reichweite in der Erklärungskraft, aber auch im Hilfspotential von linear-evolutionären Trauerkonzepten ist jedoch begrenzt; Trauernde brauchen nicht nur eine Anpassung an die neue Situation. Sie brauchen auch eine neue Beziehungsgestalt zum Verstorbenen, die sich nicht allein im Sinne einer Ablösung von alltäglich eingespielten Interaktionsformen beschreiben lässt. Hier kann die Arbeit von Canacakis – bis zu einem bestimmten Punkt, an dem ich eine Weiterführung in evangelischer Perspektive für nötig halte – einen Weg aufweisen. Die rituellen Angebote der Trauerbegleitung sind nicht auf eine lineare, evolutionäre Prozessgestalt angelegt, sondern dahin, den Trans-Zyklen der Trauer eine Gestalt zu geben. Canacakis verzichtet auf die Vorstellung einer rein evolutionären, also linearen Entwicklung: Trauer ist zunächst zyklisch, es kommt zu Wiederholungen, Brüchen, erst nach und nach übersetzt sich die kreisförmige Struktur in einen Weg, durch den der/die Trauernde die Zeit der Trauer durchschreitet, die Trauer vertreiben und eine nicht-zerstörerische Beziehung zum Verstorbenen eingehen kann.

Das Stichwort einer *»Verbannung der Trauer«*, das Ina Rösing[17] in ihrem ebenfalls an ethnologischen Studien bewährten und wie bei Canacakis *ritualorientierten* Weg der Trauerbegleitung verwendet, kann auch den Trauer-Weg in Canacakis »Trans-Zyklen« in gewisser Weise zutreffend beschreiben. Auch hier geht es um die Vertreibung von Gestimmtheiten und Verhaltensmustern, die für den einzelnen ebenso zerstörerisch sind wie für die weitere Beziehung zum/zur Verstorbenen. Canacakis Modell hat aber den Vorzug, dass er mit langen lebensgeschichtlichen Phasen der Trauer rechnet, die sich immer wieder auch mit früheren Erlebnismustern rückkoppeln und wiederholen können. Einleuchtend finde ich gegenüber dem Konzept von Ina Rösing auch, dass Canacakis die expressive und produktive Dimension der Trauer betont: Trauer gelingt zwar nicht ohne das den trauernden Subjekten als gestaltende Macht gegenübertretende Ritual, aber diese Gestalt gewährt den Trauernden zugleich einen Raum, das Spezifische, Einmalige, Individuelle ihres besonderen Weges des Loslassens und Neu-Gestaltens von Beziehung selber zur Geltung zu bringen. Wie in den von Ina Rösing beschriebenen Ritualen einer Verbannung der Trauer steht der Körper des/der Trauernden im Zentrum des Prozesses. Aber während in den Heilungsritualen der indianischen Heiler der Körper *Objekt* der rituellen Handlungen bleibt – indem den von Trauer befallenen Menschen zum Beispiel Amulette angeheftet werden, die die Trauer-Macht aus dem Körper quasi heraussaugen sollen – ist der Körper in Canacakis Trauer-Weg Medium für die Expressivität der Trauernden selber: sie finden in Gesten,

17. Vgl. die Beschreibung der Untersuchung von Ina Rösing in Kap. 2, 88 f.

Bewegungen, Inszenierungen und ästhetischer Produktivität einen Ausdruck für ihre Trauer, aber auch für ihre nach und nach gelingende Verbannung.

Was in Canacakis Trauer-Weg dennoch unterbetont ist – und hier sehe ich eine zentrale Aufgabe und Chance der evangelischen Seelsorge an den Trauernden, aber auch des evangelischen Bestattungsgottesdienstes: nach den Ritual-Phasen der Trennung und Umwandlung der Trauer-Energie in Zuwendungsenergie muss die *Herbeirufung einer guten und heilsamen Lebensmacht* als Ritualhöhepunkt ein stärkeres Gewicht finden. Die Segensmacht soll evoziert werden, die in die Körper, in die Herzen und in die Sinne und Gedanken der Trauernden einziehen kann, nachdem die Macht der Trauer verbannt ist. Es ist genau die Bewegung, die Johann Franck im sechsten Vers seines Liedes »Jesu meine Freude« (Evangelisches Gesangbuch 396,6) in nicht zu übertreffender Weise zum Ausdruck gebracht hat: »Weicht, ihr Trauergeister, denn mein Freudenmeister, Jesus, tritt herein.«

Und noch in einem weiteren Punkt halte ich Canacakis Trauer-Weg für ergänzungs-, ja für korrekturbedürftig. Das Ende des Trauer-Weges ist hier letztlich doch wie im Konzept Yorick Spiegels damit erreicht, dass die Trauernden den Verlust endlich angenommen und in ihre eigene Lebensgeschichte integriert haben. Trauern heißt schließlich wahrnehmen und annehmen, dass die Toten tot sind. Das ist auch in meiner Sicht ein unbedingt notwendiger Schritt in der Trauer-Arbeit. Es ist aber nur die eine Seite. Die ebenso notwendige andere Seite ist mit dem Stichwort »Leben mit den Toten« versuchsweise benannt. Hier bietet die Seelsorge der christlichen Kirchen, aber auch das Ritualangebot einer evangelischen Bestattung eine symbolische Wirklichkeit an, die nicht nur für das Verständnis und die Gestaltungsmöglichkeit von Trauer eine neue Wahrnehmung eröffnet, sondern auch für die Beziehung zwischen den Lebenden und den Toten.

Die Beziehung zwischen Lebenden und Toten ist mit dem Tod nicht zuende, sie beginnt *als diese Beziehung* erst. Die christliche Gemeinde ist, so nennt es der neutestamentliche Epheserbrief, eine »Gemeinschaft der Heiligen« – eine Gemeinde aus Lebenden *und* Toten. Die Gemeinschaft von Christenmenschen, die Paulus mit dem Symbol »Leib Christi« bezeichnet, kommt nicht durch den biologischen Lebensbeginn zustande und endet nicht durch den

biologischen Tod. Der Weg, auf dem Menschen durch die Taufe zu Christenmenschen werden, führt - so sagt es Paulus im sechsten Kapitel des Römerbriefes - durch das Mit-Sterben und das Mit-Auferstehen mit Christus hindurch. Die *Taufe* ist ein Macht-Geschehen, das Menschen in eine Beziehung hineinstellt, die mächtiger ist als die biologischen Prozesse und Grenzen, denen das menschliche Leben dennoch unterworfen bleibt.
Die Taufe als das entscheidende Grunddatum, das Menschen in Christenmenschen verwandelt und zur Gemeinschaft der Heiligen zusammenschließt, beinhaltet nicht weniger als eine neue Grenzziehung zwischen Leben und Tod. Lebende und Tote gehören nach neutestamentlich-biblischem Verständnis zur Gemeinschaft der Heiligen. Mit dem Tod ist nicht alles vorbei: auch die Beziehungsmöglichkeiten zwischen Lebenden und Toten nicht. Der Glaube daran, dass der Tod seine Macht verloren hat, schließt auch ein: er hat seine Macht über die zwischenmenschlichen Beziehungsmöglichkeiten verloren. Damit ist nichts beschönigt und verharmlost. Der Tod bleibt die kalte Macht der nichtenden und zerstörenden Grenze. Die biologischen Lebensgrenzen müssen, solange nicht alles in allem ist und das Reich Gottes alles Leben in Ewigkeit neu macht, wahrgenommen und angenommen werden. Da darf nichts übergangen und verleugnet werden. Aber wenn durch die Taufe die entscheidende Grenze neu gezogen wird - wir sind mit Christus gestorben und werden mit ihm auferstehen - dann ist in der auf diese Weise begründeten Gemeinschaft der Heiligen auch eine Beziehung zwischen den Lebenden und den Toten eröffnet - eine gegenüber den Beziehungsmöglichkeiten zwischen Lebenden *andere* Beziehungsmöglichkeit, die aber dennoch nicht einfach in den Bereich des Phantastischen oder sogar des Pathologischen verbannt werden kann.

5.2 Die Aufgabe der evangelischen Bestattung

Es ist für die Kirche heute in vieler Hinsicht schwierig, die symbolische Tradition der Bibel, der Liturgie des Gottesdienstes, des Lebenszusammenhanges der kirchlichen Gemeinde auf der einen

Seite und das Lebensgefühl und die Lebenssituation der betroffenen Menschen auf der anderen Seite aufeinander zu beziehen. Die kirchlichen Ritualisierungsangebote von krisenhaften Übergängen im Lebenslauf durch sogenannte »Passageriten«[18] sind insgesamt von diesem Problem betroffen – man denke nur an die Schwierigkeit, dass die Konfirmation in der Regel den Übergang von der schulischen Eingebundenheit der Jugendlichen hin zur beruflichen Tätigkeit nicht mehr trifft: die Konfirmation ist zu einem Passageritual ohne Passage geworden. Die kirchliche Bestattung ist dagegen ein Passageritus, bei dem dieser Zusammenhang trotz Plausibilitätsverlusten auch in diesem Feld immer noch mit einer größeren Chance des Gelingens hergestellt werden kann.

Die evangelische Bestattung ist ein kirchliches Ritualangebot, in dem die christliche Wahrnehmung des Todes, aber auch die Zusage der Auferstehungsverheißung in einer zentralen biographischen Krisensituation mit der Lebensgeschichte von Menschen in Kontakt gebracht wird.[19] Die Leistung dieses Rituals wird verstellt, wenn Haltungen unbefragt bleiben, die für das Lebensgefühl eines protestantischen Christentums weithin als selbstverständlich gelten und sich populär in Meinungen äußern, deren Richtigkeit das zu lösende Problem gerade verstellen könnte: Wir können für das Schicksal der Verstorbenen nichts tun. Keine religiösen Rituale für die Seelen im Fegefeuer! In der evangelischen Bestattung sollen beide Perspektiven wahrgenommen werden: die Hinterbliebenen müssen in ihrer neuen Situation wahrgenommen und begleitet werden, aber auch die Verstorbenen. Ich entwickle meine Überlegungen in Anknüpfung und Weiterführung einer Interpretation des Göttinger Praktischen Theologen Manfred Josuttis, »Der Vollzug der Beerdigung – Ritual oder Kerygma« – ein Text, der trotz

18. A. van Genneps Untersuchungen zu Übergangsritualen, die er bereits zu Beginn des gerade vergangenen Jahrhunderts veröffentlicht hat, sind für die neuere Diskussion vor allem durch V. Turner (a. a. O.) zugänglich gemacht worden. Vgl. A. van Gennep, Übergangsriten, Frankfurt/New York 1986 (franz. Original 1909).

19. Vgl. die instruktiven Einführungen zu Geschichte und gegenwärtiger Gestalt des Bestattungsgottesdienstes bei O. Jordahn, Die Bestattung, in: H.-Ch. Lauber/K.-H. Bieritz (Hg.), Handbuch der Liturgik, a. a. O., 415–431; sowie E. Winkler, Die Bestattung, in: ebd., 947–958.

seines Erscheinungsdatums zu Beginn der 70er Jahre große Erklärungskraft behalten hat.[20]

1. Der endgültige Abschied, die endgültige Trennung von einem geliebten Menschen muss von den Betroffenen in einem Prozess der Trauerarbeit wahrgenommen und gestaltet werden. Das Ritual der Beerdigung hilft der Gesellschaft, mit dem Außenseitertyp ›menschlicher Leichnam‹ fertig zu werden. Es legt die Spielregeln fest für den Fall, dass einer/eine grundsätzlich nicht mehr mitspielen kann, und verfolgt dabei das Ziel, der Gesellschaft und den Menschen die Rückkehr zu ihren normalen Spielen zu ermöglichen. Traditionen, Gewohnheiten und Gesetze liegen fest, wie man sich beim Tod eines Menschen verhält. Die religiöse Zeremonie bildet nur einen Teil eines komplexen Verhaltensgefüges, das sich neben der religiösen Tradition auch anderen Normen und Verhaltensregeln verdankt.
Das Ritual der Beerdigung hat eine sozialpsychologische Funktion für die einzelnen genauso wie für die Gruppen von Menschen, die als Familie oder als Freundeskreis in der Gesellschaft zusammenleben. Die Familie versichert sich ihres Bestandes, indem sie aus diesem Anlass zusammenkommt. Was auf den ersten Blick als Akt der Pietät dem Verstorbenen gegenüber erscheinen mag, ist gleichzeitig eine Aktion, mit der die Gruppe der Überlebenden die eigene Existenz und die Kraft oder zumindest den Versuch demonstriert, die eigene Identität neu zu konstituieren. Dies gilt insbesondere dann, wenn ein Familienglied verstorben ist, das bestimmte Führungsrollen, etwa die eines Familienhauptes, eingenommen hat – oder dem besondere familiale Fürsorge galt. Das zum Ritual gehörende Familientreffen im Anschluss an den Bestattungsgottesdienst – mit Kaffeetrinken, zunächst in gemessener Stille und Trauer, nach und nach mit der Möglichkeit eines entspannteren Verhaltens und offener Gespräche, schließlich vielleicht sogar mit der Möglichkeit zu Scherzen – hilft dazu, die Stabilität der Fami-

20. Vgl. zur weiteren Diskussion z.B.: W. Gräb, Rechtfertigung von Lebensgeschichten. Erwägungen zu einer theologischen Theorie der kirchlichen Amtshandlungen, in: Pastoraltheologie 76/1987, 21–38; Th. Müller, Konfirmation – Hochzeit – Taufe – Bestattung. Sinn und Aufgabe der Kasualgottesdienste, Stuttgart u.a. 1988; E. Winkler, Tore zum Leben. Taufe – Konfirmation – Trauung – Bestattung, Neukirchen-Vluyn 1995.

lienstruktur durch eine neue Rollenverteilung zu sichern. Das kirchliche Ritual der Beerdigung nimmt in diesem Prozess nur einen Teil, wenn auch einen wichtigen ein.
Die Familie versichert sich ihrer Bedeutung, indem sie sich durch einen Redner die Bedeutung des/der Verstorbenen bestätigen lässt. Hierzu gehört der Wunsch, der an viele Beerdigungsredner herangetragen wird: Es möchten in der Grabrede doch nur die positiven Aspekte aus dem Leben des/der Verstorbenen erwähnt werden. Die letzte Ehre, die der Verstorbene durch die Beteiligung am Begräbnis oder gar durch anerkennende Worte am Sarg erwiesen wird, bezieht die Familie auch auf sich selber.
Es gibt kaum einen anderen Ort im Lebenszusammenhang von menschlichen Gruppen und in der Lebensgeschichte von Menschen, bei dem eine Familie in derartiger Weise Informationssignale in die umgebende Gesellschaft aussendet – durch Trauerbriefe an Verwandtschaft und Freunde, Traueranoncen im Lokalblatt, Abkündigung im Gottesdienst –, wer zu ihr hinzugehört. Die soziale Gruppe der Familie versichert sich angesichts eines krisenhaften Einbruchs ihres Bestandes und ihrer Identität. Schließlich bietet das Ritual der Familie auch die Möglichkeit, durch die Ausstattung der Beerdigung Schuldgefühle gegenüber dem Toten zu kompensieren. Der teure Sarg, der kostbare Blumenschmuck zeigen auch nach außen, was sie alles für den Verstorbenen aufzuwenden bereit ist. Oft sollen erhöhte Aufwendungen gegenüber dem Toten verdecken, dass man ihn/sie zu Lebzeiten vernachlässigt hat. Wenigstens jetzt sagt man sich selbst und den anderen, man habe alles mögliche für ihn/sie getan.
Aber nicht nur der sozialen Gruppe, sondern auch den trauernden Einzelnen hilft das Ritual der Beerdigung, für den Prozess der Trauerarbeit eine Gestalt zu finden. Das Ritual stellt die Emotionen der Trauer in einer gesellschaftlich anerkannten Form dar und bietet so auch die Möglichkeit, diese Emotionen zu kanalisieren. Denjenigen, die die gesellschaftlich geforderten Trauergefühle nicht aufbringen können, bietet das Ritual die Möglichkeit, durch die Einhaltung eines normierten Trauerverhaltens sich den Spielregeln anzupassen. Das Ritual verhilft dem Einzelnen/der Einzelnen zur Ablösung vom Verstorbenen, indem es einerseits die Endgültigkeit seines Todes demonstriert und auf der anderen Seite die Hoffnung auf sein Weiterleben nährt.

All dies sind Ritualleistungen der evangelischen Bestattung für die Hinterbliebenen. Manfred Josuttis macht allerdings auch deutlich, dass in Beerdigungsritualen das Evangelium und die symbolische Tradition der Kirche zwar zur Geltung kommen, aber auch in gewisser Weise verletzt, wenn nicht sogar pervertiert werden. Auf der einen Seite kann das Beerdigungsritual theologisch als Vollzug des Evangeliums von der Zuwendung Gottes zu den Menschen verstanden werden, insofern hier eine Form gefunden wird, die den Beteiligten hilft – den einzelnen Trauernden, aber auch der Gruppe der zurückgebliebenen Menschen – ihren Emotionen Ausdruck zu verleihen, die leere Stelle im Verhältnis zu sich selbst und im Verhältnis zur intimen Gruppe akzeptieren zu lernen, und schließlich ohne den Verstorbenen das eigene Leben, aber auch das Leben miteinander führen zu können. Auf der anderen Seite muss vom Evangelium her, also mit theologischen Gründen auch Kritik am Ritual geübt werden. Eine Gesellschaft, die das Todesproblem allein mit Hilfe von Ritualen zu lösen versucht, verdeckt und erspart sich das Nachdenken über die Ursachen des Sterbens. Im Ritual kann auch ein gesellschaftlich verursachter Tod (beispielsweise ein Arbeitsunfall oder ein Drogentod) als natürliches Verhängnis erscheinen. Das Ritual kann gesellschaftliche Konflikte auch verschleiern, indem es das Sterben ›in Ordnung bringt‹ und die Gesellschaft vor der Frage nach den gesellschaftlichen Ursachen und Bedingungen des Sterbens entlastet. Beide Seiten der Ambivalenz des Rituals müssen, so meint Josuttis, mit theologischen Gründen thematisiert werden. Deshalb muss im Beerdigungsritual auch gepredigt werden: Auf der einen Seite die radikale Begrenztheit menschlichen Lebens deutlich zu machen, auf der anderen Seite die Verheißung zuzusagen, dass mit der Auferstehung Jesu Christi der Tod und die Todesfurcht seine Macht verloren hat. Die theologisch notwendige Kritik vom Evangelium her gegenüber dem bloßen Vollzug des Rituals äußert sich als Kritik an den Scheinlösungen, die das Ritual bereitstellt, und in der Kritik an Illusionen, die das Ritual nähren könnte: Als sei es möglich, umstandslos ein neues Gleichgewicht bei den einzelnen oder bei der Gruppe herzustellen. Die Kritik richtet sich also nicht gegen die Menschen, die in einer solchen Situation sind, dass sie das Ritual auch gerade in dieser Weise benötigen. Vielmehr muss auch im Interesse dieser Menschen Kritik geäußert werden, denen mit der Verschönerung oder Verschleierung ihres Elends durch den Vollzug einer eindrucksvollen religiösen Zeremonie gerade nicht geholfen wird. Gerade um den Menschen zu helfen, muss dem Ritual der Anschein bestritten werden, selbst Heil schaffen zu können.

2. Ich möchte die Überlegungen von Josuttis in einer bestimmten Perspektive vertiefen und weiterführen. Seine Interpretation des Rituals der evangelischen Bestattung bleibt – in den aus evangelischer Perspektive wertschätzenden wie in den kritischen Passagen – auf seine Leistung *für die Hinterbliebenen* beschränkt. Der Gedanke, dass die Perspektive auch auf die Toten und auf die Beziehung zwischen Lebenden und Toten ausgeweitet werden könnte, hat sich mir in der Begegnung mit einem Buch und einem Film aufgedrängt; der nicht-theologische Ursprung des Basiseinfalls diskreditiert aber, so denke ich, keinesfalls seine theologischen Konsequenzen.
Der Gedichtband von Edgar Lee Masters (1869–1950), »Die Toten von Spoon River«[21] beinhaltet eine Sammlung von Texten, in denen die Toten eines Ortes ihr Lebensschicksal, aber auch ihre Beziehungen zu den Lebenden rekapitulieren. Nicht geringere als Pier Paolo Pasolini haben nach eigenem Bekunden diesen Text geliebt. Als Kostprobe soll das Gedicht zitiert werden, das unter dem Namen *Roscoe Purkapile* abgedruckt ist[22]:

Sie liebte mich. Wie hat sie mich geliebt!
Ich hatte keine Möglichkeit zu fliehn,
Vom allerersten Tag, an dem sie mich sah.
Doch dann, nachdem wir verheiratet waren,
meinte ich,
Sie könnte menschlich werden und
Mich auslassen
Oder auf Scheidung klagen.
Doch wenige sterben, keine lässt los.

21. E. L. Masters, Die Toten von Spoon River. Titel der amerikanischen Originalausgabe: Spoon River Anthology. Deutsche Erstausgabe Bad Wörishofen 1947, Published under Military Government Control-License Number US-E-162. Ich verdanke diesen Hinweis F. Grotjahn.
22. Ebd., 150 f.

Dann brannte ich durch und bummelte
Ein Jahr lang.
Sie hat sich nicht beklagt. Sie sagte,
alles wäre gut,
Wenn ich zurückkäme. Und ich kam zurück.
Ich erzählte ihr, Seeräuber hätten mich
Gefangen
Beim rudern auf dem Michigan-See,
Nicht weit von der Van Buren Straße.
Ich hätte ihr nicht geschrieben, weil
Ich in Ketten gelegen sei.
Sie weinte, küßte mich und sagte,
es sei grausam,
Furchtbar, unmenschlich!
Drauf fügte ich mich drein, dass unsre Ehe
Himmlische Fügung sei,
Die nichts zu trennen vermöge
Als nur der Tod.-
Ich hatte recht.«

Der zweite Anstoß zu meinen Überlegungen war die Begegnung mit einem Film, den ich etwa vor einem Jahr im Kino gesehen habe: »The Sixth Sense« (»Der sechste Sinn«) mit Bruce Willis und Haley Joel Osment[23]. Die These dieses Filmes, ist dass manche Verstorbene nach ihrem Tod zunächst nicht wissen, was mit ihnen geschehen ist. Sie müssen unbedingt noch etwas erledigen. Sie können einander nicht sehen. Die noch Lebenden nehmen sie, in ihre alltäglichen Geschäfte verstrickt, nicht wahr. Nur besonders begabte Menschen – in diesem Falle ein zehnjähriger Junge – sehen sie, ob sie wollen oder nicht. Für den Kleinen ist das eine furchtbare Belastung. Was ich zunächst nicht verstanden hatte: Auch der Kinderpsychologe, der den Jungen betreut und aus dessen Perspektive die Filmgeschichte erzählt wird, ist tot. Auch er weiß nicht, was mit ihm ist, lernt es erst in seiner Beziehung mit dem Jungen. Er muss lernen, dass er tot ist. Dann erst kann er die Menschen gehen lassen, die er geliebt hat, und sie können sich für sich selbst und für andere Beziehungen öffnen.
Ich erinnere mich noch gut an das Gespräch danach. Wie das so

23. USA 1999, Regie M. Night Shyamalan.

ist, wenn man mit Theologen ins Kino geht: einer hatte gerade ein passendes Buch gelesen, über »Westliche Reinkarnationsvorstellungen«.[24] Man darf nicht vergessen, so sein Argument, dass der Regisseur Inder ist, der allerdings im Westen lebt. Er wird die Reinkarnationsvorstellungen des Hinduismus oder auch des Buddhismus kennen und verarbeiten. Wie man weiß, sind dies nicht gerade beglückende Ideen. Wiedergeboren-Werden ist kein Lebensglück, das Ziel des Weisen muss sein, sich durch Weltentsagung dem Kreislauf der Wiedergeburten zu entziehen und in die Ruhe einzugehen. Oder er muss wenigstens versuchen, durch gutes Handeln sein Karma zu verbessern, der Macht seines Tun-Ergehen-Zusammenhanges ein positiveres Gesicht zu geben. Vielleicht werden im Film aber auch zeitgenössische westliche Varianten aus Spiritualismus und New Age verarbeitet. Vielleicht kennt er sogar Gotthold Ephraim Lessings Vision einer Verbesserung des Menschengeschlechts durch immer wieder eröffnete Lernmöglichkeit nach einer neuen Geburt, oder Jean Paul Sartres pessimistischen Einspruch – Menschen können mit der Nachsitzen-Aufgabe: *das machst du jetzt noch mal!* kein bisschen lebensförderlich umgehen. Jedenfalls, so das Argument meines Freundes: In unserer postmodernen Patchwork-Kultur können alle möglichen religiösen und philosophischen Traditionen den Gedanken plausibel machen, dass Verstorbene nach ihrem Tod noch etwas lernen müssen, und sei es, dass sie tot sind und die Lebenden in Ruhe lassen müssen.
Ich war in diesem Gespräch auf einer anderen Spur. Mir kamen die Prüfungen über »Amtshandlungen« in den Sinn, die ich im Zweiten Examen der Braunschweiger Landeskirche abzunehmen hatte. In der 1996 neu bearbeiteten Agende für evangelisch-lutherische Gemeinden folgt die kirchliche Bestattung der Liturgie einer *Reise*.
Soweit die Rekapitulation der Anstöße zu meinen Überlegungen. Sie haben den Gedanken provoziert, dass die Evangelische Bestattung *auch* in einer Perspektive wahrgenommen werden muss, die in bisherigen Interpretationen mindestens unterbetont erscheint.

3. Die Liturgie der kirchlichen Bestattung wird körperlich-gestisch als *Prozession* mit drei Stationen begangen. Der Weg beginnt – mit Aussegnung und Abholung – am primären Lebensort der

24. R. Sachau, Westliche Reinkarnationsvorstellungen, 2. Aufl., Gütersloh 1997.

Verstorbenen, in der Wohnung: Ort des Zusammenlebens mit den nächsten Menschen oder Rückzugsmöglichkeit für die Intimität mit sich selbst. Er wird in der Kirche bzw. der Kapelle fortgesetzt – mit Gebeten und Liedern, mit der Predigt, mit biblischen Voten und Segenshandlungen. Er endet – nach der Aufforderung : »Lasst uns nun zum Acker Gottes gehen und den Leib des Verstorbenen zu seiner Ruhestätte bringen« – am Grab.
Für alle drei Stationen dieser Prozession gibt die Agende dem Liturgen oder der Liturgin Sprechhandlungen vor, die sich an die versammelten Hinterbliebenen, immer wieder aber auch ausdrücklich *an den Verstorbenen* richten. Charakteristisch für diese Voten ist, dass sie immer wieder auch Orts- und Zeitansagen beinhalten. Ich gebe einige Beispiele: Im Mittelpunkt der ersten Station in der Wohnung steht der *Valetsegen,* den der Pfarrer, wie die Agenden-Rubrik angibt *»zur Toten gewandt«* spricht: »Es segne dich Gott, der Vater, der dich nach seinem Ebenbild geschaffen hat. Es segne dich Gott, der Sohn, der dich durch sein Leiden und Sterben erlöst hat. Es segne dich Gott, der Heilige Geist, der dich zu seinem Tempel bereitet und geheiligt hat. Der dreieinige Gott sei dir gnädig im Gericht und schenke dir das ewige Leben.«[25] Der Segen des dreieinigen Gottes wird ausdrücklich *dem Verstorbenen als körperlich-seelisch-geistiger Einheit* (als Tempel des Geistes Gottes) zugesagt, und zugleich wird der Ort ausdrücklich gemacht, zu dem diese Reise führen wird: »Unser Herr Jesus Christus sei ... vor Dir, dass er dich leite und führe *zur ewigen Heimat.«*[26]
Die zweite Station, der Gottesdienst in der Kirche: auch die hier vorgeschlagenen Schriftlesungen sind voller Orts- und Zeitzuweisungen. Wird zu Beginn mit Psalm 39 angesagt: »Herr, lehre mich doch, dass es ein Ende mit mir haben muss und mein Leben ein Ziel hat und ich davon muss«, so wird dieses Ziel in der folgenden vorgeschlagenen Schriftlesung aus Johannes 14 näher bestimmt: »Jesus spricht zu seinen Jüngern: ... In meines Vaters Hause sind viele Wohnungen. ... Und wenn ich hingehe, euch die Stätte zu bereiten,

25. Agende für evangelisch-lutherische Kirchen und Gemeinden, Band III, Die Amtshandlungen Teil 5: Die Bestattung. Herausgegeben von der Kirchenleitung der Vereinigten Evangelisch-Lutherischen Kirche Deutschlands«, Neubearbeitete Ausgabe, Hannover 1996, 35.
26. So in einer alternativen Formulierung des Valetsegens, ebd., 222.

will ich wieder kommen und euch zu mir nehmen, damit ihr seid, wo ich bin ...«[27] Das *Geleitwort,* von der Agende fakultativ vorgesehen, richtet sich wieder ausdrücklich an die Verstorbene: »Zum Paradies mögen Engel dich geleiten, die heiligen Märtyrer dich begrüßen und dich führen in die heilige Stadt Jerusalem. Die Chöre der Engel mögen dich empfangen, und durch Christus, der für dich gestorben, soll ewiges Leben dich erfreuen.«[28] Dem Verstorbenen wird zugesagt, dass er in Gemeinschaft einer anderen, neuen Sozialität (die Engel, die heiligen Märtyrer, Christus) an anderem, neuem Ort (im Paradies; in der heiligen Stadt Jerusalem) in einer anderen, neuen Zeit (ewiges Leben) sein wird – »erfreut« und nicht etwa geängstigt oder gequält. Die sprachlichen und gestischen Mitteilungen der Liturgin weisen, zusammengefasst, *zwei Wege* an: der Verstorbene wird begraben werden – im *Acker Gottes seine Ruhestätte* finden. Und: auf die Verstorbene wartet eine Wohnung im Haus des Vaters, eine Zuflucht im Paradies, eine Heimat in der heiligen Stadt Jerusalem.

An der dritten Station der Prozession, am Grab werden beide Wege so weit begangen, wie dies im Rahmen des Rituals möglich ist. Das Gewicht der körper- und sprachgestischen Äußerungen liegt auf dem ersten Weg. »Zu Beginn wird der Sarg eingesenkt ...«; diese Körperhandlung wird unmittelbar darauf noch einmal sprachlich vollzogen: »... legen wir ihren Leib in Gottes Acker. Erde zu Erde, Asche zu Asche, Staub zum Staube. Wir geben sie in Gottes Hand.« Damit ist der *eine* Weg zum Ende begangen. Im gleichen Atemzug folgt mit 1. Korinther 15 die Verheißung des *anderen Weges:* »Es wird gesät verweslich und wird auferstehen unverweslich. Es wird gesät in Niedrigkeit und wird auferstehen in Herrlichkeit. Es wird gesät in Schwachheit und wird auferstehen in Kraft. Wir geben sie in Gottes Hand. Jesus Christus wird sie auferwecken. Er sei ihr gnädig im Gericht und lasse sie/ihn die ewige Herrlichkeit schauen. Friede sei mit ihr.« –

Die kirchliche Bestattung ist ein Transformationsritual: Dies Ritual bewirkt eine Gestaltwandlung nicht nur für die Hinterbliebenen. *Deren* Ritual *beginnt* bereits viel früher: in Gesprächen mit Ärztinnen und Bestattern, Kontaktaufnahme mit Familie, Verwandtschaft und Freunden, Aufsetzen der Todesanzeige, in der sich das Familiensys-

27. Ebd., 50.
28. Ebd., 54.

tem vollständig der Öffentlichkeit präsentiert.[29] Für die Hinterbliebenen *endet* das Ritual auch nicht mit der Station am Grab: wenn der Pfarrer beiseitegetreten ist, folgen Beileidsbekundungen, vielleicht Voten von Freunden am Grab, möglicherweise der Weg nach Hause oder in eine nahegelegene Gaststätte, wo bei Kaffee und Streuselkuchen allmählich Alltäglichkeit, vielleicht sogar Heiterkeit in die Gespräche einzieht. Die kirchliche Bestattung ist ein Transformationsritual nicht nur für die Hinterbliebenen, sondern auch *für die Verstorbenen.* In den Grenzen und in aller Problematik alltagssprachlicher Formulierungen gesagt: Die Verstorbenen gehen in diesem Ritual den einen *und* den anderen Weg. Sie müssen lernen, dass sie tot sind, und sie sollen für sich die Verheißung annehmen, dass sie auferstehen werden. Aufgabe der Predigt bei der Bestattungsfeier wäre, ihnen die *Rechtfertigung* so machtvoll zuzusagen, dass sie ihre bisherige Lebensgeschichte fahren lassen und sich ohne Angst dem Tod, aber auch dem verheißenen neuen Leben öffnen können.

5.3 Die Chance der Bestattungspredigt

Was kann ein evangelischer Bestattungsgottesdienst leisten? Und wie sollen wir – als Prediger/innen, als Leiter/innen dieses Rituals – handeln? Hierzu zum Abschluss einige Überlegungen; und ich schließe eine exemplarische Bestattungspredigt an, die ich selbst in der Begleitung eines besonders tragischen Trauerfalls zu halten hatte. Voten und Gebete, Psalmen und Lieder, Körpergesten und Bewegungsrichtungen sollen – im Rahmen des von der Agende vorgesehenen körperlichen und sprachlichen Prozessions-Weges – so ausgewählt und angeordnet werden, dass sie die Bewegungen des Abfließens, Ausstoßens und Freiwerdendens der Angst-Bilder und die Hinwendung, die Ein-Bildung und Ein-Körperung in die heilsame Macht über Leben und Tod provozieren, sie eröffnen und den sie begleitenden Emotionen und Gedanken eine Gestalt geben können – und zwar mit Blick auf die Trauernden, aber auch mit Blick auf die Verstorbenen. Trauernden und Verstorbenen sollen beide Wege angezeigt werden: die Toten sind tot; sie und die, die

29. Vgl. M. Josuttis, Der Vollzug der Beerdigung. Ritual oder Kerygma? In: ders., Praxis des Evangeliums zwischen Politik und Religion ..., a. a. O.

um sie trauern, können das bisherige Leben loslassen; und: die Toten werden auferstehen. Für beide Wege sollen gebundene Sprach-Gestalten (vor allem Psalmen und weitere biblische Texte, Lieder) ausgewählt werden; ich will *jetzt* vor allem darauf achten, welche Sprechhandlungen in der Predigt und in frei formulierten Voten und Gebeten hilfreich sein können. Dabei muss die Predigerin im vorbereitenden Trauergespräch wahrnehmen, was in der je individuellen Situation not-wendig ist.

1. *Schuldgefühle und Hilflosigkeit benennen, Vergebung erbitten und zusagen, Danken und Abschied nehmen.* Es sollen in der Predigt und in den Voten des Bestattungsgottesdienstes Sätze formuliert werden, die ein Abfließen von Trauer unterstützen. Angesichts der technologischen Leistungen der modernen Medizin können Sterben und Tod heute als Versagen erlebt werden: Wir haben etwas versäumt, wir haben nicht genug unternommen, um den Prozess zum biologischen Tod zu bannen. Ohne der Gefahr einer Idealisierung des Sterbens in früheren historischen Epochen aufzusitzen: hier liegt eine neue Qualität. Weiterleben wird immer mehr zur pflichtgemäßen Erfüllung überprüfbarer Leistungen, Sterben zur Konsequenz von Schusseligkeit, Aufsässigkeit oder Versagen. Solche Schuldgefühle müssen ausgesprochen werden – in Gebeten, aber auch in der Predigt –, Vergebung muss erbeten und im Namen des Vaters, des Sohnes und des Heiligen Geistes auch zugesagt werden, um zerstörerische Trauer abfließen zu lassen.
Einen festen Platz in den frei gesprochenen Passagen der Liturgie sollen auch *Dank* und *Abschied* finden. Hans-Peter Hasenfratz[30] hat in seiner kultur- und religionsgeschichtlichen Studie »Leben mit den Toten« vier Grundregeln vorgeschlagen, die in diesem Zusammenhang hilfreich sind: Die erste Regel – *die Toten wollen in traditionellen Formen des Umgangs wahr-genommen werden* – betont die Notwendigkeit von Kontinuität. In der Krisensituation des Abschieds können und müssen keine neuen Formen »erfunden« werden, sondern es kann auf den Bestand kulturell eingespielter Interaktionsmuster zurückgegriffen werden. Im Verkehr mit den Toten sollen die Regeln eingehalten werden, die im zwischenmenschlichen Verkehr überhaupt gelten. »So werden sie (die Hinterbliebe-

30. H.-P. Hasenfratz, Leben mit den Toten ..., a. a. O., 185 ff.

nen, HMG) ein Versprechen, das sie einem Lebenden gaben, auch dem Toten halten (wenn noch erfüllbar). So werden sie ein Versprechen, das sie einem Sterbenden unter emotionalem Druck der Situation gaben, dem Toten möglicherweise nicht halten (weil unter Zwang abgepresst und inhaltlich unrealistisch). So werden sie das Versprechen eines Lebenden dem Toten billigerweise erlassen (wenn die Aussicht, es nicht erfüllen zu können, schon den Sterbenden beschwerte).«[31] – Aufgabe der Predigt bei einem Bestattungsgottesdienst ist in diesem Zusammenhang vor allem, von belastenden »Verschuldungen« zwischen Lebenden und Toten *freizusprechen.* – Und auch die übrigen drei von Hasenfratz vorgeschlagenen Grundregeln sollen in der Bestattungspredigt beachtet werden: *Die Toten wollen richtig verabschiedet sein; die Toten brauchen Nähe und Distanz;* und: *die Toten brauchen Versöhnung.* In der Predigt können dafür auch Wege gezeigt werden: »Empathie und Zuwendung durch die Lebenden (Gebet, Gedenken, Erledigung von ›Pendenzen‹, die der schlimme Tod unerledigt ließ, für und anstelle des Verstorbenen) stellen hier die gestörte Distanz wieder her, damit die lebens-not-wendige Balance zwischen Abstand und Nähe. Einem unversöhnten Toten mag Versöhnung signalisiert werden durch einen Grabbesuch, durch einen Brief, der den Toten um Verzeihung bittet und den man an Ort und Stelle verbrennt (Urnenbestattung) oder eingräbt (Erdbestattung). Eigene Versöhnlichkeit (Verzeihung) mag man einem Toten ebenfalls durch Briefritual (Brief, der ihm vergibt) signalisieren oder durch Übernahme der Grabpflege.«[32] Unabdingbar für weitere Lebensmöglichkeit ist auch, dem/der Verstorbenen für die geteilte Beziehung zu danken. Gleichgültig wie berechtigt: der Dank für gelebtes Leben soll ebenso ausgesprochen werden wie der Abschied von den Möglichkeiten *alltäglicher* Reziprozität.

2. *Klagen und Protestieren:* Der Tod vernichtet Lebensmöglichkeiten, trennt Liebende, entfaltet zerstörerische Macht.[33] Immer wieder sind auch Menschen zu bestatten, die keinen als »normal« gel-

31. Ebd., 188 f.
32. Ebd., 194. In diesem Zusammenhang kann für das kirchliche Ritual auch aus der Erfahrungen der Familientherapie gelernt werden, vgl. B. Hellinger, Ordnungen der Liebe. Ein Kursbuch, 4. Aufl. Heidelberg 1997.
33. Vgl. zu diesem Gesichtspunkt: K. Wiefel-Jenner, an den Rändern des Todes ..., a. a. O., insbesondere 421 ff.

tenden Tod gestorben sind: »An den Rändern des Todes tauchen Aidstote, Drogentote, Unfalltote, Kinder, Totgeborene, Selbstmörder ... auf.«[34] Wenn die biologische Grenze *nicht* als Grenze allen Lebens anerkannt werden soll, so wird dies nur dann nicht zu einer verantwortungslosen Vertröstung und skandalös, wenn diese Situation benannt wird und wenn auch für Emotionen von Wut, Hass und Verzweiflung eine Gestalt gefunden wird. Insbesondere Psalmen, Klagelieder, das Hiobbuch bieten Texte, die einen Raum eröffnen für die Wahrnehmung und Artikulation, aber auch für das Abfließen dieser Gefühle.

3. *Gedenken:* Die Vergegenwärtigung der Lebensgeschichte von Verstorbenen in der Bestattungspredigt wird heute oft mit den Stichworten »Deutung« von »Lebenssinn« benannt. Intendiert ist die Wahrnehmung nicht nur der geglückten, sondern auch gescheiterten Anteile dieser Lebensgeschichten: sie sollen als ganze unter die Rechtfertigungsbotschaft gestellt werden. Bisweilen wird eine so enge Anknüpfung an die intime Lebensgemeinschaft, die mit dem Tod zerbrochen ist, versucht, dass sich die Pfarrerin in ihrer Predigt gewissermaßen in die private Frömmigkeitsgeschichte der betroffenen Menschen einschmiegen soll.[35] Vor dem Hintergrund der an Martin Luthers »Bereitung zum Sterben« aufgewiesenen Bewegungen erscheint mir die Rede von »Deutung von Lebenssinn« ebenso problematisch wie die von »lebensgeschichtlicher Selbstreflexion«. Es müsste vielmehr darum gehen, bei den Trauernden eine Haltung gegenüber der Lebensgeschichte des Verstorbenen zu unterstützen, die nicht als Reflexion, emphatisch gesprochen: als Grübelei am vergangenen Leben festhängt, sondern dieses gelebte Leben gewesen sein und – mit allem, was es gewesen ist – gut sein lässt. Und dem Verstorbenen soll die Rechtfertigungsverheißung so zugesagt werden, dass auch er sein Leben gut sein lassen kann.

34. Ebd., 415.
35. Es gehe um »Prozesse konversationeller Aufbereitung, literarischer Verdichtung und rhetorischer Präsentation von Biographie«, um das »interpretatorische Wechselspiel zwischen dem literarischen Text, einem den Rezipienten geläufigen biblischen Motto, und dem biographischen Text, der kunstvoll komponierten und rhetorisch inszenierten Lebensgeschichte einer den Zuhörern vertrauten Person ...«: W. Steck, Die biographische Grabrede. Eine phänomenologische Rekonstruktion ihrer Genese, in: V. Drehsen u. a. (Hg.), Der ›ganze Mensch‹«, a.a.O., 263–304, hier 275.

Die Rede von der »Deutung von Lebenssinn« erscheint mit Blick auf die Bestattungspredigt noch in anderer Hinsicht als problematisch. Im beruflichen Handeln finden wir ein als »Deuten« bezeichnetes Sprechhandeln gegenüber anderen Menschen beispielsweise in der psychoanalytischen Praxis wieder. Psychoanalytisch gelingt *Deuten*[36] in der Konnotation von mythologischer Grundfigur (z. B. dem Ödipus-Mythos) und Lebensgeschichte; im Dreischritt Erinnern – Wiederholen – Durcharbeiten[37] liegt das energetische Gewicht auf dem *letzten* Schritt, mit dem der Klient sein Erwachsenen-Ich stabilisieren und in seiner Realitätsangemessenheit erweitern lernt. Die Sprechhandlung, die in der *Bestattungspredigt* gefordert ist, muss, denke ich bei aller Wertschätzung gegenüber der Psychoanalyse, einen anderen Akzent setzen. Sie kann eine Lebensgeschichte nicht *in dem Sinne* deuten wollen, als könnte dieses eigentümliche Leben vor dem Hintergrund einer mythologischen Figur *so* wahrgenommen werden, wie man ein *Besonderes* einem *Allgemeinen* zuordnet. Im Lichte der Rechtfertigungsverheißung legt sich ein Verständnis von *Individualität* nahe, in dem der einzelne *nicht* als das Besondere eines Allgemeinen verstanden wird. In Entsprechung zur *Verheißung,* welche die gegebene Ordnung in nicht aus *ihr* ableitbarer Weise verändert, wird der Mensch als *individuelle Person* angesehen, die ihrerseits die Regelhaftigkeit gegebener Ordnung in einer aus dieser selbst nicht ableitbaren Weise im Lebensvollzug *modifiziert.*

Ich habe lange überlegt, welches Wort trifft, um diese Zuspitzung im Sprechhandeln der Prediger/in zur Geltung zu bringen. Von »Deuten« könnte nur in dem spezifischen Sinne gesprochen werden, dass das *Individuelle* wahrgenommen und nicht als Besonderes einem *Allgemeinen* zugeordnet wird. Man könnte von »Entdecken« sprechen, aber dieses Wort ist durch imperialen Gestus beschädigt. »Entschlüsseln« vielleicht; am treffendsten wohl: *Erahnen,* hier sind

36. Die Grundfigur psychoanalytischer Deutungsarbeit ist die Beziehung von aktuellen *lebensgeschichtlichen Konflikten,* die in frei floatender Aufmerksamkeit auch auf ihre vergessenen und verdrängten Anteile befragt werden, auf eine *mythologische Grundfigur* – im Zentrum steht hier der Ödipus-Mythos in der von Freud bei Sophokles rezipierten Form.
37. Vgl. S. Freud, Erinnern – Wiederholen – Durcharbeiten, in: ders., Studienausgabe, Ergänzungsband: Schriften zur Behandlungstechnik, hg. v. A. Mitscherlich u. a., Frankfurt/M. 1975, 205–215.

auch die Toten, die Ahnen mit darin. Eine Sprechhandlung, die dort einsetzt, wo Ordnungsmuster abbrechen, eine Spurensuche im Lichte der Verheißung, wie in dieser eigentümlichen Lebensgeschichte verfestigte und aussichtslos erscheinende Situationen aufgebrochen wurden. Und: Das energetische Gewicht muss in der Bestattungspredigt nicht auf dem dritten Schritt der Freud'schen Analysetechnik liegen, nicht also auf dem *Durcharbeiten,* sondern auf dem *zweiten* Schritt, dem *Wiederholen.* In der Begehung, nicht in der reflexiven Durchdringung liegt die Leistung des Rituals.

Kurz: es erscheint mir mindestens ungenau, *Deutung von Lebenssinn* als zentrale Aufgabe der Bestattungspredigt anzunehmen. Vielmehr sind die Haltungen des *Erahnens,* aber auch des *vergegenwärtigenden Erzählens* hilfreich, wobei der Prediger immer deutlich machen muss, dass er etwas erzählt, was er selbst aus den Erzählungen von Hinterbliebenen zunächst *gehört* hat. Anders als bei der Auswahl der Musik können *hier* Harmonie- und Idealisierungswünsche nicht einfach bestätigt werden. Es gehört zur zu entwickelnden Kompetenz der Pastorin, im Trauergespräch in den Erzählungen von Hinterbliebenen die organisierenden Muster, aber auch die Brüche und das Verschwiegene mitzuhören. Beim Wieder-Erzählen in der Bestattungspredigt soll nicht demaskiert oder verletzt werden. Aber Erzählmuster wie: »sein ganzes Leben ist Arbeit gewesen« oder »wir haben uns nie gestritten« können nicht die Leitmelodien des vergegenwärtigenden Erzählens sein. Die Rechtfertigungsverheißung *eröffnet einen Raum,* die Brüche, das Verschwiegene und Vergessene auf eine Weise anzusprechen, dass es für die Toten zumutbar und auch für die Hinterbliebenen tröstlich ist: nämlich nicht mehr das Abfließen der Trauer-Gefühle blockieren muss.[38] Die Liturgie der kirchlichen Bestattung bietet schließlich auch Raum für Gesten und Voten von Hinterbliebenen, die Gedenken provozieren oder inszenieren, selbst wenn diese so skurril ausfallen wie in einem Fall, den ein Kollege in einem Nachbardorf erlebt hat: Nachdem der Sarg versenkt und der Segen gesprochen ist,

38. In der Vorbereitung und Reflexion dieser Arbeit kann – ohne dass dies hier ausführlich gewürdigt werden kann – die Predigerin viel von einem nichttheologischen Autor lernen; ich denke hier an die Arbeiten von Jan Assmann, Das kulturelle Gedächtnis. Schrift, Erinnerung und politische Identität in frühen Hochkulturen, München, 2. Aufl. 1999. Das Gedenken

tritt ein Mann ans Grab und sagt: »Unser lieber Sangesbruder Willi, nun bist du fortgegangen. Und so grüßen wir Dich nun mit einem Wort aus der Heiligen Schrift: Lasst Blumen sprechen!«

Das Gedenken des Toten in der Bestattungspredigt kann sich sinnvoll in Wegstationen fortsetzen, an denen die vergegenwärtigende Erinnerung immer wieder neu Gestalt gewinnen kann. Analog zu anderen religiösen Traditionen kommt dem Zeitraum der ersten vierzig Tage nach Eintreten des Todes eine große Wichtigkeit zu[39]; viele Gemeinden bieten mit der Aufnahme der Tradition des Sechswochenamtes eine Möglichkeit an, diese Station zu begehen. Der Ewigkeitssonntag am Ende des Kirchenjahres bietet einen Raum, für die Beziehung zum Toten eine Gestalt zu entwickeln, wie sie für die je nach den beteiligten Menschen eigentümliche Situation des Trauer-Weges angemessen ist.

4. *Segnen und die Auferstehungsverheißung zusagen:* Es ist auch für Hinterbliebene hilfreich, wenn die Sprechhandlungen, die den *anderen* Weg anzeigen: Segnen und die Auferstehungsverheißung Zusagen, *an die Verstorbenen* ausgerichtet werden – und nicht als reflexive Mitteilung über ein Geschehen an die Trauergemeinde. Die Verstorbenen brauchen die Orientierung, welchen Weg sie gehen werden, und die Trauernden können Segen und Verheißung auch *für sich selbst* hören: Eine unter ihnen wird die nächste sein, die dem Verstorbenen folgt. Nicht aus eigener Vollmacht des Predigers, aber im Namen des dreieinigen Gottes und auf dem Scheitelpunkt des rituell aus der Alltagskommunikation ausgegrenzten Weges – körperlich begangen und in biblischen Voten, Psalmen, frei formulierten Sprechhandlungen aufgebaut – wird der Verstorbenen der Segen zugesagt: »Der dreieinige Gott sei dir gnädig im Gericht und schenke dir das ewige Leben.« Du hast jetzt Dein Leben und auch alle Angst-Bilder losgelassen. *Dir* gilt die Verheißung: Wie Du jetzt zum Leib Christi gehörst, wirst du einmal auferstehen.

kann sich in der Arbeit der Gemeinde fortsetzen – außer der sorgfältigen Begehung des Ewigkeitssonntags auch – in anderer, angesichts der deutschen und vor allem der deutsch-jüdischen Geschichte gebrochener Weise – in der Begehung des Volkstrauertages.

39. Vgl. S. Rinpoche, Das tibetanische Buch vom Leben und vom Sterben, a. a. O., 301 ff.

Keinem von uns ist Gott fern

Eine Bestattungspredigt

Wir hören aus dem Neuen Testament ein Wort des Apostel Paulus. Es wird in der Apostelgeschichte im 17. Kapitel überliefert: »Keinem von uns ist Gott fern.«

Liebe Gemeinde, Paulus sagt: Gott will uns nahe sein und uns beistehen. Nichts kann uns von seiner Liebe trennen: keine schwere Erfahrung, keine Gewalt, auch der Tod nicht – auch nicht ein so früher und trauriger Tod wie der von L.W. Wir können dem Versprechen trauen, das Gott uns gegeben hat: Er will uns nicht allein lassen. Aus diesem Versprechen heraus können wir leben, und dieses Versprechen geht über den Tod hinaus.

Lieber Herr W., lieber Karl, lieber Paul, liebe Familie M. und W., liebe Trauergemeinde. Sie müssen heute Abschied nehmen von Ihrer Ehefrau, von Eurer Mutter, von Ihrer Tochter, Ihrer Schwiegertochter und Schwester, Ihrer Nachbarin, Freundin, Ihrer Arbeitskollegin und Mitbewohnerin L.W. Frau W. ist im Alter von siebenunddreißig Jahren gestorben.

Es ist furchtbar schwer, einen solchen Tod zu akzeptieren. Es ist für Sie und für Euch, die Ihr Eurer Mutter nahe gewesen seid, nicht zu begreifen, dass dieser Abschied jetzt sein muß: Der Abschied von Ihrer Frau, Ihrer Tochter, die zu Ihnen und in Ihre Mitte gehört hat. Ich denke, dass es vielen unter uns so geht, dass es angesichts dieses Todes mehr Fragen als Antworten gibt.

Warum ausgerechnet sie, die das Leben so geliebt hat? Warum sie, die das Leben ihrer lieben Menschen so verschönern konnte, die sich so für die Menschen eingesetzt hat, für die sie verantwortlich war? Warum sie, die auf ihr Leben geachtet hat und dennoch in den letzten zwei Jahren von dieser entsetzlichen Krankheit besiegt wurde?

Eine Antwort fällt schwer, wenn es sie denn überhaupt gibt. Was wir, die wir hier versammelt sind und keine Antwort wissen, tun können, ist zuallererst, mit Ihnen und Euch, lieber Herr W., lieber Karl, lieber

Paul, liebe Eltern und Geschwister, die Traurigkeit und die Ohnmacht angesichts dieses Todes auszuhalten – in der Hoffnung, dass es Ihnen gelingen kann, die Wirklichkeit des Todes von L.W. für Ihr Leben anzunehmen. Das wird für Ihr weiteres Leben, auch für Ihr Zusammenleben als Familie, sehr wichtig sein. L.W. ist tot. Sie müssen Abschied nehmen, auch wenn das sehr schwer ist, kaum zu fassen und kaum auszuhalten.
Wir haben darüber gesprochen: Die letzten zwei Jahre sind eine sehr schwere Zeit für Sie als Familie gewesen. Die ersten Nachrichten von der schweren Krankheit nach dem Urlaub im vorletzten Sommer, und seitdem immer wieder und immerzu dieses Schwanken zwischen Hoffnung, Ihre Frau möchte wieder gesund werden, und den immer neuen Rückschlägen und Verschlimmerungen der Krankheit. Es ist schwer gewesen, die Gewißheit an sich heranzulassen, dass diese Krankheit eine Krankheit zum Tode ist; und auch als dieser Tod nun da ist, ist es noch einmal ein Schock.
Ich glaube, dass gerade für Euch, Karl und Paul, die Krankheit Eurer Mutter und schließlich ihr Sterben eine bedrückende Erfahrung ist, an der Ihr noch lange zu tragen habt. Nehmt Euch Zeit und Raum für Eure Traurigkeit. Und es wird gut sein, wenn Freunde da sind, die Euch begleiten: Moritz, aber auch andere, die ich jetzt nicht kenne.
Die schwere Krankheit hat Eure Mutter, hat Ihre Frau mitten in ihrem Leben getroffen. Sie mußte mitten in ihrem Leben sterben. Wir haben über ihr Leben gesprochen: über ihr Engagement im Beruf als Erzieherin, über ihre Aktivität im Sportverein. Sie haben mir von den Dingen erzählt, die Ihre Frau für sich gehabt hat in ihrem Leben, die sie gern getan hat und an denen sie gehangen hat: Das Singen im Chor und auch als Solistin bei manchen Hochzeiten; das Basteln von vielen schönen Kleinigkeiten. Die Eltern haben mir erzählt, dass ihre Tochter eine glückliche Hand gehabt hat, die Wohnung zu verschönen, überhaupt den Raum des gemeinsamen Lebens schön zu gestalten: Mit ein paar Handgriffen konnte sie eine Ecke im Wohnzimmer stilvoll und gemütlich machen. Und Sie haben mir auch erzählt, dass Ihre Ehefrau das gemeinsame Haus so hübsch und gemütlich gestaltet hat wie eine Puppenstube. – Dieses gemeinsame Haus wird jetzt leerer werden. Es ist gut, wenn Sie als Familie einen Weg suchen, diese Lücke in Ihrem gemeinsamen Leben auszuhalten, die Erinnerung nicht beiseite zu drängen und dennoch nicht vom Schmerz überwältigt zu werden.

Wenn Sie jetzt Abschied nehmen, dann ist es gut, wenn Sie die Erinnerung an Ihre Ehefrau zulassen können, auch wenn Ihnen das jetzt weh tut. Ich glaube, dass es gut ist, wenn sie all das an sich vorüberziehen lassen, und wenn Sie auch mit anderen darüber sprechen können: Die Zeit, in der Sie sich kennengelernt und ineinander verliebt haben, wie Sie beschlossen haben, zusammen zu bleiben, wie Sie eine Familie geworden sind und wie Sie dieser Familie ein Haus gebaut haben. Es ist mehr, als Sie erzählen könnten, bis in die letzten, schlimmen Jahre und Wochen hinein. Die guten Erinnerungen an Ihre Frau können durch den Tod nicht zerstört werden.

Wenn Sie um L.W. trauern, dann werden Sie vielleicht auch solche Erinnerungen zulassen können, in denen Sie sich fern waren. Es gibt keine Ehe und keine Familie ohne solche Erfahrungen, und vielleicht nehmen wir uns selbst und unseren lieben Menschen etwas sehr Wichtiges weg, wenn wir ausschließlich die guten Erinnerungen aufbewahren wollen. Wir müssen das auch nicht tun, weil wir dem Versprechen trauen können, das Gott uns gegeben hat: Er will für uns einstehen, auch und gerade mit unseren Fehlern und Schwächen. Vielleicht müssen Sie mit dem Gedanken leben, Ihrer Frau, Ihrer Freundin gegenüber etwas versäumt zu haben. Vielleicht blieb ein Wort ungesagt, das notwendig gewesen wäre, und vielleicht gab es Begegnungen, die nicht hilfreich waren. Ich möchte Ihnen Mut machen, auch solche Erinnerungen nicht vergessen zu müssen. Der Apostel Paulus sagt: Keinem von uns ist Gott fern. Nichts kann uns von seiner Liebe trennen, der Tod nicht, auch das nicht, was wir selbst falsch gemacht haben. Wenn Sie solche Erinnerungen auch zulassen können, wenn Sie so um L.W. trauern können, wird vielleicht neues Leben möglich.

Jetzt, angesichts dieses Todes, stellt sich die bittere Frage: Warum mußte sie sterben, warum gerade sie, diese Frau, die Ihnen so lieb gewesen ist? Darauf gibt es keine Antwort. Sie können aber klagen über diesen Tod. Sie können Ihrem Schmerz Worte verleihen, und Sie können dafür auch Worte leihen, die es schon gibt und die sie nicht erst erfinden müssen. Vielleicht helfen dabei die Worte eines biblischen Gebetes, des 22. Psalms. »Mein Gott, mein Gott, warum hast Du mich verlassen? Ich schreie, aber meine Hilfe ist ferne. Mein Gott, des Tages rufe ich, doch du antwortest nicht, und des Nachts, doch finde ich keine Ruhe ... Sei nicht ferne von mir, denn Angst ist nahe ... Ich bin ausgeschüttet wie Wasser, alle meine Knochen haben sich vonein-

ander gelöst; mein Herz ist in meinem Leibe wie zerschmolzenes Wachs.«
Wenn Sie klagen, dann gewinnt Ihr Schmerz eine Gestalt. Er kann abfließen. Er lastet nicht mehr wie ein schweres schwarzes Tier auf Ihrem Herzen, dem Sie nicht standhalten können. Wenn Sie ein solches Gebet sprechen, dann können Sie sich darauf verlassen: Gott hört Sie. Er stellt sich auf Ihre Seite. Wir wissen als Christen, dass wir uns das Leben nicht verdienen können und nicht verdienen müssen. Gottes Freundschaft ist keine Belohnung für ein gut gelebtes Leben: Gott schenkt uns seine Freundschaft umsonst. Und Gott ist ein Gott der Lebenden: Der Tod Jesu Christi am Kreuz ist der Protest Gottes gegen den sinnlosen Tod der Menschen.
Wenn Sie um Ihre Ehefrau, Tochter und Schwester, wenn Ihr um Eure Mutter trauert, dann heißt das auch: Sie werden lernen müssen, Ihr werdet lernen müssen, ohne sie weiter zu leben. Sie wird fehlen: Als Gesprächspartnerin, als die Frau, die Sie in Ihrem Leben unterstützt hat, mit der Sie seit fast zwanzig Jahren Tag für Tag Ihres Lebens geteilt haben. Sie werden lernen, eine neue, veränderte Zukunft ohne Ihre Ehefrau und Eure Mutter für sich zu finden. Das wird nicht von heute auf morgen gehen, und Sie werden es nötig haben, Ihr werdet es nötig haben, dass andere Menschen Sie und Euch auf diesem Weg begleiten. In diesen Zeiten ist es gut und notwendig, dass die Familie zusammensteht. Und davon haben Sie mir sehr eindringlich erzählt: wie Sie in den letzten Jahren als Familie zusammengestanden haben.
Zwei Dinge möchte ich noch sagen. Ihre Frau, Eure Mutter ist jetzt nicht einfach verschwunden. Sie können mit ihr in Beziehung bleiben, auch wenn sich nichts einfach fortsetzen lässt und alles anders sein wird. Sie können sich Zeiten und Orte suchen, mit ihr zu sprechen – und vielleicht werden Sie sie dann auch hören und spüren. Sie können sie in einen Raum einlassen, der Ihr eigenes Leben wie ein Ring – oder besser: wie eine Kugel umschließt: nichts ist verloren. Und wir leben als Christenmenschen in der Hoffnung, dass der Tag kommen wird, an dem alle Tränen abgewischt werden und wir alle wieder miteinander und mit Gott vereint sein werden.
Und ein zweites. Ich möchte auch Sie noch einmal ansprechen, liebe Frau W. Wir sind uns nur selten begegnet. Ich sage Ihnen jetzt im Namen Gottes, der nicht fahren lässt das Werk seiner Hände: Gott wird Sie auf Ihrem Weg begleiten. Dort, wo Sie hingehen, wird keine endlose Leere sein. Gott wird Sie bei sich aufnehmen. Und die Ge-

meinschaft der Heiligen, zu der auch Ihre liebsten Menschen hinzugehören – Lebende und Tote – wird um Sie sein. Sie können Ihr Leben, wie es gewesen ist, jetzt loslassen. Sie müssen nichts richtig machen. Gott hat für alles gesorgt. Er ist mit Ihnen. Sie können jetzt gehen.
Liebe Freunde/Freundinnen und Mitbewohner, liebe Arbeitskollegen und -kolleginnen, ein letztes Wort auch an Sie. Sie werden damit leben müssen, dass L.W. nicht mehr da ist. Vielleicht können Sie sich noch an die Zeit erinnern, in denen Sie sich Tag für Tag gesehen haben, mit ihr geklönt haben, mit ihr zusammen gesungen oder trainiert haben, gemeinsam die guten und schlechten Tage ausgehalten haben. Vielleicht haben Sie sich die Zeit genommen, L.W. in den letzten beiden Jahren ein Stück ihres Weges zu begleiten. Auch Sie müssen jetzt ohne sie weiterleben. Wenn ein Mensch fehlt, dann ist das etwas anderes, als wenn eine Maschine kaputtgeht. Gerade der Tod Ihrer Freundin und Mitbewohnerin kann zeigen, dass Menschen wichtiger sind und wichtiger bleiben müssen als Maschinen. Menschen sind unersetzbar und einzigartig: Das gilt für jeden und jede von uns.
Liebe Familie W., liebe Familie M. und W., liebe Freunde und Mitbewohnerinnen, Sie müssen jetzt von L.W. Abschied nehmen, Sie müssen eine Zukunft finden, in der Sie die Trennung für sich aushalten lernen.
Der Tod Jesu Christi am Kreuz ist der Protest Gottes gegen den sinnlosen Tod der Menschen. Gottes Liebe geht über den Tod hinaus. Ich wünsche Ihnen, dass Sie die Erfahrung von Liebe machen können, dass Sie Hoffnung finden, die es Ihnen möglich macht, weiterzuleben – auch im Vertrauen auf Hilfe durch die Menschen, die Ihnen nahe sind.
Wir wollen jetzt Abschied nehmen.
Amen.

Namenregister